perfis brasileiros

General Osorio

por

Francisco Doratioto

1ª reimpressão

coordenação

Elio Gaspari e Lilia M. Schwarcz

COMPANHIA DAS LETRAS

capa e projeto gráfico
warrakloureiro

foto da capa
General Manoel Luis Osorio,
marquês do Herval,
na Guerra do Paraguai
(Museu Histórico Nacional)

pesquisa iconográfica
Vladimir Sacchetta / Cia. da Memória

mapas
Sônia Vaz

índice onomástico
Luciano Marchiori

preparação
Maysa Monção

revisão
Isabel Jorge Cury
Marise S. Leal

Dados Internacionais de Catalogação na Publicação (CIP)
(Câmara Brasileira do Livro, SP, Brasil)

Doratioto, Francisco
General Osorio: a espada liberal do Império / Francisco Doratioto. — São Paulo: Companhia das Letras, 2008.

ISBN 978-85-359-1200-5

1. Brasil — História 2. Militares — Brasil 3. Osorio, Manoel Luis, 1808-1879. I. Título

08-01903 CDD 923.5

Índice para catálogo sistemático:
1. Brasil: Militares: Biografia 923.5

EDITORA SCHWARCZ LTDA.
rua Bandeira Paulista, 702, cj. 32
04532-002 — São Paulo — SP
tel. (11) 3707-3500
fax (11) 3707-3501
www.companhiadasletras.com.br

General Osorio

A espada liberal do Império

Para Amélia, Fernando, Izabel, Leonardo e Rafael,
sempre comigo, apesar da distância

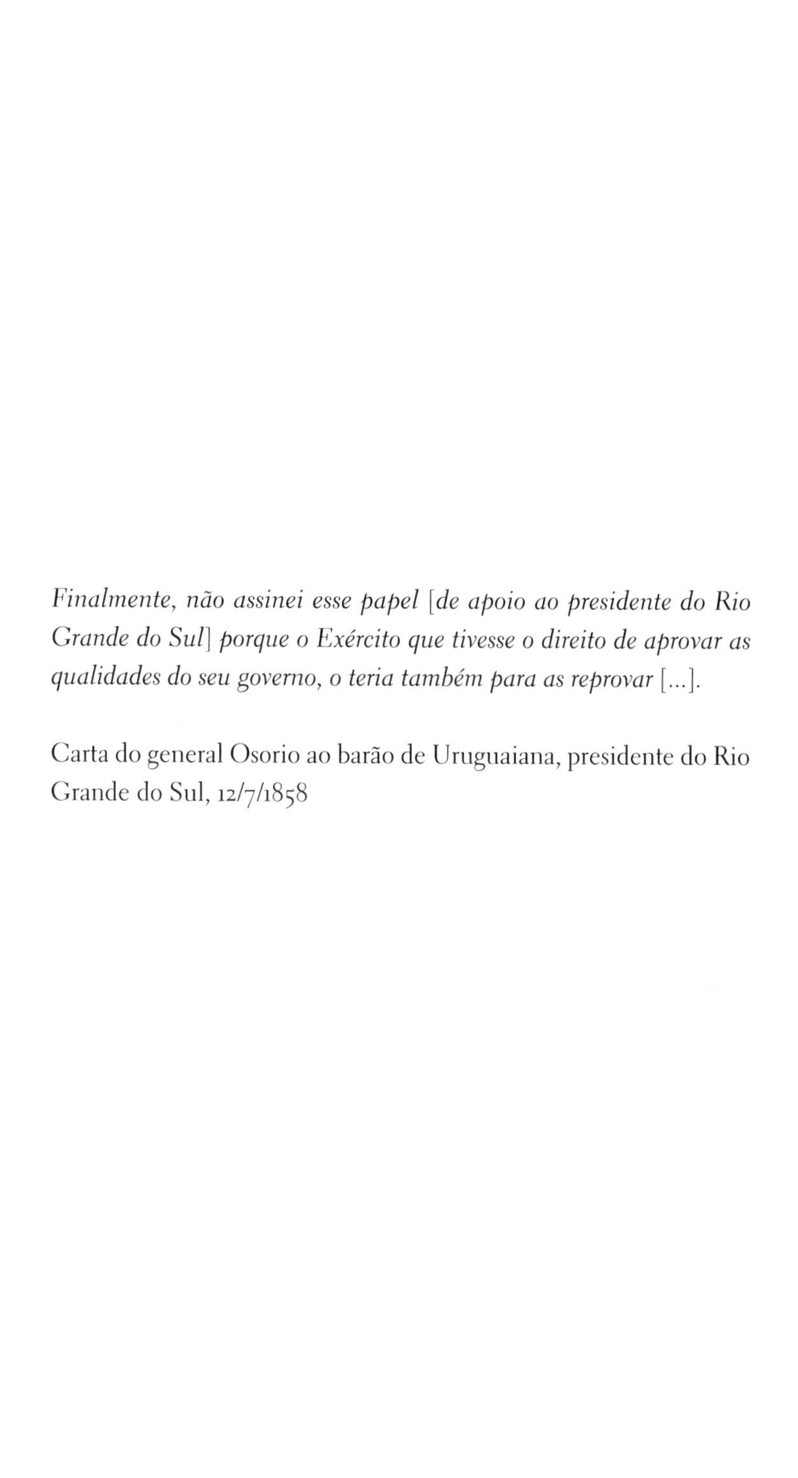

Finalmente, não assinei esse papel [de apoio ao presidente do Rio Grande do Sul] porque o Exército que tivesse o direito de aprovar as qualidades do seu governo, o teria também para as reprovar [...].

Carta do general Osorio ao barão de Uruguaiana, presidente do Rio Grande do Sul, 12/7/1858

O Adolpho [filho] vai amanhã para a estância de que é preciso cuidar porque não me chega o dinheiro para sustentar a família e nem posso fazer a farda de marechal e a licença que me deram para tratar-me [da saúde] não diz com que vencimentos e por isso o pagador há dois meses que nada me paga. Vou fazer 43 anos de serviço e eis o que tenho ganho e a razão por que não quero que meus filhos sejam soldados. [...] Meu filho — economia e estudo — não te importe [com] mais nada; muito respeito aos lentes [professores] e às suas opiniões; aos políticos ouve só muito e como quem não entende o que ouve; a época é tal que até as boas maneiras e comportamentos excitam [fazem] inimigos.

Carta do general Osorio para o filho Fernando, 30/8/1866

Sumário

Esclarecimentos e agradecimentos 13

1. O Exército era de Osorio 15
2. Militar contra a vontade 23
3. O guerreiro descobre a política: a Farroupilha 46
4. Político, estancieiro e militar 79
5. Na Guerra do Paraguai: o herói nacional 129
6. A dedicação à política 200
7. Poder, frustração e morte 219

Cronologia 239
Fontes comentadas 253
Índice onomástico 257

Esclarecimentos e agradecimentos

O nome Osorio, quer na denominação de lugares públicos, quer em publicações recentes, aparece acentuado, o que está de acordo com as regras de acentuação da língua portuguesa. Contudo, o acento agudo não era usado nem pelo general Osorio nem por seu filho e biógrafo, Fernando Luis, tampouco nos livros e artigos até o início do século XX e por seus descendentes hoje. Assim, este livro optou pela grafia original do sobrenome do general.

Outra opção foi a de não utilizar os títulos nobiliárquicos do general Osorio, que foi barão, visconde e marquês do Herval. No Brasil Império era normal referir-se aos homens públicos pelo título nobiliárquico, prática essa que se tornou corrente na historiografia. Contudo, escreveu Artur Azevedo em 1908, o general era tão popular "que seu título honorífico não pegou" e todos continuaram se referindo a ele como Osorio. Assim também o faz este livro, para manter a continuidade narrativa.

Agradeço ao historiador Mario Osorio Magalhães, trineto do general Osorio, por imagens e informações fornecidas generosamente sobre seu antepassado, principalmente aspectos de sua vida privada, bem como pelo conteúdo do livro de Augusto de Pinho. Sou grato a Aureliano Pinto de Moura pelo apoio e pelos esclarecimentos médicos prestados sobre o ferimento do general Osorio em Avaí; a Fernanda de Moura Fernandes pela pesquisa em revistas; a Gelse Delgado Miranda por providenciar livros raros e a José Dantas Filho por informações sobre o Gabinete de Sinimbu e pesquisa em revista. Também sou grato aos funcionários do arquivo do Instituto Histórico e Geográfico Brasileiro, pela simpatia e eficiência com que me atenderam. Pelo apoio para resolver os contratempos do cotidiano e pela generosa amizade, agradeço a meus vizinhos, particularmente a Denise e Gerard Grillet.

1. O Exército era de Osorio

O gaúcho Manoel Luis Osorio, marquês do Herval, foi o militar mais popular do Brasil a partir de sua atuação na Guerra do Paraguai e, após sua morte, em 1879, tornou-se, por décadas, espécie de patrono informal do Exército brasileiro. Sua popularidade transpunha fronteiras, sendo admirado em países vizinhos, particularmente na Argentina. A origem dessa admiração encontra-se na sua legendária coragem em campo de batalha, associada ao caráter bonachão e por manter contato direto com soldados, com os quais falava na mesma linguagem. Essa popularidade pode ser constatada ainda hoje, nas muitas praças, ruas e instalações públicas do país que têm a designação de Osorio.

O leitor talvez esteja questionando se Luis Alves de Lima e Silva, o duque de Caxias, não foi personagem mais popular, a ponto de ser o Patrono do Exército brasileiro. Na realidade, foi durante o século XX que a figura de Caxias substituiu, gradativamente, a de Osorio na posição de maior relevo do panteão militar brasileiro e, como resultado, no imaginário popular. Contudo, o Exército de Caxias, como se autodenomina hoje a instituição, foi por bom tempo o Exército de Osorio e essa mudança somente pode ser compreendida se relacionadas as trajetórias política e militar dos dois generais com o contexto histórico em que foram adotados como personagens paradigmáticos. Sim, porque embora nos dias atuais eles sejam lembrados basicamente pela condição de militares, também foram políticos e, em certas épocas, se dedicaram mais à política do que ao Exército.

À época do Império brasileiro não havia impedimento constitucional de militares da ativa participarem da vida política. Durante o Segundo Reinado (1840-89), praticamente todos os generais eram filiados ao Partido Liberal ou ao Conservador, os dois únicos existentes até a fundação do Partido Republicano, em 1870, o qual, então, não atraiu a alta oficialidade. O Partido Conservador, pelo qual Caxias se elegeu senador, defendia o Estado centralizado, que considerava garantia da manutenção da unidade nacional e da ordem social. Osorio pertenceu ao Partido Liberal, o qual, na sua origem, defendeu a descentralização do poder; maior participação dos cidadãos no processo político e, na década de 1840, pegou em armas contra o governo central.

No plano político Caxias ocupou, durante três décadas, os cargos mais relevantes na estrutura de poder do Império, enquanto Osorio teve carreira política mais modesta e sua liderança projetou-se nacionalmente apenas na década de 1870. No aspecto militar, a carreira de Caxias foi mais rica, na medida em que participou de todos os conflitos internos e externos travados pelo Império do Brasil, tendo, inclusive, Osorio como subordinado, o qual se tornou seu protegido a partir de meados da década de 1840. Caxias era melhor estrategista e organizador do que Osorio, embora este não tenha tido as mesmas oportunidades de demonstrar sua habilidade nesse aspecto, pois pouco desempenhou a função de comandante-em-chefe. O certo é que Osorio se destacou pela capacidade tática, pois compreendia rapidamente a dinâmica de uma batalha e tomava as decisões corretas em pleno combate.

Outro contraste entre ambos se dava na relação com a tropa, o que se explica pelas origens sociais e personalidades de ambos. Caxias era muito respeitado pelos soldados, mas não tinha intimidade com eles, pois vinha de uma aristocracia militar, de bisavô, avô, pai e tio generais, e teve educação formal, cursando a Academia Militar. Vivia na capital do Império, o Rio de Janeiro, a mais cosmopolita cidade brasileira e, em duas décadas de carreira militar, conheceu o Brasil de norte a sul. Osorio, por sua vez, era filho de pequeno proprietário rural que chegou a coronel das milícias, as tropas não profissionais, "de 2ª linha", usadas como auxiliar do Exército profissional, "de 1ª linha". Cresceu no ambiente rústico do interior do Rio Grande do Sul, em contato direto com peões, habituado a conversas pitorescas do dia-a-dia masculino, o que lhe permitiu, como general, falar de igual para igual com os soldados; não freqüentou escola e somente conheceu outras províncias brasileiras quando já era general. Caxias simbolizava o Exército formado na Academia, formal e rigoroso na aplicação das normas militares, enquanto Osorio era o Exército que vinha de baixo, pois nele ingressou como soldado, e, muitas vezes, relevava pequenas transgressões a formalismos e aparências.

Osorio era acessível, permitindo algumas liberalidades por parte dos subordinados. Assim, por exemplo, em 1865, o Exército brasileiro marchava em direção ao Paraguai sob seu comando quando Paulo Alves, conhecedor do gosto do general em escrever poesias, arriscou solicitar-lhe uma promoção em versos. O despacho de Osorio, em resposta, veio em igual forma:

Quem faz versos tão formosos,
Há de ter grande talento
E ser valente. Por isso,
Defiro o requerimento.
Mas não se repita
Que sai-se mal
Falando em verso
Ao general.

Nenhum subordinado ousaria escrever em versos a Caxias.

Conforme o visconde de Taunay, Osorio superava qualquer outro chefe militar na estima de oficiais e soldados e deles sabia obter tudo quanto desejasse, mesmo nas piores circunstâncias. Ninguém era mais simpático e atraente à tropa do que ele, despertando em torno de si afeto sincero e "dedicação que tocava as raias do fanatismo". Estava sempre bem-humorado, contava piadas e era "muito dado [...] ao belo sexo". Sobre esse aspecto, aliás, há ilustrativa história de que Osorio, quando ministro da Guerra no final da década de 1870, levou a Pedro II o nome de um coronel para ser promovido a general. No despacho seguinte o imperador ainda não assinara a promoção e, questionado por Osorio sobre o fato, revelou o motivo: "Dizem que é muito mulherengo", escutando como contra-argumento:

— Mas isso é até uma virtude! Se isso impedisse promoção... eu ainda hoje seria soldado raso!

Se verdadeiro, o diálogo é revelador de um aspecto da personalidade de Osorio. Se não o é, de todo modo confirma sua popularidade, a ponto de se inventar piada que reforçava sua imagem de bonachão.

Até meados da década de 1850, Osorio foi um personagem regional e, mesmo no Rio Grande do Sul, havia lideranças militares e políticas mais relevantes. Essa condição começou a mudar no final da década de 1860, quando, já general, liderou a organização do Partido Liberal gaúcho. Projetou-se nacionalmente graças à sua atuação na Guerra do Paraguai, na qual sua bravura beirou a irresponsabilidade, arriscando a vida em diferentes ocasiões, ao lutar corpo a corpo ou expor-se à vista do inimigo. Questionado certa vez sobre esse comportamento, Osorio justificou-se: "Eu precisava provar aos meus comandados que o seu general era capaz de ir até onde os mandava". A tropa o seguia mais pelo arrebatamento e por suas qualidades pessoais do que pela obediência devida pelo regulamento militar.

As diferenças de personalidade e filiações partidárias distintas não impediram que Osorio e Caxias tivessem, durante mais de duas décadas, estreitas relações. Além da camaradagem de militares que lutaram lado a lado, ambos compartilhavam a mesma visão da sociedade, quer no aspecto político, pois defendiam o Estado monárquico, quer nos valores morais e, mesmo, na falta de preocupação em enriquecer no exercício da função pública. Coincidiam na aversão à guerra, apesar de terem sido grandes chefes militares ou, talvez por isso mesmo, por terem vivenciado os sofrimentos humanos que ela acarreta. Desenvolveram a carreira convictos dos valores que garantiam e da superioridade moral das causas que defendiam, o que lhes permitia lutar e matar pessoalmente o inimigo, movidos pela lógica de que, assim, encurtariam as guerras que travavam e poupariam vidas. Na década de 1870, porém, surgiram atritos entre ambos, originários de mal-entendidos sobre dois momentos comuns na Guerra do Paraguai, que foram explorados e ampliados por terceiros por motivos políticos, resultando no fim da amizade entre os dois generais.

Tanto as características de Osorio quanto as de Caxias são necessárias para o sucesso de um Exército em guerra, não havendo mais méritos militares em um do que no outro. Porém, elas não são suficientes, por si sós, para explicar por que, em momentos diferentes, ambos se constituíram em ícones para o Exército e assim foram apresentados à sociedade brasileira. As filiações políticas de ambos e o contexto político complementam o quadro explicativo.

A popularidade conquistada por Osorio na Guerra do Paraguai foi reforçada, em seguida, por sua militância no Partido Liberal e pela associação deste com a idéia de descentralização política, enquanto Caxias defendia o centralismo conservador. A descentralização era bandeira cara à elite agrária gaúcha, mas também aos senhores do café de São Paulo, berço do Partido Republicano, e a outras oligarquias regionais, cujo exercício do poder local encontrava limitações decorrentes do modelo centralista vigente. Na década de 1870, jornais e políticos de oposição foram fartos em elogios ao liberal Osorio, enquanto o conservador duque de Caxias, símbolo do *status quo*, foi alvo de reiteradas críticas.

Foi, portanto, como resultado de seus méritos militares, de sua personalidade afável e, ainda, dessa ação política que Osorio adquiriu maior estatura no imaginário popular do que Caxias, posição essa que foi reforçada com a instalação da República no Brasil, em 15 de novembro de 1889. Nos primeiros anos do novo regime os republicanos tinham no federalismo sua maior realização, em contraste com tantas promessas não cumpridas feitas quando eram oposição, e, ainda, à prática do empreguismo e concessões públicas aos apaniguados. Era um melancólico saldo para um movimento que, durante quase duas décadas, afirmara ser a República superior à Monarquia, criticando esta acidamente e prometendo que, com o novo regime, não haveria corrupção administrativa, violência política e aos brasileiros seria garantido o exercício da cidadania.

A jovem República, instalada por um golpe militar, sem a participação popular e com práticas que desmentiam essas promessas, não conseguiu construir um universo cultural legitimador, com símbolos e valores que obtivessem a adesão do povo. Recuperou, então, personagens da Monarquia que permaneciam na memória popular e que permitiam a valorização de algum aspecto que levasse o cidadão a se identificar com a República. A defesa da descentralização por Osorio e sua aceitação da idéia de República, apenas teórica, pois ressalvava não considerar o Brasil preparado para ela, permitiram aos republicanos apresentá-lo como um "pré-republicano" e ao novo regime buscar se identificar com uma unanimidade nacional. Assim, em 1894, Floriano Peixoto encabeçou a mobilização popular para a inauguração da estátua de Osorio no Rio de Janeiro.

Até a década de 1920 Osorio foi o soldado mais lembrado e admirado da nossa história, a ponto de a principal comemoração anual militar brasileira, constituindo-se praticamente em Dia do Exército, ser o aniversário da batalha de Tuiuti. Travada em 24 de maio de 1866, foi a maior batalha da América do Sul, e a atuação de Osorio foi decisiva para rechaçar o ataque paraguaio. Todos os anos, nessa data, na praça Quinze de Novembro no Rio de Janeiro, havia comemoração diante de sua estátua, em cujo pedestal se encontravam seus restos mortais, na presença de altas autoridades e com desfile de tropas. Em 1925, porém, foi criado o Dia do Soldado, em 25 de agosto, data do nascimento do duque de Caxias, que se tornou a comemoração mais importante da força terrestre. Nos anos seguintes desenvolveu-se o culto a Caxias até ele ser elevado, por decreto de 13 de março de 1962, à condição de Patrono do Exército, termo até então inexistente na tradição militar brasileira. Na mesma data, Osorio foi colocado em um degrau inferior no panteão militar, ao ser oficializado Patrono da Cavalaria, sendo desvinculado da batalha de Tuiuti. Nessa data passou-se a comemorar o Dia da Infantaria, tendo como patrono o general Antonio de Sampaio, que, coincidentemente, fazia aniversário no mesmo dia desse combate, no qual recebeu ferimentos que causaram sua morte.

Na origem e desenvolvimento do culto a Caxias, o cientista social Celso Castro identifica, no plano simbólico, a afirmação do valor da legalidade, da disciplina e o afastamento da política. São valores favoráveis à manutenção da unidade interna do Exército, despedaçada nos anos 1920 por revoltas internas e posicionamentos políticos. Na década seguinte, a figura de Caxias foi instrumentalizada pela mudança decorrente do progressivo fechamento político promovido por Getulio Vargas, que, em 1937, desembocou na ditadura do Estado Novo. Passou-se, então, a ressaltar as qualidades do duque como chefe militar a serviço de um Estado forte e centralizado tal qual o da ditadura getulista. Essa instrumentalização persistiu após 1964, quando os militares no poder colocaram em relevo as características de Caxias que interessavam à situação vigente, como a de ter sufocado movimentos revolucionários. Essas foram, de fato, suas características e, à exceção do princípio da centralização, também as de Osorio. Contudo os dois generais tinham ainda como características a subordinação ao poder civil, a aversão ao caudilhismo e a repulsa ao militarismo, mas estas os ideólogos do autoritarismo não tinham interesse em lembrar e os da democracia negligenciaram em recuperar.

2. Militar contra a vontade

O terceiro de dez filhos, Manoel Luis Osorio nasceu em 10 de maio de 1808 na estância de seus avós maternos, a uns doze quilômetros da vila de Nossa Senhora da Conceição do Arroio, em São Pedro do Rio Grande do Sul, na proximidade da fronteira atual entre os territórios gaúcho e catarinense. Osorio foi um homem de estatura mediana, encorpado e, mesmo na velhice, mantinha o porte firme, os movimentos rápidos e um olhar vivo. Era bem-humorado e afável; tinha no chimarrão a bebida predileta e fumava charutos em excesso, a ponto de fazê-lo mesmo no leito de morte. Gostava de crianças, de escrever poesias e de flores, tanto que, ao voltar para casa, após suas missões militares, logo se dedicava a cuidar do jardim. Não usava o uniforme regulamentar e, sempre que possível, vestia traje civil, invariavelmente de cor preta; não se preocupava com etiqueta; não gostava de luxo, ostentação ou vaidade. A decoração de sua residência era simples, inclusive porque viveu com poucos recursos financeiros até o início dos anos 1870, e, depois de viúvo, no seu quarto se misturavam cama, armas, livros, arreios de sua montaria, material para escrever e o arquivo pessoal. Gostava de ler jornais e livros de história geral e militar e apreciava escutar opiniões de pessoas que considerava bem preparadas, mas era econômico em dá-las, oralmente ou por escrito. Eis um retrato introdutório de nosso personagem, que nunca freqüentou uma escola, pois inexistiam no Rio Grande do Sul de sua infância; que iniciou a carreira militar como soldado e alcançou o mais alto posto do Exército e na política se projetou nacionalmente a partir do exercício da liderança liberal da região fronteiriça do Rio Grande do Sul.

O pai do general Osorio também se chamava Manoel Luis, um bisneto de imigrantes açorianos vindos a Santa Catarina em meados do século XVIII, onde serviu no Exército português como furriel, posto equivalente ao de terceiro-sargento. Preso ao se indispor com um oficial que maltratava um soldado, fugiu e chegou, por acaso, a Nossa Senhora da Conceição do Arroio, onde foi empregado como peão na fazenda do tenente reformado Tomás Luis Osorio. Manoel Luis casou-se com Ana Joaquina Luisa Osorio, filha mais nova de Tomás, e nos documentos do casamento foi acrescentado o sobrenome de Silva Borges ao noivo, pelo qual ficou conhecido. Contudo, não registrou seus filhos com esse sobrenome, mas apenas o de Osorio, do sogro. Na realidade, Manoel Luis tinha o sobrenome Silveira, o qual possivelmente escondeu para evitar ser identificado como desertor pelas autoridades.

O encontro de Manoel Luis e Ana Joaquina somente foi possível devido à dinâmica histórica da região. A sociedade gaúcha era militarizada, na qual ex-militares se tornaram fazendeiros e fazendeiros se tornavam guerreiros, como resultado de quase dois séculos de lutas contínuas contra os vizinhos do Império colonial espanhol. Afinal, a região ao sul de Santa Catarina pertencia, pelo Tratado de Tordesilhas (1494), à Coroa espanhola, mas atraiu, no século XVII, bandeirantes que buscavam se apossar da mão-de-obra indígena das reduções jesuíticas, na margem oriental do rio Uruguai. Os religiosos se retiraram com os índios para a outra margem, deixando para trás o gado que criavam, o qual se tornou bravio, reproduzindo-se e constituindo vastos rebanhos selvagens que passaram a ser capturados para a extração de seu couro. Por essa mesma época a Coroa portuguesa se interessou em estender as fronteiras coloniais até a margem oriental do estuário do rio da Prata, no lado oposto onde estava instalada a cidade espanhola de Buenos Aires.

A largura e a profundidade do estuário do rio da Prata permitem a navegação por navios de grande porte. Seu sistema hidrográfico tem 3,2 milhões de quilômetros quadrados, se estendendo pelos territórios do Brasil, Argentina, Paraguai e Uruguai. A navegação de seus principais rios — Paraguai, Paraná e Uruguai — foi, até fins do século XIX, a forma de acesso mais fácil para se alcançar, vindo do litoral brasileiro, o oeste gaúcho e era praticamente obrigatório para se chegar a Mato Grosso. Para Portugal era estratégica sua presença na margem oriental do Prata e, por isso, fundou, em 1680, a Colônia do Sacramento, enquanto na ocidental se encontrava Buenos Aires.

A importância adquirida pela região entre Santa Catarina e Sacramento levou à criação, em 1760, da capitania de São Pedro do Rio Grande. Para promover a ocupação do território gaúcho a Coroa portuguesa passou a conceder, a partir da segunda metade do século XVIII, a permissão legal para o uso de enormes extensões de terra — as sesmarias — a tropeiros que se propunham a criar gado e a militares que, terminado seu tempo de serviço, davam baixa e se tornavam estancieiros. Santa Catarina, por sua vez, recebeu imigrantes açorianos para povoá-la. Assim, o expansionismo português criou as condições que levaram à instalação no Sul das famílias dos pais do general Osorio.

O território gaúcho contava com escassos 50 mil habitantes quando Osorio nasceu. Os estancieiros, isolados, defendiam suas propriedades com recursos próprios — peões, armas, alimentos e cavalos —, sendo verdadeiros senhores guerreiros. As condições de vida eram rústicas na estância do avô, onde a família de Osorio vivia, pois as casas dos estancieiros tinham pouco conforto, situação que não era diferente no resto do interior gaúcho. Mesmo nos núcleos urbanos a população vivia em casas de madeira, rebocadas de argila, ou, quando sem recursos, em casebres de pau-a-pique. Rio Grande, uma das vilas mais importantes, era exceção, possuindo nas ruas centrais casas de tijolos, cobertas com telhas e dotadas de janelas envidraçadas. No campo, conforme Sérgio da Costa Franco, "o único luxo visível" eram os arreios e esporas de prata e alguns talheres, do mesmo material, "em flagrante contraste com a modéstia dos demais pertences".

Em Conceição do Arroio os habitantes dedicavam-se à produção de açúcar e aguardente e à pecuária. A vila não tinha escola pública e Osorio se alfabetizou com Miguel Alves, um sapateiro que mantinha uma improvisada classe escolar, e também recebeu alguma instrução do tio e padrinho Bernardino. Segundo relato do próprio Manoel Luis, ele foi muito travesso dos oito aos doze anos de idade, estando mais interessado em brincar com os colegas do que em prestar atenção no improvisado professor, mas tinha sede em compreender como funcionavam os instrumentos de trabalho que via à sua volta. Costumava prestar atenção nas conversas sérias dos adultos e gostava de ouvir o pai falar sobre as guerras que vivera. Foi uma criança saudável e desenvolveu físico sólido ao criar-se ao ar livre, em meio à natureza, entre animais e arroios, nadando longas distâncias; montando em cavalos bravios e, ao caçar, desenvolveu habilidade com armas de fogo. Tinha, portanto, o que era necessário para sobreviver naquele ambiente, onde a força e a resistência física, bem como a agilidade sobre cavalos e o manejo de armas brancas e de fogo, eram requisitos para trabalhar nas estâncias.

Na infância de Osorio o pai esteve longamente ausente, devido às circunstâncias históricas. Apesar de ter desertado anteriormente, ao fugir da prisão militar em Santa Catarina, as necessidades da guerra levaram à sua incorporação às forças enviadas em 1811 pelo príncipe regente d. João para ocupar a margem leste do rio da Prata, a Banda Oriental. A guerra se estendeu até 1812 e Manoel Luis voltou para casa promovido ao posto de capitão e, em 1816, participou de nova invasão desse território, controlada por José Artigas, que defendia um projeto federal e reformista social para o Prata. A luta terminou em 1821 e Manoel Luis, já major, foi destinado à guarnição do Exército Imperial em Salto, na Cisplatina, às margens do rio Uruguai. Sua família seguiu para essa localidade, provavelmente no segundo semestre de 1821, onde o jovem Osorio freqüentou improvisada escola mantida pelo capitão Domingos José de Almeida e, afirmou, posteriormente, passou a ter prazer em estudar.

Pouco tempo permaneceu o futuro general Osorio em Salto, devido à proclamação da Independência do Brasil. Ela dividiu o Exército luso-brasileiro na região, com as tropas de origem européia, comandadas por Alvaro da Costa, permanecendo leais a d. João, enquanto as forças brasileiras comandadas pelo general Carlos Frederico Lecor se posicionaram a favor de Pedro I. O regimento do major Manoel Osorio recebeu ordens de seguir para Montevidéu, para reforçar o cerco às forças de Alvaro da Costa, entrincheiradas na cidade. O major decidiu levar consigo o filho, para assentar praça, mas o jovem, segundo seu próprio relato, não queria ir e chegou a chorar, pois desejava estudar, e não ser militar. O pai lhe disse que, naquelas circunstâncias, não havia condições de atender a seu pedido. De fato, inexistindo escolas no Rio Grande do Sul, seria necessário ir ao Rio de Janeiro, o que exigiria recursos financeiros de que a família não dispunha. Essa frustração acompanhou Osorio por toda a vida; ele reconhecia o valor da educação formal e se esforçou para que seus três filhos homens estudassem e concluíssem o curso de direito, desestimulando-os a ingressar na carreira militar.

No esforço para consolar o filho e convencê-lo a fazer a carreira das armas, Manoel Luis lhe disse que a profissão militar era nobre, mais ainda quando o soldado iria combater pela liberdade da pátria. Na velhice, o general Osorio relatou que, além de ingressar no Exército contra a vontade, jamais sentiu entusiasmo pela vida militar. O fato, porém, é que a ela se dedicou, sem esquivar-se de missões difíceis nem agir motivado por facilidades e ganhos financeiros. Diferentes ocasiões na carreira de Osorio mostram que ele achava natural ser a vida militar uma série de sacrificios. E, de fato, assim era na fronteira sul, onde viveu praticamente toda a vida.

Osorio partiu com o pai ao encontro do Exército do general Lecor e assentou praça em 1º de maio de 1823, na Legião de São Paulo, milícia que participava do cerco de Montevidéu. Faltavam dez dias para completar quinze anos, idade mínima legal para se alistar, exigência contornada pela necessidade de soldados, e, assim, o adolescente sem formação militar se viu participando de operações de guerra, em companhia do pai e no meio de soldados experientes em combate. Seu batismo de fogo ocorreu dias depois, em um combate com cavalarianos portugueses que buscavam forragem na proximidade do arroio chamado Miguelete. Houve troca de tiros, um cavalariano brasileiro caiu morto e a bala, após atravessar seu corpo, bateu na cabeça do cavalo de Osorio, perdendo a velocidade e caindo a seus pés, em lugar de atingi-lo.

Após um acordo com Lecor, as tropas de Alvaro da Costa se retiraram para Portugal e Montevidéu ficou de posse brasileira. Em depoimento dado na velhice, Osorio disse ser seu maior orgulho ter começado a carreira militar como soldado da Independência. Lembrou uma proclamação de Pedro I com idéias liberais que "agradavam-me, tocavam-me o coração, exaltavam-me as idéias e promessas de uma segura liberdade para a Pátria". Talvez se referisse às declarações do imperador imediatamente à Independência, ou, então, a que fez prometendo entregar ao país uma Constituição mais liberal do que a proposta pela Assembléia Constituinte, ao dissolvê-la, em 1823.

Em 1º de outubro de 1824, Osorio foi declarado primeiro cadete, permanecendo na arma da cavalaria. Esse era o degrau preparatório para o oficialato, reservado aos filhos de oficiais, quer do Exército, quer das milícias. A prática tinha origem, como toda a organização militar brasileira da época, na metrópole portuguesa, onde somente podiam ser cadetes os filhos da nobreza. Para formar oficiais havia a Real Academia Militar, criada em 1810, mas oferecia unicamente cursos de artilharia e engenharia; somente na década de 1830 ela passou a formar oficiais de infantaria e cavalaria, ainda assim em número diminuto. O certo é que a nomeação direta para cadete, sem ter que freqüentar curso de formação, facilitou que, até meados do século XIX, a cúpula da força terrestre fosse composta de filhos de oficiais superiores, formando uma certa aristocracia militar.

Dois meses após ser nomeado cadete, Osorio foi promovido a alferes, primeiro posto do oficialato. Foi enviado para a 2ª Companhia do 3º Regimento de Cavalaria do Exército profissional, chamado de "1ª linha", por ser o primeiro a enfrentar um inimigo. Após consultar seu pai e receber resposta positiva, retomou seu projeto de estudar e obteve licença para cursar a Academia Militar, no Rio de Janeiro. Osorio estava em Montevidéu, pronto para embarcar para a Corte, quando chegou a ordem cassando a licença devido ao início do movimento contra a ocupação brasileira da Cisplatina.

O descontentamento quanto a essa ocupação alcançava inclusive aqueles que, antes, haviam apoiado sua incorporação. Comerciantes viram desviar-se de Montevidéu para Buenos Aires a intermediação do comércio entre a Europa e as províncias do antigo Vice-Reino, enquanto no campo havia prejuízos, decorrentes do aumento da presença de estancieiros brasileiros arrebanhando gado ou se apossando de terras.

Em Buenos Aires, exilados orientais obtiveram auxílio financeiro e material militar de comerciantes, fazendeiros e produtores de charque locais, interessados em explorar os rebanhos desse território. Em abril de 1825, o oriental Juan Antonio Lavalleja, que pertencera ao Exército português, partiu com 33 homens em direção à Cisplatina, levando como subcomandante o tenente-coronel Manuel Oribe. Desembarcaram às margens do rio Uruguai e a eles se uniram grupos locais, os quais surpreenderam um regimento imperial comandado pelo general Fructuoso Rivera, antigo membro das forças de Artigas que tinha ingressado no Exército luso-brasileiro. Rivera passou para as fileiras de Lavalleja, levando consigo homens e o conhecimento que tinha sobre o Exército imperial.

Em 25 de agosto de 1825, uma assembléia de deputados orientais proclamou "a unidade com as demais províncias argentinas, a que sempre pertenceu pelos mais sagrados vínculos que o mundo conhece". Essas províncias não possuíam um governo central, pois uniram-se na forma federativa sob a designação de Províncias Unidas do Rio da Prata. Buenos Aires era a mais forte delas, como resultado da herança de sua ascendência política da época em que foi capital colonial, bem como de sua posição geográfica, que obrigava passar pelo porto de sua capital o comércio exterior argentino, o que lhe permitia monopolizar os impostos aduaneiros e garantir poder econômico.

No plano militar, a primeira vitória significativa dos revolucionários foi em 25 de setembro de 1825, na batalha do Rin-

TEATRO DE OPERAÇÕES DA CISPLATINA

Fonte: *História do Exército Brasileiro*, p. 529.

ção das Galinhas, sob o comando de Rivera. Nessa foram vencidos dois regimentos de milicianos gaúchos, vindos de Paissandu, para engrossarem a força brasileira do general Abreu, aquartelada em Mercedes.

Enquanto isso, o coronel brasileiro Bento Manoel Ribeiro soubera que Lavalleja se encontrava em Durazno, com a maior parte das forças inimigas. Atacá-las e vencê-las, antes que se unissem às de Rivera, seria um golpe fatal nos revolucionários. Para obter meios suficientes para tanto, Bento Manoel marchou com uns oitocentos homens para Montevidéu e apresentou esse plano ao general Lecor, que o aprovou e concordou em fornecer o reforço da cavalaria que se encontrava na cidade, bem como alguma infantaria e artilharia. Bento Manoel, sem sofrer objeção de Lecor, precipitou sua partida, quando tinha recebido escasso reforço de quatrocentos cavalarianos, um dos quais o alferes Manoel Luis Osorio, mas não o de infantaria e artilharia. Frustrado o plano de ir estudar no Rio de Janeiro, Osorio solicitara ser incorporado à primeira tropa que saísse de Montevidéu, pedido que foi atendido.

Conforme planejado, os 1200 homens de Bento Manoel juntaram-se, a cerca de 120 quilômetros de Montevidéu, com 354 milicianos chefiados por Bento Gonçalves da Silva e marcharam em busca de Lavalleja. O contingente brasileiro cruzou o arroio Sarandi, onde a um quilômetro e meio encontrou a força inimiga. Ao contrário do previsto, Lavalleja já incorporara a tropa de Rivera, de modo que os revolucionários eram de 2200 a 2400 cavaleiros.

Lavalleja se deu conta da presença dos brasileiros e teve tempo para montar sua cavalaria e partir para enfrentar o inimigo. Conforme relato de Osorio, às nove horas da manhã a cavalaria imperial avançou contra o inimigo em colunas, que, em seguida, se posicionaram lado a lado, em linha, formação essa também adotada pelos revolucionários. Estes atacaram lançando a cavalaria pelas extremidades da linha da força imperial, enquanto o major brasileiro Alencastro conseguiu romper a resistência inimiga ao centro, mas teve que parar, ao encontrar soldados de infantaria orientais, em pequeno número mas apoiados por um canhão. Pelos flancos, porém, a superioridade dos revolucionários se impôs, rechaçando o ataque de Bento Gonçalves, enquanto à esquerda a cavalaria imperial também foi derrotada. Bento Manoel sustentou a luta por duas horas e retirou-se com 550 homens, enquanto Alencastro, cercado pelo inimigo, rendeu-se após três horas de combate, ficando prisioneiro com 36 oficiais e cerca de quatrocentos soldados.

O barão do Rio Branco calculou que na batalha de Sarandi caíram prisioneiros 575 brasileiros; 730 se salvaram e os mortos não chegaram a duzentos, enquanto informe de Lavalleja afirmou que esse número foi de 572. Os revolucionários tiveram 35 mortos e noventa feridos e se apossaram de material bélico brasileiro valioso para o prosseguimento da luta: mais de 2 mil armas de todas as classes, dez caixões de munições e toda a cavalhada.

Osorio participou do ataque inicialmente pelo centro, mas seu esquadrão teve ordens de socorrer Bento Gonçalves e se deslocou para o flanco direito, sendo cercado pelo inimigo. Do seu esquadrão, relatou décadas depois, "só escaparam, combatendo braço a braço, nove praças e eu", sendo "o mais bravo" desses soldados o índio Alexandre. Quando Osorio furou o cerco escutou o grito, em espanhol, "é um oficial português!" e viu sair em seu encalço dois cavaleiros. Ele cavalgou velozmente, reclinado sobre as crinas do cavalo, e fez movimentos laterais, evitando ser derrubado pelas bolas que, em número de três e presas por finas tiras de couro, tinham sido arremessadas contra as patas do animal e também frustrou a tentativa de laçá-lo. Ao perceber que, de toda forma, acabaria por ser alcançado, Osorio, que galopava com a pistola em uma mão, em movimento rápido deu um tiro para trás e matou o perseguidor que vinha pela sua direita, também a galope. Foi um golpe de perícia mas também de sorte, pois é pequena a possibilidade de um cavaleiro a galope acertar um tiro em outro que o esteja perseguindo, ainda mais ao se considerar que a pistola dessa época era de carregar pela boca, seus tiros careciam de precisão e suas balas, esféricas, tinham pouca força de penetração. O perseguidor sobrevivente veio pela esquerda, com a espada em punho, que quebrou ao chocar-se com a pistola descarregada, erguida por Osorio para defender-se do golpe. O cavaleiro inimigo agarrou, então, uma das rédeas da montaria do brasileiro, que se defendeu golpeando-o na cabeça com a pistola, derrubando-o e causando sua morte. Em seguida, o alferes se dirigiu a uma pequena cratera, onde Bento Manoel tentava apertar os arreios do seu cavalo, que caíra, para poder remontá-lo, enquanto o inimigo se aproximava. Formou ali uma breve resistência com alguns soldados, dando tempo para seu comandante montar e salvar-se. Posteriormente Osorio disse a um amigo: "Vi-me perdido e ainda hoje interrogo a mim mesmo como pude sair com vida daquele formidável cerco".

Livre da perseguição do inimigo, Bento Manoel confiou a Osorio, e não a oficiais mais antigos, a missão de organizar os soldados dispersos. Para cobrir a retirada dos soldados imperiais, o alferes postou-se à entrada de um ponto da travessia do rio Gy, o Passo do Polanco, e enfrentou os inimigos, sendo um dos últimos a fazer a passagem, na companhia de duas sentinelas. Ao chegar à outra margem, Osorio foi abraçado por Bento Manoel e Bento Gonçalves e, pela coragem demonstrada nessa batalha, ganhou o respeito da tropa, inclusive de oficiais de maior hierarquia. Os restos da força brasileira recolheram-se, então, a Santana do Livramento, onde permaneceram por ordem do general José de Abreu.

As operações militares na Cisplatina, durante o ano de 1825, constituíram um desastre para o Império do Brasil, pois não houve estratégia clara nem articulação entre suas forças para enfrentar os revolucionários. Após a derrota em Sarandi, as tropas brasileiras controlavam apenas Montevidéu e Colônia, que somente foram mantidas graças à Marinha imperial, que lhes garantiu o abastecimento e suas comunicações com o exterior. O general Abreu não pôde se sustentar em Mercedes e recuou para o Rio Grande do Sul, instalando-se em São Gabriel, de onde esperava vigiar o rio Uruguai; protegeu-se detrás do rio Quaraí. Ordenou a Bento Gonçalves e Bento Manoel que ficassem em Santana do Livramento e, como conseqüência, a fronteira meridional ficou desguarnecida e logo viria a ser atacada pelos revolucionários.

Em 2 de outubro, após receber os documentos do Congresso de Florida, o Congresso argentino sancionou lei incorporando a Cisplatina às Províncias Unidas do Rio da Prata e promoveu Lavalleja e Rivera a generais. Las Heras, governador de Buenos Aires e responsável pelas relações exteriores das Províncias Unidas, rompeu relações com o Império do Brasil e, como resposta, em 10 de dezembro de 1825, Pedro I declarou-lhes guerra. Para oferecer condições políticas de travar essa guerra, o Congresso argentino criou um poder executivo permanente e elegeu Bernardino Rivadávia presidente da República.

O governo imperial responsabilizou José de Abreu pela situação militar no Sul e substituiu-o no comando pelo general Francisco de Paula Damasceno Rosado. O novo comandante assumiu o cargo em fevereiro de 1826 e sua atuação foi caracterizada pela incompetência, sendo a primeira delas a escolha de local impróprio para acampamento do Exército, que ele intitulou Imperial Carolina, próximo de onde hoje é Santana do

Livramento. Tratava-se de um monte arenoso, sem árvores para proteger os soldados, com pequenos regatos nas bordas que ficavam secos em uma parte do ano e, em outra, se tornavam insalubres, dificultando o fornecimento de água limpa aos homens e animais. No Imperial Carolina as condições de higiene eram péssimas e seu hospital parecia antes um depósito de doentes, pois carecia de medicamentos e enfermos morriam sem receber nenhum atendimento médico. Osorio encontrava-se nesse acampamento e, posteriormente, afirmou que nele foram enterrados mais de setecentos soldados,

> mortos quase à fome, no estado mais deplorável, sem medicamentos, sem hospitais; tudo era miséria. Eu vi muitas vezes, quando se retiravam os batalhões do exercício, deixarem nas linhas das diferentes manobras, soldados como se estivessem mortos no campo de batalha, tendo caído em seus postos semivivos, extenuados de fome.

Os soldados não recebiam farinha, alimento básico à época, nem sal, e sua alimentação se restringia a carne assada. Isso, sublinhou Osorio, ocorria quando o Exército imperial não se encontrava em campo inimigo, onde é natural a dificuldade no acesso a recursos, mas sim em território brasileiro. Havia, porém, um problema de logística, pois os condutores das carretas que deveriam levar abastecimento ao acampamento tinham sido os primeiros a serem convocados, como soldados da milícia, para a guerra. O fato é que Rosado estava sitiado no seu próprio país, com seu Exército morrendo de fome.

Em 31 de dezembro de 1825 o Império declarou o bloqueio naval de portos e costas das Províncias Unidas. A frota brasileira dispunha de treze pesadas unidades, comandadas pelo almirante Rodrigo Lobo, e a das Províncias Unidas, sob comando do almirante irlandês Guilherme Brown, de dezenove embarcações ágeis, pois eram barcos mercantes adaptados para combate. A superioridade naval brasileira, porém, não se impôs no Prata e as forças das Províncias Unidas sitiaram a Colônia do Sacramento, onde havia 1500 soldados brasileiros bem fortificados.

Ao contrário das Províncias Unidas, no Brasil nunca houve entusiasmo com a guerra, a qual, afinal, não era defensiva, mas de conquista. A falta de convicção na luta levou, no Brasil, a protestos contra a guerra logo após as primeiras derrotas e a oposição interna a ela aumentou proporcionalmente ao agravamento da situação militar brasileira. Diante dessa situação e da desorganização das tropas, Pedro I substituiu Rosado por Felisberto Caldeira Brant, marquês de Barbacena, no comando das forças imperiais e, ademais, viajou para o Rio Grande do Sul, no final de novembro de 1826, para verificar quais eram as necessidades militares para se concluir o conflito com êxito. Levou consigo reforço de tropas, mas o monarca permaneceu por poucos dias na província e não chegou a visitar o acampamento Imperial Carolina.

Militar de formação, com experiência política e diplomática, Barbacena era mais homem de gabinete do que o general experiente que as circunstâncias exigiam. Antes de assumir o cargo de comandante das forças brasileiras no Sul, em novembro de 1826, apresentou a Pedro I um plano de ação que tinha como objetivos expulsar o inimigo da Cisplatina e ocupar a província de Entre Ríos, de modo a obrigar as Províncias Unidas a aceitar a paz. Para tanto, solicitou um Exército de 15 mil homens e outros 4 mil para constituírem a reserva. Esse número estava praticamente disponível no início de 1827, se considerados os 5 mil homens em Livramento; outros 6 mil que estavam a caminho e 5 mil que se encontravam em Montevidéu e Sacramento. Pedro I foi cauteloso quanto a levar a guerra ao território das Províncias Unidas e ordenou que somente se avançaria sobre Entre Ríos com sua autorização expressa.

Após a declaração de guerra do Império, forças das Províncias Unidas, sob o comando do general Martín Rodriguez, cruzaram para a margem oriental do rio Uruguai, acampando em Durazno, onde permaneceram praticamente inativas. Nesse ínterim, o general Rivera fugiu para escapar da prisão, após ser acusado de conivência com o inimigo, particularmente com seu compadre brasileiro Bento Manoel Ribeiro. Para retomar a iniciativa na guerra terrestre, o governo das Províncias Unidas nomeou Carlos de Alvear para comandar seu Exército na Província Oriental.

Alvear pôs o Exército republicano em marcha para o norte, rumo a Bagé, no território brasileiro. Seu plano era ocupar essa vila e, em seguida, Rio Grande, Rio Pardo e, eventualmente, Porto Alegre. Havia em Rio Grande tropas comandadas pelo general Gustavo Henrique Brown, de origem alemã — como o eram outros 3 mil mercenários do Exército imperial —, contratado em Londres em maio de 1826. Alvear planejava induzir Brown a manter-se em posição defensiva, graças a um movimento da cavalaria argentina em sua direção que levasse a crer em um ataque a essa cidade. Barbacena, que se encontrava em Santana do Livramento, teria sua comunicação com Brown cortada e, isoladas, essas duas forças brasileiras seriam batidas pelos argentinos. Alvear e os governantes de Buenos Aires também imaginavam que suas tropas seriam reforçadas pelos escravos gaúchos, que se levantariam contra seus opressores, e pela população em geral, que pensavam ter simpatias republicanas.

Não houve, porém, essa adesão aos invasores, ocorrendo, sim, algumas isoladas, as quais também existiram em sentido inverso, com orientais se alistando no Exército imperial. Na realidade, as sociedades gaúcha, argentina e oriental tinham semelhanças físicas, econômicas e culturais, o que explica essas adesões, no momento em que ainda se delineavam a identidade nacional do Brasil e a da Argentina, enquanto o Uruguai nem sequer existia.

Barbacena chegou ao acampamento de Santana do Livramento em 1º de janeiro de 1827, encontrando a tropa em estado lamentável: vestia uniformes rotos; estava mal armada; dispunha de má cavalaria; faltavam comida e munições e havia sete meses não recebia o soldo. Ele pensou que as forças de Alvear marchavam em direção a Santana do Livramento e, por sua superioridade numérica, bateria o Exército imperial, abrindo o caminho para conquistar o interior do Rio Grande do Sul. Para evitar que isso ocorresse, Barbacena ordenou ao Exército deslocar-se para Bagé e, na vanguarda da coluna, marchou um esquadrão de cavalaria, do qual fazia parte o alferes Osorio. Esse equívoco quanto às intenções de Alvear teve feliz resultado para o lado brasileiro, ao permitir a Barbacena interpor-se mais rapidamente entre o inimigo e os principais centros urbanos gaúchos, pois também Brown recebeu ordens de ir com suas tropas para Bagé. Nessa vila, pelo plano de Barbacena, suas colunas se uniriam.

O rápido avanço de Alvear em direção a Bagé e sua ocupação impediram que as forças de Barbacena se unissem nessa vila às de Gustavo Brown. Contudo, imobilizado durante cinco dias por forte chuva, Alvear não pôde enviar sua força principal para enfrentar a de Barbacena, permitindo a este, em manobra arriscada, passar pelo lado de Bagé, diante do inimigo, e unir-se à divisão de Brown em 5 de fevereiro. Reunido, o Exército imperial recuou em direção ao norte, para instalar-se nas serras de Caçapava, protegido pela cavalaria de Bento Gonçalves, a qual conteve força ligeira do Exército republicano, que buscava atacar a retaguarda brasileira.

No Exército imperial grande parte dos efetivos era de infantaria, enquanto no argentino a principal força era a cavalaria. Desse modo, os argentinos estariam em desvantagem se atacassem os brasileiros na serra, pois a agilidade e a força da cavalaria seriam praticamente anuladas pelo terreno irregular e pelo piso de pedra. Por isso, Alvear saiu de Bagé para o oeste, abastecendo-se em São Gabriel, onde encontrou depósitos de alimentos, bem como reuniu cavalos dispersos na região. Em 9 de fevereiro Barbacena enviou a 1ª Brigada Ligeira de cavalaria, com 1200 homens comandados pelo coronel Bento Manoel Ribeiro, para seguir o inimigo. Ocupado por combates nos dias 12 e 14, Bento Manoel somente voltou ao Exército quando este já tinha travado e perdido a batalha de Passo do Rosário.

Ao tomar conhecimento do movimento de Alvear para o oeste, Barbacena convenceu-se de que o inimigo fugia e perseguiu-o até o rio Santa Maria, em lugar onde se podia atravessá-lo chamado Passo do Rosário. Quando as tropas brasileiras marchavam para esse local, com o objetivo de encurralar e derrotar o inimigo, foram surpreendidas, pois Alvear ordenou uma contramarcha e travou a batalha em terreno propício às suas forças. Em uma batalha o lado que toma a iniciativa tem, em princípio, a vantagem, pois impõe o local e as condições de luta ao inimigo; foi o que ocorreu nesse caso.

O terreno era composto de colinas onduladas e, nele, ocorreu a batalha conhecida entre os argentinos como Ituzaingó, em referência a riacho existente no local, ou Passo do Rosário, entre os brasileiros. Segundo Tasso Fragoso, na batalha enfrentaram-se 6187 brasileiros, já descontados os 1200 homens de Bento Manoel, e 6867 argentinos. Os dois exércitos se avistaram por volta das seis horas da manhã do dia 20 de fevereiro; as forças de Alvear estavam dispostas em uma linha em cujos extremos se encontravam as cavalarias. As tropas imperiais, por sua vez, formaram uma linha dupla, sendo que a primeira, de frente para o inimigo, era formada no flanco direito por Bento Gonçalves, no centro pela divisão do general Sebastião Barreto, na extremidade esquerda pelos voluntários do general José de Abreu. Na segunda linha estava a divisão de Callado, na qual se encontrava Osorio, que fazia parte do 5º Regimento de Cavalaria. Ao iniciar a batalha, Barbacena ainda acreditava que o inimigo estava em fuga e que enfrentaria apenas a parte dele que ainda não se retirara e, por isso, não ordenou fogo preparatório de artilharia antes de ordenar o avanço de Bento Gonçalves e Abreu. A cavalaria de Alvear, superior à imperial, fez três ataques ao centro brasileiro, detendo o avanço de Sebastião Barreto, enquanto Lavalleja atacou as forças de Abreu, compostas de desertores indultados e voluntários civis. Estas se apavoraram, voltaram as costas aos atacantes e, ao fugir, entraram pelo meio da formação do 5º Regimento de Cavalaria, comprometendo sua capacidade de manobra. Abreu não conseguiu pôr fim à fuga dos seus comandados, que ameaçava causar a debandada também da reserva brasileira ou permitiria ao inimigo dizimar a divisão de Callado. Este, para restabelecer a disciplina e evitar o caos que se avizinhava, não vacilou e ordenou à sua tropa disparar sobre os que chegavam, brasileiros e argentinos, fuzilando a todos, o que Osorio deve ter feito. Nessa confusão, o próprio general Abreu foi mortalmente ferido, provavelmente por bala brasileira.

Osorio sentiu-se inquieto, pois além de não participar da batalha até então, o comandante de seu regimento não ordenava nenhum movimento. Osorio saiu da fileira e argumentou com ele sobre a necessidade de atacar o inimigo, antes que este fizesse nova carga. Anteriormente, a 2ª Divisão tinha recebido ordens do general Brown para avançar, de modo a poder enfrentar a cavalaria de Lavalleja e, simultaneamente, proteger e ser protegida pela 1ª Divisão. Callado avançou mas não encontrou lugar para se instalar em que não houvesse risco de ser cercado, o que o levou a voltar a seu ponto de origem com a 2ª Divisão, medida que foi aprovada e reforçada por Brown e Barbacena. Osorio não sabia ou não concordava com isso, mas seu comandante cumpria ordens e mandou o alferes regressar para seu lugar na formação. Pouco depois, o inimigo, refeito, voltou ao ataque, desbaratando as tropas brasileiras que encontrava à sua frente, e o general Callado colocou os esquadrões de cavalaria em ação, mas já era tarde para tomarem a iniciativa, pois estavam cercados pelos argentinos. Esses esquadrões foram desbaratados, exceto o de Osorio, que se manteve firme, manobrou e atacou o inimigo pela retaguarda, causando-lhe várias baixas e sofrendo apenas uma.

Houve, na batalha, uma seqüência de reveses para os brasileiros: a debandada da infantaria de Brown, o pânico dos lanceiros alemães e a dispersão da cavalaria de Bento Gonçalves. As unidades combatentes brasileiras foram sendo isoladas e cercadas pelo inimigo, o que levou Barbacena a ordenar a retirada. O número de perdas foi relativamente modesto, se consideradas a extensão do combate e sua importância estratégica; os números variam entre 263 e oitocentas perdas brasileiras e de trezentos a pouco mais de quatrocentos argentinos. O fato é que a batalha não teve como desfecho a destruição de nenhum dos exércitos contendores, o que possivelmente teria posto fim à guerra.

Na retirada, o alferes Osorio ficou encarregado de comandar a ala direita, que protegia o Exército imperial do inimigo que o seguia, e Barbacena acampou às margens do rio São Sapé. Bento Manoel voltou ao Exército três dias após a batalha e Barbacena debitou à ausência dessas tropas a derrota em Passo do Rosário, parecendo que ela resultou de displicência desse coronel. Em depoimento posterior, Osorio discordou que tenha havido algum grau de responsabilidade de Bento Manoel, o qual, além de ter travado dois combates contra a cavalaria argentina, não tinha conhecimento de que se combatia no Passo do Rosário, pois estava a mais de cinqüenta quilômetros do local.

Alvear não ordenou a perseguição dos brasileiros que se retiravam, mandando apenas que eles fossem acompanhados à distância. Após a partida das forças imperiais o Exército argentino se retirou para São Gabriel, onde encontrou abundantes petrechos de guerra que o Exército imperial deixara em depósito, podendo Alvear reabastecer-se do material que lhe faltava.

As tropas argentinas passaram o inverno em Serro Largo, onde Alvear as reorganizou, tarefa que não foi fácil, pois os soldados orientais estavam mais preocupados em roubar gado do que em se submeterem à organização militar. Em 13 de abril de 1827, o comandante argentino iniciou o que classificou como a segunda campanha contra o Brasil, dirigindo-se ao norte, e, no dia 19 desse mês, ocupou novamente Bagé. Ocorreram algumas escaramuças entre forças brasileiras e os invasores e, no final de junho, Alvear regressou para a província oriental, de onde pediu demissão do comando. Demitiu-se por não receber recursos suficientes do seu governo e se exaurirem aqueles obtidos no Rio Grande do Sul; devido à indisciplina e à própria crise política das Províncias Unidas. À exceção de Buenos Aires, havia sublevações e descontentamento em praticamente todas as províncias argentinas, em relação à Constituição, centralizadora politicamente, aprovada pelo Congresso.

O Exército imperial, chefiado desde 1º de junho de 1827 pelo general Lecor, visconde de Laguna, permaneceu na defensiva e assim ficou a situação da guerra até o final daquele ano. Em setembro, a tropa argentina se deslocou para a margem direita do rio Jaguarão, ameaçando apoderar-se da cavalhada da vanguarda brasileira. Osorio foi enviado, à frente de 25 homens, para guardá-la, após três oficiais darem pretextos para não assumir a missão arriscada. Permaneceu guardando cavalhada de 1º a 13 de outubro, missão que coincidiu com sua promoção a tenente, no dia 12, continuando no 5º Regimento de Cavalaria. Os cavalos eram, então, uma poderosa arma nas guerras e ideais para serem utilizados na região plana do interior gaúcho; ficar sem eles significava praticamente a derrota antecipada.

A guerra continuou em 1828, mas as forças argentinas não tinham condições de expulsar o Exército imperial do território oriental. A recíproca era verdadeira, não tendo o Exército brasileiro meios para expulsar o inimigo da Cisplatina, ainda mais depois da vitória da Marinha argentina na batalha de Juncal. O desgaste das duas partes em conflito viabilizou a ação da Grã-Bretanha, interessada em pôr fim à guerra que prejudicava seu comércio. A diplomacia britânica atuou junto aos dois países para obter a paz e, mais, conseguir a independência da Cisplatina. Em 27 de agosto de 1828 foi assinada no Rio de Janeiro a Convenção Preliminar de Paz, pela qual se punha fim ao conflito e a antiga Banda Oriental tornava-se um Estado independente, a República Oriental do Uruguai, tendo sua existência garantida pela Inglaterra, pelo Brasil e pelas Províncias Unidas e sua sucessora, a Confederação Argentina.

A perda da Cisplatina comprometeu os interesses dos estancieiros gaúchos que deixaram de ter, com o surgimento do Uruguai, acesso garantido ao rebanho oriental, fonte de matéria-prima para a produção de charque. No resto do Império, Pedro I foi visto como incapaz militarmente e responsável por ter prolongado inutilmente o conflito. A derrota agravou o descontentamento em relação ao imperador, já existente devido a seu comportamento político autocrático; por aceitar as condições impostas pela Inglaterra em 1827, para reconhecer a independência brasileira, e por seu envolvimento na guerra civil portuguesa, entre sua filha, Maria da Glória, e seu irmão, d. Miguel, para ocupar o trono lusitano. Como conseqüência, houve o fortalecimento da oposição liberal, e na Assembléia Geral do Império, a Câmara dos Deputados, a maioria dos eleitos defendia idéias quer liberais, quer federalistas e, em alguns casos, mesmo republicanas.

Esse processo político desembocou na abdicação de Pedro I ao trono brasileiro em 7 de abril de 1831.

Enquanto os diplomatas negociavam a paz, em 1828, na frente de guerra também Lavalleja, Rivera e Lecor mantinham negociações. Osorio foi um dos representantes de Lecor e, nessa condição, visitou por duas vezes o quartel-general de Lavalleja. Ao que parece, despertou simpatia, pois, assinada a paz, esse general convidou Osorio para ser seu hóspede por oito dias, que aceitou, mediante autorização de Lecor. Em lugar de levar da guerra o sentimento de ódio em relação ao antigo inimigo, Osorio levava a recordação amistosa do último encontro.

3. O guerreiro descobre a política: a Farroupilha

Osorio seguiu com o 5º Regimento de Cavalaria para Bagé e, consolidada a paz, essa unidade voltou à sua sede, na vila do Rio Pardo. O quartel encontrava-se, como outras instalações militares na província, em estado deplorável, semi-arruinado, com a tropa chegando a ocupar ranchos de palha.

Aos 21 anos de idade, Osorio já era militar experiente e vivenciara momentos decisivos para a evolução histórica de sua província e do Brasil. Desde que partira de Salto, seis anos antes, não via a família, que, porém, ficara mais próxima ao se mudar para Caçapava. Teve, então, a primeira paixão conhecida, por uma moça de Rio Pardo chamada Anna. Ao namoro se opuseram os pais dela, pois a função de tenente do Exército tinha pouco prestígio social e o soldo baixo, de 25 réis mensais, não era garantia de conforto material. Ainda assim, os dois jovens mantiveram um relacionamento e Osorio fez poesias para Anna, como o poema "Lilia", que, em versos ingênuos, dizia:

Quer o fado que te adore
Enquanto Lilia eu viver;
Obedecendo ao destino
Hei de amar-te até morrer.

Uma esperança futura
Consoladora me diz:
Que entre os dias desgraçados
Virá um dia feliz.

Só por ti Lilia querida
Arranco do coração,
Suspiros que nascem d'alma
Gerados pela paixão.

Só vivo quando te vejo,
Dia e noite penso em ti,
Se nasceste para amar-me
Eu para te amar nasci.

Ou, ainda, no poema "Confissão":

Entre amor, entre sorrisos
A mais terna confissão
Te faz, adorada Lilia,
A minha ardente paixão.

Noite e dia estão comigo,
Teus mimos, tua afeição,
Teus encantos...Tanto pode
A minha ardente paixão!

Do amor ardentes chamas
Devoram meu coração,
Vai-me findando a existência
A minha ardente paixão.

Sempre, sempre suspirando,
Vivo sem consolação;
Condenou-me a mil tormentos
A minha ardente paixão.

Quando te vejo engraçada
Oh! musa da inspiração,
Mais se ateia no meu peito
A minha ardente paixão.

Debalde a razão me chama,
Não obedeço à razão,
Só obedeço gostoso
À minha ardente paixão.

O interesse de Osorio pela poesia surgiu na adolescência, ao ouvir canções populares e ao presenciar improvisos de trovadores; começou a escrevê-las ao enamorar-se por Anna, e não mais parou. Osorio ganhou alguma fama como repentista, glosando com rapidez os motes que lhe davam, mesmo quando já era general. Poesias que, como as de cima, dificilmente passariam pelo crivo de críticos literários, mas, por outro lado, devem-se considerar as circunstâncias em que foram feitas, escritas por alguém que nem mesmo cursara a escola fundamental e que vivia em um ambiente que valorizava a força física, e não a sensibilidade artística.

Para pôr fim ao namoro, os pais de Anna recorreram a Sebastião Barreto Pereira Pinto, padrinho de batismo da moça e que ocupava o cargo de comandante das forças militares na província. Osorio foi desterrado para um posto na fronteira, local infestado de ladrões e de desertores, que roubavam e praticavam violências entre si e contra os moradores. Ele registrou sua punição na poesia "Partir!":

Contra mim a negra ausência
Já vejo mover os passos;
Vem matar-me, arrebatando
Lilia bela dos meus braços!

Contra a vontade te deixo
Porque o fado quer assim,
Vou suportar no desterro
Delírio ardente, sem fim.

Podem de ti separar-me
Privar-me até de te ver;
Mas qu'eu deixe de adorar-te
Não há quem possa fazer!

E da fronteira enviou a Anna várias poesias, como a intitulada "Vem!":

Do passado venturoso
Das delícias amorosas,
Ficam-me idéias penosas:
A força da minha dor.

Por não ver, querida Lilia,
Os nossos peitos unidos,
Arranca ternos gemidos
A força da minha dor.

A razão me desampara,
A saudade me devora,
Não me deixa uma só hora
A força da minha dor.

Tornarei a ser ditoso
Se puder inda alcançar,
Nos teus lábios mitigar,
A força da minha dor.

Se queres, Lilia, que eu viva
Do prazer no brando leito,
Vem arrancar-me do peito
A força da minha dor.

Entre março de 1829 e dezembro de 1834, Osorio esteve destacado três vezes, por prazos diferentes — quatro, sete e 23 meses —, a serviço na fronteira. Ele e Anna corresponderam-se secretamente por cartas levadas por um intermediário, mas uma escrava as descobriu em uma gaveta do quarto da moça e mostrou-as para seus pais. Estes se esforçaram para convencer Anna a casar com um parente bem de vida e, para seduzi-la com a idéia, espalharam o boato de que o casamento estava certo. Começaram a preparar-lhe o enxoval. Esse rumor chegou a Osorio na fronteira, que lhe escreveu várias poesias, uma delas "A Lilia":

Não te abranda o meu tormento,
Tens por timbre a ingratidão,
Tens prazer em desprezares
A minha ardente paixão.

Tu sabes fingir suspiros...
Mas eu, firme amante, não!
Faz-me desejar a morte
A minha ardente paixão.

Tu verás, ingrata, um dia
Debaixo do frio chão,
E mesmo assim respirando
A minha ardente paixão.

Anna, porém, escreveu a Osorio reafirmando seus sentimentos, dizendo temer que fosse forçada pelos pais a casar-se e pedindo que fosse buscá-la se a amava para fugirem, mas que o fizesse rapidamente. A carta, porém, havia sido escrita fazia um mês, pois o portador adoecera no caminho, parou para repousar e não a enviou por outra pessoa por ter ordens de entregá-la pessoalmente. O tenente enviou a resposta no mesmo dia em que recebeu a correspondência, pedindo a Anna que o esperasse e, após passar o comando do seu destacamento, partiu para Rio Pardo a cavalo. Ao chegar, porém, ela já estava casada e, mais tarde, Osorio soube que Anna fora enganada com a notícia de sua morte, na qual acreditou por não ter recebido resposta àquela carta.

Na região da fronteira agiam bandidos brasileiros, uruguaios e argentinos, aproveitando a facilidade de passar de um país a outro para cometer roubos, muitas vezes violentos, e escapar de eventual perseguição das autoridades. Em 1831, de serviço às margens do rio Quaraí, Osorio perseguiu bandidos que vinham do lado uruguaio para roubar propriedades brasileiras e não obedeceu ao limite fronteiriço, penetrando no território do país vizinho. Houve queixa do governo uruguaio e o ministro da Guerra solicitou ao comandante das Armas do Rio Grande, Sebastião Barreto, informações sobre o assunto.

Barreto enviou relatório informando que, em represália pela ação de bandidos uruguaios em território rio-grandense, uma patrulha "comandada pelo tenente de 1ª linha Manoel Luis Osorio" atravessou o rio, entrando em Bella Unión, "matando todas as pessoas que estavam trabalhando em uma encerra de éguas [curral], sem perdoar as mulheres". Segundo a biografia de Osorio escrita pelo filho, os mortos eram indígenas e as mulheres morreram com armas na mão, vestindo roupas que se confundiam com as dos homens. Defendendo a atitude do pai, Fernando Luis escreveu que ele, cansado de ver as atrocidades praticadas contra as famílias brasileiras, esperou que os salteadores atravessassem a fronteira e caiu sobre eles com vinte soldados. Sobre a morte de pessoas trabalhando, afirma que morreram lutando, com as mulheres combatendo ao lado dos homens, e que, durante a luta, Osorio não podia distinguir o sexo dos contendores. Somente terminada a luta foi que o tenente encontrou as mulheres, pois durante o combate vira apenas vultos "montando cada qual seu cavalo em pêlo; uns empunhando lanças, outros armas de fogo, manejando bolas alguns".

O fato, porém, não foi investigado, pois o juiz de Cachoeira não cumpriu a ordem de fazê-lo, porque a ação de Osorio contava com a simpatia da população, vítima de roubos e violências físicas desses salteadores. Mesmo sem acusação formal, Osorio foi preso e assim ficou de 8 de janeiro a 11 de dezembro de 1832, sem que fosse formalizado processo contra si. Libertado, foi penalizado informalmente, permanecendo onze anos no posto de tenente, sendo preterido nas promoções.

Foi em Rio Pardo, em um dos intervalos de suas idas para a fronteira, que Osorio ingressou na política, aderindo à corrente liberal moderada, que ocupava o poder no Rio de Janeiro, representada na figura do sacerdote e político paulista Diogo Antônio Feijó, que governou o Brasil entre 3 de maio de 1836 e 19 de setembro do ano seguinte. O pensamento dessa corrente estava sintetizado na frase do político carioca Evaristo da Veiga: "Trabalhar para que a revolução gloriosa de 7 de abril de 1831 se não perdesse nos abismos da dissolução social" e se congregava na associação Sociedade Defensora da Liberdade e da Independência Nacional. Esta combatia os restauradores, defensores do retorno de Pedro I ao trono brasileiro, e os liberais exaltados, adeptos do federalismo e, mesmo, em alguns casos, do republicanismo. A Defensora da Independência tinha quatro representações no Rio Grande do Sul, sendo uma em Rio Pardo. Osorio permaneceu nas fileiras liberais por toda a vida, mesmo quando essa filiação causou-lhe dificuldades na carreira militar e dissabores pessoais, logo tornando-se uma liderança regional cujo reduto era a metade sul do Rio Grande.

Entre os poucos integrantes da corrente dos restauradores gaúchos encontravam-se o marechal Sebastião Barreto e o presidente da província, José Mariani. Eles informaram o governo regencial de que o chefe dos liberais no Rio Grande do Sul, coronel Bento Gonçalves, conspirava com republicanos uruguaios contra a unidade do Império, mantendo contatos e protegendo Juan Lavalleja, de quem era compadre. Esse liberal tinha, de fato, vinculações no Uruguai, onde, no período anterior à sua independência, exerceu a função de juiz de paz na vila de Mello, além de proprietário de estância e de casa comercial. Barreto indicou Bento Gonçalves para o comando da Guarda Nacional local, instituição criada no ano anterior pela Regência Trina permanente como contraponto ao Exército, do qual se temia ser influenciado pelas tendências absolutistas do ex-imperador e, por isso, praticamente foi desmantelado. Substituta da antiga milícia, na Guarda Nacional deviam servir, com algumas exceções, todos os cidadãos entre 21 e sessenta anos de idade que fossem eleitores e seus oficiais eram membros da elite local. Cabia à Guarda a manutenção da ordem interna e, em caso de agressão externa, ajudar o Exército, funções que nunca chegou a cumprir satisfatoriamente.

Para defender-se daquela acusação, Bento Gonçalves foi ao Rio de Janeiro, em 1833, onde convenceu o governo regencial de sua inocência. Ademais, ele influenciou na substituição de Mariani por Antonio Rodrigues Fernandes Braga, pois os presidentes provinciais eram nomeados pelo poder central. Braga procurou governar de forma tolerante e, por não se alinhar automaticamente com os liberais, desagradou-lhes. Estes o classificavam de traidor e ele replicava acusando a oposição de farroupilhas, termo usado para designar os liberais radicais, os "exaltados", em todo o Império.

Em 20 de abril de 1835 houve a abertura das atividades da Assembléia Legislativa gaúcha. As assembléias provinciais tinham sido criadas pelo Ato Adicional à Constituição de 1834, como concessão do poder central às demandas de descentralização política, e, no Rio Grande do Sul, os liberais elegeram a maioria esmagadora dos deputados. Na sessão inaugural, perante platéia majoritariamente hostil, o presidente Braga, em discurso de prestação de contas do Executivo, acusou os liberais extremados de planejarem separar o Rio Grande do Sul do Império e uni-lo ao Uruguai. Líder político inconteste dos liberais, Bento Gonçalves percorreu o interior para mobilizar a população em favor de um movimento que depusesse o presidente. Em 20 de setembro de 1835 duzentos cavalarianos invadiram Porto Alegre e foram recebidos com aplausos por seus habitantes, enquanto Braga fugiu para a cidade de Rio Grande. O vice-presidente, Marciano Pereira Ribeiro, assumiu o governo com o apoio da Assembléia.

Era o início do movimento que ficou conhecido como Revolução Farroupilha e que desembocou no separatismo, com a proclamação da República Rio-Grandense. O movimento farroupilha não era homogêneo e, desde o começo, havia uma ala separatista e republicana, da qual fazia parte Bento Gonçalves, que mantinha em segredo o plano separatista republicano.

Como pano de fundo dos preparativos separatistas havia a percepção de parte da elite gaúcha, de que a província fizera sacrifícios para sustentar a guerra contra as Províncias Unidas e, agora, estava sendo penalizada duplamente pelo poder central, quer por não ter sido ressarcida de algum modo, quer pelos impostos que pagava e não lhe eram revertidos. Havia, ainda, a reclamação de que o imposto sobre o charque gaúcho tornava-o muito mais caro, no mercado brasileiro, do que o concorrente que vinha do Rio da Prata. Impostos também eram cobrados sobre a produção de couros, erva-mate e outros produtos gaúchos, reforçando a sensação de que as dificuldades econômicas da província tinham como origem o governo central.

A Farroupilha não teve caráter revolucionário nas dimensões econômica e social, mas sim no aspecto político, ao tentar substituir a Monarquia pelo regime republicano. No geral, permaneceram leais ao governo central a maior parte dos comerciantes, da população urbana e alguns setores rurais.

Em setembro de 1835, o regimento do tenente Osorio encontrava-se em Bagé, após ter sido removido de Rio Pardo, e, em virtude da reestruturação do Exército imperial, passou a denominar-se 2º Corpo de Cavalaria. Um grande número de soldados, comandados pelo alferes José Maria do Amaral, aderiu ao movimento de Bento Gonçalves e o comandante da unidade, capitão Jorge de Mazzarrêdo, sem forças para resistir-lhes, retirou-se com Osorio, em direção a São Gabriel. Juntaram-se à coluna do comandante das Armas, Sebastião Barreto, até que este a dissolveu em 4 de outubro, em frente a São Gabriel, ao constatar que a força farroupilha nessa vila lhe era muito superior em número, e, em seguida, fugiu para o Uruguai.

TEATRO DE OPERAÇÕES DA FARROUPILHA

Fonte: *História do Exército Brasileiro*, v. 2, p. 463.

Nessa ocasião, na descrição de Osorio, "o meu distinto amigo e camarada capitão Mazzarrêdo pediu-me que o salvasse". O capitão tinha apoiado decididamente o governo deposto, era um desafeto dos liberais e temia por sua vida caso caísse prisioneiro. Osorio era liberal mas também obediente à disciplina militar e, assim, manteve-se fiel ao governo de Braga, contudo, com a dissolução das forças de Barreto e sua fuga, sentiu-se livre para apoiar o movimento farroupilha, não sem antes ajudar Mazzarrêdo, adversário de suas idéias políticas mas seu amigo e superior hierárquico, a fugir para o Uruguai. Em seguida Osorio dirigiu-se a Bagé, apresentando-se ao acampamento do chefe revolucionário José de Sousa Netto. Não lhe seria difícil aderir ao movimento farroupilha, pois, afinal, Bento Gonçalves e Bento Manoel tinham sido seus superiores nas guerras de que participou na década anterior e também eram liberais. No acampamento, em um banquete com oficiais, Osorio fez seu credo no movimento ao improvisar uma poesia, cuja última estrofe dizia:

A espada do despotismo
Nos quer hoje a lei ditar
Quem for livre corra às armas
Se escravo não quer ficar.

Alguém lhe deu o mote "O pendão da Liberdade" para glosar e Osorio compôs várias estrofes, recordando-se um testemunho das seguintes:

Minerva baixou do Olimpo
Essa deusa [da guerra], essa beldade,
Erguendo sobre o Rio Grande
O pendão da Liberdade.

Exultai ó dia Vinte [início da revolução]
Com glória, com igualdade.
Os rio-grandenses defendem
O pendão da Liberdade.

A pátria em paz chama os filhos
Toda cheia de bondade:
"Filhos meus, defendam sempre
O pendão da Liberdade!".

Voltou, então, Osorio a São Gabriel, apresentando-se ao coronel Bento Manoel, que o prendeu, desconfiado de sua presença na coluna de Sebastião Barreto, mas companheiros de armas conseguiram que fosse libertado. Questionado por Bento Manoel se não previra que, indo até o Uruguai com Mazzarrêdo, se tornaria suspeito aos olhos da revolução, Osorio respondeu que sim. Defendeu-se argumentando que não podia deixar de salvar uma vida e, ademais, que ao fazê-lo tinha prestado um serviço ao movimento ao afastar da luta um adversário. A resposta foi convincente, pois Bento Manoel nomeou-o comandante do seu regimento em Bagé.

Pouco depois, em 15 de novembro de 1835, Osorio casou-se com Francisca, uns sete anos mais nova do que ele. Tratava-se de uma mulher de pequena estatura, morena, cujo pai era Zeferino Fagundes de Oliveira, juiz de paz da vila de Bagé e estancieiro em boa situação financeira, o que não significou, porém, vantagem material para o casal, pois Francisca não recebeu dote. O casal talvez se conhecesse antes ou, mesmo, tivesse algum grau de parentesco, pois Francisca nasceu em Caçapava, onde Ana Joaquina, mãe de Osorio, foi sepultada. Por essa época, Osorio buscava ampliar seus horizontes para além da atividade militar, não só constituindo família, mas também patrimônio imobiliário. Ele e o pai receberam, em 1834, concessão do presidente uruguaio, Frutuoso de Rivera, para explorarem e povoarem um campo que tinha como um dos limites o rio Quaraí. Dois anos depois, em 1836, pai e filho solicitaram ao governo uruguaio que lhes vendesse essa terra, argumentando que ali tinham construído duas povoações e tinham umas 2500 cabeças de gado; era uma propriedade de porte médio, para os padrões da época. Em junho daquele ano seu pai faleceu e a concessão de Rivera não foi reconhecida, pois em 1837 essa terra foi comprada de Francisco Ponsiñon pelo irmão de Osorio, chamado Francisco. Essa é a origem da estância, de terras riquíssimas, cuja exploração permitiu a Manoel Luis Osorio sustentar o estudo de três filhos homens, que se formaram advogados.

Quando o tenente Osorio se casou, o ambiente político se tornara menos conturbado, pois a revolução era vitoriosa e controlava todo o território gaúcho. O regente Diogo Feijó nomeou, por indicação de Bento Gonçalves, José de Araújo Ribeiro para o cargo de presidente, que era primo de Bento Manoel, o qual assumiu o cargo de comandante das Armas. Araújo Ribeiro tinha por missão conciliar as forças políticas da província. Antes mesmo de ser-lhe dada posse na presidência pela Assembléia Legislativa, como determinava a lei, ele proclamou a anistia política e foi bem acolhido pelos liberais moderados, mas os exaltados continuaram suas articulações secretas e obtiveram dos deputados aliados que não lhe dessem posse.

Refugiado na cidade do Rio Grande, pois Porto Alegre estava nas mãos dos farroupilhas, Araújo Ribeiro escreveu aos potenciais legalistas, entre eles Osorio. Denunciou estar sendo articulado um movimento separatista republicano e obteve apoio dos liberais moderados. Osorio respondeu a Araújo Ribeiro que podia contar com seu apoio e a Bento Manoel que obedeceria a suas ordens. Não havia, contudo, base jurídica para o presidente indicado assumir o cargo e, utilizando-se da ilegalidade da situação, os líderes liberais exaltados colocaram em marcha o projeto republicano.

Osorio também recebeu carta do pai, o qual informava que ia marchar em defesa de Araújo Ribeiro e dizia que se o filho era um dos que conspiravam "podes contar em mim um inimigo mais com quem brigar". Na resposta ao pai, deixou expressa sua concepção política:

> Seu filho é republicano de coração mas não quer a república para o povo que não está para ela preparado. Sou coerente. A revolução de setembro de que fui humilde soldado não se fez para separar do Império a Província do Rio Grande do Sul nem para dar-lhe um governo republicano, mas para pôr termo à péssima administração que a ofendia.
>
> Bento Gonçalves e Bento Manoel, quando levantaram o estandarte da revolta, levantaram também o grito que sustentaria o trono de nosso jovem monarca e a integridade do Império.
>
> Colocando-me, como fiz, sob as ordens de Bento Manoel, fui também fiel ao juramento que prestei no dia em que sentei praça.
>
> Já vê que nada poderia neste mundo colocar-me na atitude de mais um inimigo com que meu pai tivesse que combater.
>
> A seu lado deve meu pai contar sempre com seu filho.
>
> Manoel.

Pouco depois, buscando convencer o chefe revolucionário Domingos Crescencio de Carvalho a passar para o lado legalista, o tenente Osorio reafirmou sua preocupação com a ordem. Também criticou a idéia de república, uma forma de governo que "o maior número dos nossos compatriotas reprovam". Bastava, argumentou Osorio, olhar nos "espelhos vizinhos", quer dizer, Uruguai e Argentina, para encontrar a "feia cara da anarquia", resultado da forma republicana de governo. Aos "espanhóis americanos", raciocinava, faltaram "luzes", quer dizer, experiência, quando fizeram a opção republicana e se "seus passos começamos a seguir, como eles foram, também nós iremos ao abismo". Finalizava a carta afirmando:

> Caro patrício e amigo: eu sou republicano de coração; porém, o estado presente da nossa Pátria, a falta de luzes que nela existe me fazem agir ao contrário do que sinto, e por me parecer que não estamos preparados para tal forma de governo.

Não seriam essas manifestações de Osorio resultado antes da retórica do que da verdadeira convicção? Em 1836, a adesão à república de antigos companheiros de armas e de parte dos liberais deve ter intimidado o jovem tenente, pobre de leituras e de experiência política. A partir de então, porém, Osorio associou a Monarquia à manutenção da ordem e ao bem-estar do país e seu republicanismo se tornou um ponto de referência difuso no futuro longínquo.

No começo de 1836, o Rio Grande do Sul tinha dois governos, um em Porto Alegre e outro em Rio Grande. Em fevereiro começou a guerra civil, em que o lado monárquico, legalista, tinha uns novecentos homens e o republicano, revolucionário, mais de 3 mil, números que variaram, nos anos seguintes, em favor dos primeiros. Ao marchar para os combates, Osorio compôs para a esposa a poesia "Adeus":

> Já soa o clarim de Marte!
> Vou deixar-te, minha amada!
> Suspirando corro às armas,
> Adeus! mulher adorada!

Baixando à campa
Frio jazigo,
A tua imagem
Irá comigo.

Se for em árduo combate,
Minha vida arrebatada,
Se perder-te para sempre...
Adeus! mulher adorada!

Baixando à campa
Frio jazigo
A tua imagem
Irá comigo.

Mas se coberto de louros
Voltar a ver-te engraçada,
Até tão doces momentos...
Adeus! mulher adorada.

Teus lindos lábios
Beijando então
Doces prazeres
Renovarão

No dia 17 de março de 1836, o tenente Osorio participou da batalha do Passo do Rosário, onde já lutara em outra guerra, na da Cisplatina. Foi um dos setecentos legalistas que, sob o comando de Bento Manoel, derrotaram a vanguarda do Exército farroupilha, composta de oitocentos homens, comandados pelo coronel Corte Real. Nesse combate, que durou uma hora, participou com o esquadrão que seu pai, já tenente-coronel, reuniu em Caçapava e em companhia do irmão, o tenente José. Quem atacou primeiro, forçando a passagem do passo, foi Manoel Luis Silva Borges, acompanhado dos filhos. Osorio teve o cavalo baleado, mas trocando de montaria continuou na batalha e, à frente de um punhado de homens, cercou Corte Real e obteve sua rendição, com a promessa de garantir-lhe a vida. Os revolucionários tiveram 150 mortos e os demais ficaram prisioneiros. Pouco depois, Silva Borges faleceu de doença no fígado.

Em 15 de junho de 1836, os legalistas restauraram seu domínio sobre Porto Alegre e, no dia 30, Bento Gonçalves atacou-a, terminando por recuar para Viamão, mas mantendo a capital sob cerco terrestre praticamente por quatro anos. Bento Manoel, que se encontrava nas imediações de Caçapava, partiu em socorro a Porto Alegre, aonde chegou em 24 de julho, rompendo o cerco. O tenente Osorio fazia parte dessa força e Bento Manoel enviou-o à esquadrilha de navios legalistas na lagoa dos Patos, para auxiliar no prosseguimento das operações que se fizessem necessárias. Em seguida Osorio partiu com as forças do coronel Antonio de Medeiros Costa para Rio Pardo, para expulsar os revolucionários que haviam ocupado a vila, retomada pelos legalistas em 11 de setembro. Osorio esteve à frente da primeira carga de cavalaria e, no momento em que os atacantes sofreram os primeiros tiros de artilharia, seu cavalo caiu e os projéteis, que o teriam atingido, acertaram três soldados que se encontravam logo atrás. Escrevendo em 1838, o coronel João da Silva Tavares afirmou que o comentário de Medeiros Costa era de que Osorio atuou com muito dinamismo, tomando iniciativas, fazendo-lhe ponderações e "que grande parte da vitória das armas imperiais naquele dia lhe é devida".

No dia anterior, porém, os revolucionários haviam conseguido importante vitória em Seival, entre Bagé e Pelotas, quando o coronel farroupilha Antonio de Souza Netto, com 430 homens, dos quais quase cem uruguaios, derrotou uma força legalista de quinhentos homens. No dia seguinte, às margens do rio Jaguarão, na fronteira com o Uruguai, Souza Netto proclamou a República Rio-Grandense, separando o Rio Grande do Sul do Brasil. Aos soldados de sua brigada de cavalaria ele afirmou que os rio-grandenses não mais suportariam a prepotência de um governo tirano e, por toda parte, "não soa outro eco que o de Independência, República, Liberdade ou Morte".

Bento Gonçalves tornou-se presidente interino da República, mas em 2 de outubro, na batalha da ilha do Fanfa, no rio Jacuí, caiu prisioneiro dos legalistas. Foi enviado para o Rio de Janeiro e, mesmo assim, no mês seguinte, foi efetivado no cargo de presidente pelos revolucionários. Quando era transferido para Fernando de Noronha, em escala em Salvador, Bento Gonçalves conseguiu fugir, graças à ajuda de liberais baianos da maçonaria, da qual fazia parte, e voltou para o Rio Grande do Sul, assumindo a presidência.

Os revolucionários controlaram boa parte do interior, a chamada campanha, enquanto os legalistas dominaram as cidades maiores e o território próximo do litoral. A Marinha imperial bloqueou o litoral gaúcho para impedir que os farroupilhas mantivessem comércio ou recebessem armamentos por via marítima. Eles puderam, porém, utilizar a fronteira com o Uruguai, onde contavam com apoio, para se abastecerem com material bélico, o que explica, em parte, a longa duração da Farroupilha.

A persistência do movimento revolucionário levou o governo imperial a substituir, em 1837, Araújo Ribeiro pelo brigadeiro Antero José Ferreira de Brito na presidência gaúcha. Havia a expectativa de que um militar no cargo teria melhores condições de vencer a revolução. Contudo, Antero tornou-se fator de divisão do lado legalista e, dominado pelos setores conservadores mais exaltados, passou a perseguir os seguidores de Araújo Ribeiro. Bento Manoel, inconformado com a demissão do primo, renunciou ao comando das Armas e dispensou quase todos os homens que o seguiam, jurando vingança contra Antero e bandeando-se para o lado republicano.

Antes de mudar de lado, Bento Manoel tomou o cuidado de requisitar a vinda do tenente Osorio. Este partiu de Caçapava, onde permaneciam sua mãe e irmãos, com destino a São Gabriel, onde, ao chegar, teve a notícia da prisão de Antero e da defecção de Bento Manoel. Compreendendo a nova situação, Osorio regressou a Caçapava, comunicou ao seu comandante, coronel João Crisóstomo da Silva, o ocorrido e defendeu a retirada imediata da força legalista — cerca de mil homens da vila, pois estavam ameaçados de ser sitiados pelos revolucionários. Antes que se tomasse qualquer providência, isso foi feito por 1500 farroupilhas, que solicitaram um encontro com Osorio em lugar seguro, o que seu comandante autorizou. Osorio saiu da vila e reuniu-se com os líderes farroupilhas Antonio Netto, Guedes da Luz e Sebastião Ribeiro, filho de Manoel Ribeiro. Sebastião disse que seu pai apelava ao patriotismo e camaradagem de Osorio, convidando-o a aderir à revolução. A resposta foi a recusa, argumentando o tenente que seu compromisso era com a legalidade e de que seria acusado de traidor se abandonasse os companheiros sitiados.

O coronel Crisóstomo planejou romper o sítio e chegar a Rio Pardo, seguindo pelas matas que cercavam o rio Santa Bárbara. Osorio pensava que esse caminho facilitaria aos revolucionários promover verdadeira caçada dos legalistas e, agindo sem ordem superior, partiu da vila na noite de 7 de abril, fazendo trajeto próprio, acompanhado de 39 soldados de cavalaria, e guiado pelo irmão, tenente José, que conhecia bem a região. Crisóstomo tentou romper o cerco na manhã seguinte, de acordo com o plano original, mas fracassou e foi obrigado a render-se. Em Caçapava havia um depósito militar do

Exército imperial e, nele, os republicanos abasteceram-se com material bélico, a cujo acesso tiveram dificuldades durante a guerra. Como se vê, Osorio tinha razão ao condenar o plano do seu comandante, mas o fato é que sua atitude foi de insubordinação, embora se possa questionar a atuação de Crisóstomo ou, ainda, argumentar que a desobediência evitou sacrificar mais tropa legalista ao inimigo. Sua mãe permaneceu na vila, mas jamais foi importunada pelos farrapos durante o tempo em que ocuparam Caçapava, os quais teriam considerado Osorio simpático à causa republicana e que permanecia nas forças legalistas por questão de disciplina militar.

Após apresentar-se ao comandante legalista de Rio Pardo, Osorio seguiu para Porto Alegre, onde as notícias de ter ele escapado ao sítio e recusado o convite de Bento Manoel entusiasmaram os defensores da cidade. Osorio foi nomeado major de Legião da Guarda Nacional e comandante do esquadrão de cavalaria que fazia a escolta do presidente, que ele compôs, em sua maior parte, com prisioneiros republicanos que convenceu a mudarem de lado. Porto Alegre era defendida por civis armados, por cerca de setecentos soldados de infantaria, outros 250 cavalarianos e 22 canhões. Osorio participou da resistência ao cerco da capital. Sua nova posição aproximou-o politicamente do presidente Feliciano Nunes Pires, que sofria ferrenha oposição dos legalistas conservadores, liderados por Pedro Chaves, que também era chefe da polícia de Porto Alegre e que chegaria a ser senador. Esses "ultralegalistas", como eram chamados, pediam o extermínio dos farroupilhas e não aceitavam a política oficial de atrair os republicanos com uma política conciliadora. Osorio recusava a política de perseguições e violências, enfrentando, inclusive, Chaves, cuja casa invadiu para dela arrancar um homem que, por ordem deste, dera uma surra de espada no secretário da presidência e que escrevia artigos conciliadores na imprensa. Ao saber dessa agressão, o presidente

Nunes Pires havia ordenado ao comandante de seu esquadrão de escolta prender o autor do ato.

Devido a essa proximidade de Nunes Pires e à recusa de ser um instrumento de perseguições e violências, Osorio também se tornou alvo dos ataques conservadores. Passou, então, a envolver-se crescentemente com a atividade política. Na realidade, não foi Osorio que entrou na política, mas sim ela que lhe foi imposta pelas circunstâncias e ele acabou tomando gosto por ela.

Em 19 de setembro de 1837, o padre Feijó renunciou à Regência, o que significou para os liberais moderados a perda do poder, que passou a ser ocupado pelo Partido Conservador. Este foi fundado no ano anterior, assim como o Liberal, e tinha como prioridade debelar a Farroupilha, missão para a qual foi designado o marechal Antonio Elisiário de Miranda e Brito, que assumiu a presidência do Rio Grande do Sul em 3 de novembro de 1837, acumulando-o com a função de comando das Armas. No governo da província passou a predominar a posição dos legalistas conservadores e Osorio foi perseguido por Pedro Chaves, que obteve sua demissão do comando do esquadrão presidencial, do posto de major da Legião e sua deportação da capital, sob o pretexto de receber outra missão. Antes, porém, Osorio teve ordem do presidente de apresentar-se a Chaves, e entre ambos travou-se o seguinte diálogo, que este último encarregou-se de tornar público, talvez para mostrar que o tenente era arrogante ou algo assim. Osorio apresentou-se, dizendo que não sabia o motivo de ter recebido ordens para tanto e Chaves comentou que ele estava demitido, escutando, então, a réplica de que sim, "graças à perseguição que V. Sra. moveu contra mim" e de que exercera, em Porto Alegre, a missão honrosa de prender bandidos que afrontavam autoridades, espancavam cidadãos nas ruas "e depois procuram a casa de V. Sra. para ocultar-se".

Esse enfrentamento verbal resultou para Osorio ter um inimigo permanente. Décadas mais tarde, quando já era general renomado, teve de enfrentar intrigas contra si feitas pelo então senador Pedro Chaves, barão de Quaraí.

Elisiário organizou o Exército legal em duas divisões. Uma, que chamou de Direita, para atuar ao norte da sitiada Porto Alegre até Rio Claro e a outra, da Esquerda, para operar no sul, na região do Rio Grande, tendo como objetivo ameaçar Piratini, a capital republicana. A esta última pertencia a 1ª Brigada de Cavalaria da Guarda Nacional, à qual Osorio se incorporou em março de 1838, convidado por seu comandante, o coronel Silva Tavares. No acampamento de Canudos, próximo do rio São Lourenço, na região de Pelotas, Osorio tornou-se instrutor de cavalaria e participou de várias operações, atuando com habilidade e coragem que resultaram, em agosto de 1838, na sua promoção a capitão, após quase onze anos como tenente. Promoção que mostra, por sua vez, que Osorio contava com prestígio militar e também político, pois as promoções no Exército, até o posto de coronel, eram feitas pelos presidentes de províncias, situação que teve fim com a reforma militar de 1850, quando passou a ser feita por juntas. As próximas promoções de Osorio se dariam em espaço de tempo muito mais curto, permitindo-lhe ascender na hierarquia militar.

Se a situação da Divisão da Esquerda era mais ou menos confortável, o mesmo não ocorria com a da Direita, fragorosamente derrotada na batalha travada em Rio Pardo, em 30 de abril de 1838. A situação era tão delicada que o governo imperial enviou, em março de 1839, seu ministro da Guerra, Sebastião do Rego Barros, para analisar o que ocorria. Antes disso, o vice-almirante Greenfell, que comandava a força naval no Rio Grande do Sul, demitira-se por se indispor com Elisiário, e Osorio organizou um abaixo-assinado que obteve a adesão de vários oficiais, o que repercutiu no Rio de Janeiro. No final de abril, Rego Barros foi ao acampamento de Canudos, onde passou em revista as tropas e recebeu os oficiais que escolheram Osorio para expor ao ministro a situação. O capitão descreveu os erros militares cometidos por Elisiário e, segundo o jornal *Aurora Fluminense*, foram relatados ao ministro ilegalidades e violências políticas cometidas pelo presidente, cuja substituição foi solicitada.

A luta política no seio legalista comprometia as operações militares, enquanto os revolucionários dominavam a campanha gaúcha.

Amargurado com a situação, descrente de que o governo imperial tomasse as decisões necessárias e preocupado com sua família, Osorio pediu baixa do Exército em 23 de abril de 1839, aos 31 anos de idade, dos quais quinze no serviço das armas. Em seu requerimento escreveu que era casado, com filhos, e também era arrimo de numerosa família, pois o pai falecera "na presente luta". Na realidade, este falecera durante a guerra, mas não em combate, e sim por doença, embora sua participação no combate à Farroupilha possa ter contribuído para agravar suas condições de saúde. Quanto aos filhos, a biografia do general Osorio escrita por Fernando Luis, seu primogênito, relata que, além dele e três irmãos, teria havido apenas uma filha, falecida recém-nascida, por volta de 1846. Por esse requerimento, conclui-se que o casal Manoel Luis e Francisca teve mais do que um bebê falecido. Fernando Luis, o primeiro dos filhos a sobreviver, nasceu em 1848 e a ele seguiram-se Manoela, em 1851; Francisco, em 1854, e Adolpho, mais novo mas cujo ano de nascimento é ignorado.

Procedia o argumento de Osorio, em seu requerimento, de ser arrimo de família, o que resultou das perdas materiais da família e de o governo imperial não pagar pensão à sua mãe. Ele escreveu no pedido de baixa que:

[...] A adesão de toda a família à causa da *Integridade do Império* fez com que os rebeldes roubassem todos os seus bens e estragassem suas propriedades, seguindo-se a isto a indigência dos infelizes órfãos. Ao finado pai do suplicante que havia sido reformado em fins de 1828 depois da conclusão da guerra argentina com 38 anos e meses de serviços, o governo de então lhe concedeu, com aprovação da Assembléia Geral, uma pensão de 360$000 anuais; esta pensão muitas vezes requerida e no espaço de 7 anos, nunca foi aprovada. Sua infeliz mãe vendo-se no estado de viuvez e miséria, e julgando-se com direito à proteção do ilustrado Governo de V.[ossa] M.[ajestade] requereu meios de subsistência para si e seus filhos menores, cujo requerimento há poucos meses foi indeferido. À vista dessas circunstâncias, o suplicante, como bom filho, nem pode ver sem procurar remediar os males de sua família, e nem deles curar ocupando um posto na 1ª linha, que necessariamente o priva de trabalhar para alimentar as duas famílias a seu cargo, sendo o fruto de seu trabalho o recurso único com que poderá alimentar sua família.

O requerimento era acompanhado por sete atestados de ex-comandantes que depunham ser Osorio fiel à Coroa e com folha de serviços caracterizada pela coragem e dedicação. Contudo, como era de praxe, havia também informação do marechal Elisiário, na condição de comandante das Armas e, ainda, presidente da província, cuja inimizade em relação a Osorio aumentara com o depoimento deste ao ministro da Guerra. Elisiário escreveu que, embora Osorio fosse valente, tivera comportamento "irregular", ao participar da "sedição" de 20 de setembro e de reunir-se com rebeldes em Caçapava, de onde se retirou sem se subordinar ao plano do comandante, coronel Crisóstomo. Elisiário afirmava, ainda, que o capitão "é de gênio muito intrigante" e que seu mau humor seria a causa de todos os conflitos internos da tropa aquartelada em

São Gonçalo. Por tudo isso, "parece-me que bom seria não só conceder-lhe a reforma, que implora, mas até determinar-se-lhe um lugar para residir fora desta Província, enquanto não terminar a guerra civil que a tem assolado".

No final, foi Elisiário quem saiu do Rio Grande do Sul, demitido pelo governo imperial em junho de 1839, sendo substituído na presidência por Saturnino de Souza Oliveira. O informe contrário a Osorio foi ignorado e o pedido de baixa indeferido, por serem considerados necessários os seus serviços. Pouco depois, em 2 de dezembro de 1839, ele foi nomeado para a 3ª companhia do 2º Regimento de Cavalaria de Linha, na brigada de Silva Tavares. Continuando no Exército, Osorio providenciou para que sua mãe fosse apoiada por um amigo de Caçapava, que se encontrava de posse dos farroupilhas.

Osorio estabelecia, aos poucos, uma teia de relacionamentos e para a qual foi importante ingressar na maçonaria. Sabe-se que em 1840 ele era maçom, mas a data de sua filiação é controversa, havendo os que indicam esse mesmo ano, o que parece mais provável, e os que sugerem que ela teria ocorrido antes, quando era tenente. Foi "iniciado" na loja União Constante, da cidade de Rio Grande, a qual tinha como um dos seus principais objetivos trabalhar pela declaração da maioridade de Pedro II, como forma de garantir a continuidade da Monarquia constitucional no Brasil e era ligada à Defensora da Independência, do Rio de Janeiro.

A maçonaria instalou-se no Brasil no início do século XIX, aproximou-se de d. Pedro antes da Independência e apoiou-a, mas as posições maçônicas liberais, contrárias ao absolutismo, levaram o imperador a fechá-la em 1822. Em 1831, após a abdicação de Pedro I, ela saiu da clandestinidade e surgiram o Grande Oriente do Brasil, liderado pelo conservador José Bonifácio, defensor da Monarquia constitucional, e o Grande Oriente Nacional, conhecido como do Passeio, do liberal radical Gonçalves Ledo, concorrendo entre si como poder central em relação às lojas existentes no país. O Grande Oriente do Passeio reuniu os maçons remanescentes de 1822, conquistou o maior número de lojas e organizou-se nacionalmente, mas deixou de existir no final da década de 1840, enquanto o Grande Oriente do Brasil continuou a funcionar.

No Rio Grande do Sul a maçonaria se instalou em 25 de dezembro de 1831, com a fundação da loja Filantropia e Liberdade em Porto Alegre, vinculada ao Grande Oriente do Passeio, mas logo depois se subordinou ao Grande Oriente do Brasil. As atividades maçônicas foram esparsas durante a Farroupilha e os maçons legalistas eram minoritários. A instituição não se envolveu diretamente na luta, quer por não estar consolidada na província, quer por não ter projeto político definido, defendendo, sim, a liberdade política e religiosa de seus integrantes.

Em 1840, a brigada de Osorio recebeu ordens de marchar do acampamento dos Canudos, para reforçar as tropas que haviam derrotado os republicanos no passo do rio Taquari. Ao serem comunicados de sua partida, os "irmãos" da loja União Constante ofereceram a Osorio um peito confeccionado de aço, para "preservar os vossos dias das lanças e espadas dos inimigos da Pátria", conforme carta de despedida que acompanhava o presente. Nesta diziam depositar confiança nele e que estavam persuadidos de que continuaria a lutar pelos mesmos princípios, terminando com um "Viva a maioridade de S. M. O Imperador". Em resposta, Osorio agradeceu aos "irmãos maçons por tão generosa oferta", o peito de aço — que nunca usou —, e afirmou que, por honra e dever, jamais se afastaria desses princípios nem daquele de "empregar a sua espada e de derramar o seu sangue por tudo que fosse concorde com as opiniões da sua loja, as quais já via encaminharem-se à realidade, para o bem da Pátria". Contudo, em julho Osorio estava de volta ao acampamento dos Canudos, pois a 1ª Brigada de Cavalaria, após ir ao

Rincão dos Touros para obter cavalos para o Exército, recebeu ordens do general Rodrigues para retornar a esse ponto.

No início de 1840, os republicanos controlavam boa parte do interior gaúcho, mas não tinham saída para o mar. A falta de progresso dos legalistas, que apenas reconquistaram Caçapava, levou o governo imperial a nomear o marechal Soares de Andréa para presidente e comandante das Armas. Ele pensou poder pacificar os gaúchos e manteve troca de cartas com Bento Gonçalves, da qual nada resultou. Obteve, sim, com indulto que promulgou, que Bento Manoel abandonasse a revolução, desiludido, refugiando-se no Uruguai, de onde escreveu a um amigo, que "o tal sistema republicano [que] parece em teoria governo dos anjos, porém na prática nem mesmo para diabos serve".

Andréa informou ao governo imperial, em mãos dos liberais graças à maioridade antecipada de Pedro II, de que somente a força poria fim à revolução. Solicitou reforços, mas o Gabinete de Ministros persistiu na idéia de pacificação, demitindo-o. Entre fins de 1840 e meados de 1842, o Rio Grande do Sul teve dois outros presidentes e respectivos comandantes das Armas, que também não tiveram sucesso em alcançar a paz, quer pela negociação, quer pela força.

Nesse período, o capitão Osorio assistiu impotente à inação militar legalista. Em maio de 1842 ele foi promovido a major, com efeito retroativo a julho do ano anterior, e, em seguida, foi nomeado Cavaleiro da Imperial Ordem do Cruzeiro, ordem honorífica criada por Pedro I para homenagear personalidades nacionais e estrangeiras. Logo o major teria muita ação, pois em 9 de novembro do mesmo ano o general Luiz Alves de Lima e Silva, barão de Caxias, assumiu, cumulativamente, os cargos de presidente e comandante das Armas do Rio Grande do Sul. Caxias tinha sido bem-sucedido em reprimir as rebeliões contra o poder central na década de 1830 e, na primeira metade de 1842, as revoluções liberais em Minas Gerais e São Paulo.

Caxias encontrou um Exército de quase 12 mil soldados, mas desorganizado a ponto de permitir aos farroupilhas, que eram em torno de 3500 homens, dominar o interior e ter posse de praticamente todos os cavalos da região. O barão reorganizou as forças sob seu comando e trabalhou para trazer para seu lado dissidentes farroupilhas. Obteve que Bento Manoel Ribeiro voltasse do Uruguai e se incorporasse às forças legalistas, o que foi um golpe psicológico nos revolucionários, e, ademais, trouxe para os legalistas conhecimento pormenorizado da situação militar do inimigo e do terreno.

O novo comandante recuperou a mobilidade do Exército legalista, que marchou e se instalou em São Gabriel, a qual se tornou sua base para incursões pela campanha, em busca dos republicanos. A partir de então, Caxias manteve os revolucionários sob permanente pressão, ocupando povoações, retirando-lhes locais de apoio e procurando impedir que o gado dos farrapos fosse vendido para a indústria do charque em Laguna, de posse legalista, atingindo seus interesses econômicos. Não conseguiu, porém, obrigá-los a travar a batalha campal decisiva; ocorreram, sim, pequenos combates, nos quais os farrapos foram quase sempre derrotados. O Exército republicano evitava uma grande batalha por saber-se em inferioridade numérica e de armamentos, adotando a estratégia de atuar em unidades menores que, acuadas, se refugiavam no Uruguai e, no momento propício, voltavam para lutar no território gaúcho.

A retomada da iniciativa pelo Exército imperial manteve Osorio ocupado. Em abril de 1843 cumpriu a importante missão de conduzir do porto do Rio Grande até o acampamento de Caxias carregamento de trezentas armas, 1500 cavalos e o valor de 150 contos de réis. No mês seguinte, participou de um combate em que as forças de Canabarro foram batidas e, em julho, seguiu com a 7ª Brigada, da qual fazia parte o 2º Regimento de Cavalaria Ligeira que comandava, para o Rinção dos Touros. Neste havia uma cavalhada das forças legalistas e Caxias tomou conhecimento de um plano dos farroupilhas para dela se apoderarem. Após participar da perseguição a revolucionários, Osorio permaneceu com sua tropa no rincão, guardando a cavalhada. Foi então avisado por um amigo de que seria substituído no comando por um major reformado do Exército, cuja folha de serviços registrava maus antecedentes mas que contava com proteção política. Reagindo, Osorio escreveu um ofício aos superiores em que declarou preferir passar para a reserva a enfrentar essa afronta. Caxias respondeu: "Está bem. A um militar como o senhor, brioso, honrado e valente, não é lícito maltratar. Será sustentado no seu posto". Nas duas décadas seguintes, Caxias daria novos apoios a Osorio, embora pertencessem a partidos políticos diferentes.

No final de 1843, apesar de sua superioridade militar, o Exército imperial não tinha perspectiva de vitória, pois os revolucionários continuaram a estratégia de evitar grandes e decisivos combates e de, quando perseguidos, se refugiarem no Uruguai. Neste, por sua vez, ocorria uma guerra civil entre os seguidores de Manuel Oribe, conhecidos como *blancos*, e os do presidente Fructuoso Rivera, chamados de *colorados*. Juan Manuel de Rosas, governador de Buenos Aires e governante de fato da Confederação Argentina, reconheceu Oribe como presidente do Uruguai e apoiou-o, pois expoentes liberais argentinos, perseguidos pelo regime autocrático rosista, haviam obtido asilo em Montevidéu. Praticamente todo o interior uruguaio foi dominado por forças de Oribe e, em 1843, os colorados encontravam-se sitiados na capital, assim permanecendo até o final da guerra civil, em 1851. Montevidéu só não foi tomada pelos blancos por ser defendida por soldados estrangeiros — franceses, espanhóis, italianos —, pois o governo de Rivera era sustentado por uma aliança entre a Grã-Bretanha e a França. Os interesses comerciais desses países tinham sido atingidos por Rosas, que proibira a livre navegação do rio Paraná e impedira o acesso ao interior do continente de navios mercantes.

Caxias estava convencido de que não seria possível concluir a guerra contra os farroupilhas, enquanto eles pudessem se refugiar no Uruguai. Sugeriu que o governo imperial entrasse em acordo com uma das partes envolvidas na guerra civil uruguaia, esclarecendo que Oribe estava "indisposto" com os farroupilhas, enquanto Rivera lhes fornecia "tudo quanto pode". Essas reflexões contribuíram para que o governo imperial aceitasse a aproximação iniciada por Rosas, o qual estava ameaçado por uma intervenção anglo-francesa para obrigá-lo a retirar suas tropas de solo uruguaio e, ainda, por uma sublevação contra si da província de Corrientes. Ele propôs ao governo brasileiro uma aliança com o objetivo de agir contra Rivera, que foi aceita; Pedro II assinou o tratado de aliança com a Confederação, o qual foi enviado a Buenos Aires para Rosas fazer o mesmo. Paralelamente, o Império também chegou a um acordo com Oribe para que tropas brasileiras penetrassem em território uruguaio em perseguição a tropas farroupilhas.

Rosas, porém, dispensou a aliança ao mudar o quadro regional a seu favor. Fora afastada a ameaça de intervenção anglo-francesa; no plano interno vencera os opositores correntinos e, no Uruguai, os blancos mantinham Montevidéu solidamente sitiada. A partir dessa recusa o governo imperial iniciou o movimento para isolar Rosas e, para tanto, era necessária a unidade interna brasileira, de modo que o Império pudesse contrapor-se ao governo forte rosista.

Em julho de 1844, por indicação de Caxias, Osorio foi promovido a tenente-coronel, continuando no comando do 2º Regimento de Cavalaria. Antes, em maio, recebera nova honraria do imperador, ao ser nomeado Cavaleiro da Ordem de São Bento de Avis, no mesmo mês em que participou do ataque que obrigou David Canabarro a refugiar-se no Uruguai. A carreira militar de Osorio ganhava impulso, coincidindo com a situação do Exército legalista, pois os republicanos, muito inferiorizados, agora faziam com dificuldade mesmo a guerra de resistência.

Essa situação levou Rivera a intermediar a paz no Rio Grande do Sul e solicitou a Caxias uma trégua de trinta dias. Este respondeu ter ordens de não negociá-la, exceto pela deposição das armas dos farroupilhas. Acrescentou que se a liderança rebelde desejasse dirigir-se ao imperador, seria assegurado o livre trânsito para o Rio de Janeiro de seus emissários, o que, porém, não impediria a continuidade das ações militares legalistas. Interpretou, com razão, que essa iniciativa era uma tentativa de ganhar tempo para os farroupilhas se recuperarem da tenaz perseguição que lhes impunha. Em 12 de outubro, Caxias enviou o tenente-coronel Osorio — que, coincidentemente, nesse mesmo dia foi nomeado oficial da Imperial Ordem da Rosa — ao acampamento de Rivera. Na presença desse caudilho, encontrou-se com Antonio Vicente de Fontoura, ministro da República Rio-Grandense, e comunicou a recusa de Caxias, bem como que o comando legalista sabia do fornecimento de cavalos para os revolucionários gaúchos por parte de Rivera. Este não contestou a acusação e ausentou-se por algum tempo, oportunidade em que Osorio falou a Fontoura que a paz viria, por ser desejada tanto pelos farroupilhas quanto pelo governo imperial, mas que as negociações deveriam se dar sem a intervenção de terceiros.

O governo farroupilha enviou o próprio Fontoura ao Rio de Janeiro, iniciando o processo de negociação que pôs fim à luta. Ele era portador de documento assinado pelo presidente da República Rio-Grandense e por seus generais no qual afirmavam ser origem da guerra civil a violação de direitos do Rio Grande do Sul, durante os governos regenciais. Também diziam que a paz deveria respeitar tanto "esta distinta porção da

Grande Família Brasileira", os gaúchos, quanto o "Sábio Governo de Sua Majestade Imperial e Constitucional". Ressaltava, ainda, o documento que a pacificação serviria como "um dique formidável" para conter "ao estrangeiro audaz que pretende fulminar a ruína desta terra e do Brasil inteiro", em referência oblíqua a Rosas.

O fato é que o ditador argentino também constituía ameaça aos farroupilhas, pois se ele controlasse o Uruguai atingiria os interesses dos pecuaristas gaúchos. Estes começaram a ser seduzidos para o fim da secessão quando, em princípios de 1840, o Rio de Janeiro tomou uma medida protecionista ao charque gaúcho, ao decretar taxa adicional de 25% sobre a importação de carne salgada do Rio da Prata. Conforme Spencer Leitman, a resistência das lideranças farrapas decorria de quererem a paz com honra, discutindo os termos da capitulação, mas também para obter concessões "quase sempre de caráter pessoal, como anistia, ouro e dispensa de serviço da Guarda Nacional", de modo que pudessem voltar a cuidar de seus interesses econômicos. Em 1º de março de 1845, em Poncho Verde, Caxias e David Canabarro, comandante do Exército republicano, assinaram a paz pela qual os líderes farroupilhas tiveram atendidas as reivindicações apresentadas ao governo imperial.

A conciliação entre legalistas e farroupilhas contrasta com o que ocorreu, à época, no Uruguai e na Argentina. No Brasil se exercitava a conciliação intra-elites, a ponto de militares que haviam se enfrentado fazerem parte do mesmo Exército, enquanto nesses dois países vizinhos a intolerância parecia ser vista como virtude e se radicalizavam as posições.

4. Político, estancieiro e militar

Pelo acordo de Poncho Verde, Caxias permaneceu presidente do Rio Grande do Sul. O tenente-coronel Osorio, por sua vez, regressou à região de Bagé, de onde partira dez anos antes, pois o 2º Regimento de Cavalaria fazia parte da brigada que foi aquartelada à margem do rio Piraí. Na posição privilegiada de presidente, Caxias, membro do Partido Conservador, candidatou-se ao cargo de senador por essa província, solicitando o apoio de Osorio, filiado ao Partido Liberal, e estimulando-o a ser candidato a deputado provincial. Osorio atendeu ao pedido e aceitou a sugestão, indo para Bagé e, nas palavras de seu filho Fernando, "dirigindo o pleito eleitoral, alcançou a vitória". Sua liderança pessoal, seu cargo e a influência de seu sogro tornaram-no grande eleitor de Caxias e ambos se elegeram em 1845. Acumularam, então, as carreiras política e militar, variando, no futuro, a ênfase da dedicação a uma ou outra de acordo com as circunstâncias e, muitas vezes, elas se entrecruzavam. Os contatos estabelecidos no núcleo de poder do Estado monárquico favoreciam promoções, em um Exército pouco profissionalizado, no qual somente com a reforma de 1850 foram criadas regras baseadas na meritocracia para a promoção de oficiais, as quais, ainda assim, nem sempre eram respeitadas.

O deputado Osorio não compareceu a nenhuma sessão da legislatura e em 1849 recusou-se a ser candidato em novas eleições. Argumentou não ter competência para tanto, mas, na realidade, não se sentia, isso sim, à vontade na função legislativa e nos formalismos; estava bem adaptado à vida rústica; era homem de ação direta, de dar e executar ordens. Contentou-se em ser liderança liberal regional, da região sul da província do Rio Grande, contando com eleitorado cativo, pois seu comando militar lhe permitia cabalar votos, tarefa facilitada pelas características de sua personalidade, que facilitavam o contato pessoal com o votante, e por sua trajetória de vida.

O fato de pertencerem a partidos políticos diferentes não impediu Caxias e Osorio de se apoiaram nessas eleições. Apoio que resultava da camaradagem das armas; da relação hierárquica do demandante, o general, em relação ao subordinado, o coronel; e também refletia o esforço conciliador, no plano nacional, entre os setores moderados dos partidos Conservador e Liberal, de modo a impedir que as facções extremadas, das duas organizações partidárias, impusessem a radicalização na vida política. A conciliação era facilitada porque os dois partidos políticos tinham bases de sustentação comum, demonstrando José Murilo de Carvalho que em ambos estavam presentes, com força, os proprietários de terras. Aqueles ligados à exportação, de áreas de colonização mais antiga, encontravam-se no Partido Conservador, enquanto no Partido Liberal estavam aqueles com produção vinculada ao mercado interno, como os gaúchos. Os funcionários públicos se concentravam no Conservador, enquanto os profissionais liberais preferiam o Liberal.

O núcleo conservador, formado pela aristocracia latifundiária da província do Rio de Janeiro, adotou a defesa de um sistema político centralizado. O programa do Partido Conservador era favorável ao Poder Moderador forte — prerrogativa do imperador —, à manutenção do Conselho de Estado, órgão consultivo do monarca, e ao Senado vitalício, cujos ocupantes eram escolhidos pelo soberano a partir de lista dos três candidatos mais votados para o cargo. O Partido Liberal, nos seus primórdios, defendia a descentralização; a extinção do Poder Moderador, pelo qual o imperador centralizava o poder; a instalação da Monarquia federativa; a eleição direta de senadores temporários; a supressão do Conselho de Estado e que nas províncias as assembléias legislativas tivessem duas câmaras, ou seja, com senadores e deputados. Essa diferença programática do final da década de 1830, quando se formalizaram os dois partidos, se esvaneceu com o tempo. Para uma corrente historiográfica, mesmo a bandeira da descentralização política deixou de diferenciar conservadores e liberais, mas o fato é que os discursos destes persistem na defesa dessa idéia a qual, desde que não pusesse em risco as estruturas sociais e econômicas, interessava a parte das elites agrárias provinciais. Afinal, embora estas se encontrassem crescentemente inferiorizadas em relação ao poder político-econômico ascendente da aristocracia cafeeira, se beneficiariam com maior liberdade no manejo de clientela política própria. No caso gaúcho, a descentralização também atenderia à tradição de autonomia decorrente do processo histórico da ocupação do território.

Em sua origem, o programa liberal poderia ter resultado em desdobramentos políticos profundos. Para evitá-los, o poder central usou sua superioridade militar contra as revoltas liberais de 1842, em São Paulo e Minas Gerais, e a de 1848, em Pernambuco. As armas derrotavam rebeliões, mas não garantiam nem a estabilidade política, necessária à expansão da agroexportação, nem a ordem escravocrata, pois o confronto político armado fragilizava as estruturas de dominação. Daí a criação de um sistema político que viabilizou a circulação no poder dos partidos Conservador e Liberal, impedindo que os liberais mais radicais encontrassem ambiente para questionar elementos fundamentais da organização do Estado monárquico ou, mesmo, da estrutura socioeconômica. Chegar ao poder significava, para os novos ocupantes, obter benefícios para si mesmos e para sua clientela política e não tanto o atendimento de princípios programáticos. Alerta Bóris Fausto que "a divisão entre liberais e conservadores tem, assim, muito de uma disputa entre clientelas opostas, em busca das vantagens ou das migalhas do poder".

A alternância no poder ocorria em um sistema que se assemelhava ao parlamentarismo, mas não o era juridicamente porque, pela Constituição de 1824, cabia ao Poder Moderador, o imperador, nomear o ministério. Em 1847, porém, um decreto criou o cargo de presidente do Conselho de Ministros, cabendo ao imperador nomear seu titular, o qual, por sua vez, escolhia os ministros, formando o Conselho de Ministros, também conhecido como Gabinete. Ao se referir ao governo imperial em 1872, por exemplo, fala-se em Gabinete do visconde do Rio Branco, por ser este o presidente do Conselho de Ministros.

Nesse parlamentarismo peculiar o governo dependia, portanto, da confiança tanto do imperador quanto da Assembléia Geral, a Câmara. O monarca, com base no Poder Moderador que lhe era atribuído pela Constituição, podia destituir o ministério, dissolver a Câmara e convocar novas eleições. Ocorria, então, o que já foi chamado de "parlamentarismo às avessas", pois não era a maioria política na Câmara que determinava o partido político que chegaria ao poder, mas sim aquele que a este chegava manejava os instrumentos oficiais para fazer essa maioria.

A alternância no poder não se aplicou, porém, ao Rio Grande do Sul, onde a situação política era peculiar. Nessa província, o Partido Conservador somente conseguiu se organizar tardiamente, em 1848, o que explica a necessidade de Caxias recorrer ao apoio de Osorio para eleger-se senador. O liberalismo gaúcho tinha sólida referência política na Farroupilha, daí reivindicar a descentralização política e tornar-se o partido inconteste na província, por atender não só aos interesses dos pecuaristas, mas também representar um pensamento entranhado na população, resultante da histórica autonomia que caracterizou esse território desde o período colonial.

Terminada a Farroupilha, Osorio dedicou-se a assuntos pessoais. Dispunha de poucos recursos e tinha de se preocupar em sustentar, além da esposa, a mãe e irmãs, pois o pai não formara patrimônio suficiente e, ao que parece, os irmãos não tinham recursos financeiros. A partir de então encontra-se, na correspondência de Osorio, permanente preocupação em extrair renda da estância que possuía no Uruguai, para garantir o seu futuro e o dos familiares, pois somente o soldo, de 80 mil réis por mês, não era suficiente. Pequena originalmente, essa estância denominada Cruzeiro foi ampliada posteriormente, com compras de porções de terras a crédito ou com dinheiro emprestado de amigos. Em 1846, ela encontrava-se em estado precário e, para recuperá-la, Osorio obteve licença e foi para lá, com vinte peões e cerca de 150 cavalos. Acumulou, assim, as funções de estancieiro, comandante do 2º Regimento de Cavalaria e deputado provincial. Explica-se, portanto, por que não compareceu a nenhuma sessão da Assembléia Provincial, pois se podia dar conta da estância e do comando militar, estando ambos próximos geograficamente, não era possível acumular as obrigações de deputado, para o que teria de se deslocar até Porto Alegre. A confusão entre a condição de estancieiro e chefe militar correspondia à realidade gaúcha da época e, ainda, à pouca profissionalização do Exército imperial.

Osorio estava na estância quando recebeu aviso da esposa, que permanecera em Bagé, de que a filha única do casal havia falecido; dessa menina ignora-se o nome, a idade em que morreu e a causa da morte. Ele voltou para casa, onde recebeu carta da mãe solicitando sua presença em Caçapava, pois um credor ameaçava penhorar seus bens. Obteve licença do comandante das Armas, partiu para essa vila e, no trajeto, incorporou-se à comitiva um conhecido que, ao saber do problema, se dispôs a emprestar o dinheiro necessário para pagar a dívida. Segundo Fernando Luis Osorio, esse viajante teria sido um farrapo que, perseguido pelos legalistas, havia encontrado refúgio justamente na casa da mãe de Osorio.

O conde de Caxias, que recebera esse título nobiliárquico em abril de 1845 e permaneceu na presidência da província até março do ano seguinte, destacou Osorio, no comando interino do 2º Regimento de Cavalaria, para fazer a guarda de honra na visita de Pedro II e da imperatriz ao interior do Rio Grande. Em linguagem franca, de camaradagem e amizade, apesar da diferença hierárquica, Caxias instruiu Osorio a "regular" a marcha da comitiva, de modo a cumprir o programa e as datas, "pois o *homem* tem apenas 20 anos de idade e pode teimar em querer sair para o campo mais cedo do que eu tenciono; a nossa marcha não excederá de São Gabriel".

A função de Osorio era mais do que um cerimonial, tratando-se, na verdade, de garantir a segurança física do casal real, cuja integridade podia ser ameaçada, pois a guerra civil terminara havia apenas oito meses e no interior gaúcho permaneciam vivos os ressentimentos dos farroupilhas. A presença de Pedro II reafirmava a autoridade do poder central e, ao mesmo tempo, constituía-se em uma deferência à província, a primeira a ser visitada pelo jovem imperador. A importância da viagem está demonstrada por sua duração, de cinco meses, e pela presença na comitiva da imperatriz Tereza Cristina, com o filho

Afonso Henrique, de apenas oito meses de idade e que viria a falecer dois anos depois. O casal real chegou à cidade do Rio Grande em 11 de novembro e visitou, em seguida, a vila de São José do Norte, a cidade de Porto Alegre, as freguesias de Belém e Viamão, Colônia de São Leopoldo, Vila do Triunfo, Freguesia de Santo Amaro, vilas do Rio Pardo e Cachoeira, capela de São Gabriel e Pelotas. Em ato carregado de simbolismo político, Pedro II recebeu Bento Gonçalves em audiência particular, o qual fez questão de beijar a mão da imperatriz.

Pedro II se foi e Osorio, à frente do 2º Regimento, teve que enfrentar a precária situação das forças militares na fronteira. Em 29 de setembro de 1846, do acampamento de Piraí, enviou correspondência oficial reclamando o pagamento de três meses de soldos atrasados da tropa. Sem dinheiro para fazerem refeições na cidade, os oficiais e cadetes endividavam-se em tabernas próximas do acampamento, que lhes ofereciam crédito, mas cobravam o dobro do preço. Queixou-se, também, da falta de recursos para fardamento; para alimentar os pelotões que saíam em patrulha pelo interior; e para atender às necessidades do hospital. Afirmava que a situação de penúria não era só do seu regimento, mas também dos outros corpos de cavalaria na fronteira, que estavam sem animais para o serviço e "do meu, que possui alguns cavalos, a metade montará mal". Pouco depois recebeu os recursos reclamados. Para Osorio faltava atenção do governo para a tropa, apenas enviando recursos quando dela necessitava, "mas", escreveu a um amigo, "o exército não pode ser como salão de baile que só se veste na hora da polca, e mal". De fato, durante todo o Segundo Reinado, a falta de recursos financeiros em tempos de paz impediu o Exército de comprar armamento moderno e carecia de quartéis com instalações adequadas.

Em 1847, o comandante das Armas do Rio Grande do Sul ordenou a Osorio ir às províncias de Corrientes e Entre

Ríos, na Argentina, em busca de informações. O objetivo de sua missão era o de descobrir as "opiniões que circulavam nos povos vizinhos relativas à política do Império sobre a questão do Prata". Tinha instruções para, no relatório da viagem, analisar quais seriam as conseqüências se Rosas alcançasse controlar a situação regional; o que pensavam os homens mais influentes daquelas províncias e informar quais os meios que considerava "mais profícuos para a duração da paz do Império". Pedia-se ao militar não só ser espião, ao buscar informações sigilosamente, como também diplomata, ao analisar a política externa dos vizinhos e qual deveria ser a do Brasil.

Essa missão era resultado da crescente tensão nas relações do Império com Rosas. Antes de partir, Osorio combinou com a esposa que escreveria, mas sem informar o lugar onde estava, sem datar a carta nem assiná-la. Partiu, nos últimos dias de março ou logo no início de abril — a data é incerta —, com três soldados de confiança e setecentos patacões para as despesas e, na altura de Uruguaiana, entrou em território argentino, vestindo roupas civis e apresentando-se como comprador de bois e cavalos. Retornou no final de abril, quando já se especulava se estaria morto, restituindo 503 contos aos cofres públicos; a quantia restante foi gasta na compra de oito cavalos, aluguéis de outros, transporte e alimentação.

Logo ao voltar ao território gaúcho, Osorio anunciou sua chegada ao comandante das Armas. Nessa oportunidade, informou que os correntinos estavam incomodados com os roubos de animais, que eram levados para território gaúcho, e comentou que, se havia o interesse de se ter boas relações com eles, era necessário tomar medidas para dar fim a essa situação. Censurou as autoridades civis gaúchas que se recusavam a entregar os animais roubados, ao serem reclamados por seus proprietários, quando o interior de Corrientes estava paupérrimo, contando com pouca cavalhada e gado. Enquanto isso, para o Rio

Grande do Sul "tem vindo roubado até as porções de 400 animais" e concluía, com a ironia de que "veja V. Exa. como não estarão alegres conosco os correntinos".

Do relatório da missão, enviado ao presidente da província, resta o rascunho. Nele lê-se que não foram encontrados, nas unidades militares de Corrientes, preparativos para uma ação bélica e que eram delicadas as relações entre seu governador, Joaquim Madariaga, e Rosas, bem como deste com Urquiza, caudilho de Entre Ríos. Osorio teve um encontro com Madariaga, que se mostrou favorável a relações de amizade com o Brasil e afirmou necessitar a Argentina de paz e que se tornaria um país rico, quando fossem abertos à navegação os rios Paraná e Paraguai. Essa abertura, acrescentou o governador, beneficiaria Corrientes, que se tornaria o entreposto comercial do Paraguai, de Goiás, de Mato Grosso e de outras regiões. Faltam, no rascunho, as apreciações sobre Entre Ríos, mas no material disponível encontram-se um texto bem escrito e uma perspicaz análise no plano militar e político. Os resultados da missão de Osorio agradaram a seus superiores, como comprova a correspondência trocada com eles e novamente a escolha do seu nome para ir, em julho de 1847, ao Uruguai com idêntica tarefa.

O presidente do Rio Grande do Sul, Manoel Antonio Galvão, estava preocupado com os rumores de que o antigo general Souza Netto e outros farroupilhas que se encontravam no Uruguai tinham se aliado a Oribe. O boato era de que invadiriam o território gaúcho, atacando Pelotas, promovendo um levante de escravos e proclamando a independência da província. Osorio deveria verificar a veracidade desse boato, mas, por ser figura conhecida no interior uruguaio, não passaria despercebido, o que comprometeria sua missão. Para camuflar seus propósitos, simulou-se para ele uma licença de dois meses do Exército, para cuidar de interesses particulares, o que lhe permitiu percorrer o interior uruguaio, supostamente para comprar e vender gado.

Osorio partiu de Bagé para o Uruguai possivelmente em setembro de 1847 e voltou em 20 de janeiro do ano seguinte. Durante sua ausência, foi escolhido eleitor de província pelos cidadãos de Bagé, demonstrando seu prestígio, ao não ser necessária sua presença física para manter o apoio dos liberais da região. Ao retornar, relatou ao comandante das Armas que as forças oribistas estavam mal armadas e mais mal pagas, mas que ainda assim permaneciam disciplinadas. Tranqüilizou o governo gaúcho quanto ao general farroupilha Souza Netto, que "está na sua estância trabalhando e ainda que muito respeitado, compadre e amigo de Oribe, parece cuidar só de seus negócios". Souza Netto, discordara da paz de Poncho Verde, declarando que o regime monárquico era incompatível com seus princípios, e foi viver no Uruguai, onde permaneceu e enriqueceu. Contudo, em 1868 se juntou à intervenção do governo imperial no Uruguai e se integrou ao Exército imperial na Guerra do Paraguai, à frente de uma brigada de voluntários que portava a bandeira farroupilha, quando faleceu vítima de doença em junho de 1866, aos 63 anos de idade.

Em setembro de 1848, d. Pedro II, utilizando-se de prerrogativa constitucional, chamou o Partido Conservador para o poder, indicando o visconde de Itaboraí para organizar o novo ministério. A Assembléia Geral foi dissolvida e Osorio recusou convite para candidatar-se a uma das cadeiras gaúchas de deputado nacional. Recebeu pedido de apoio, como favor pessoal e não por afinidade de idéias políticas, dos conservadores Luis Alves de Oliveira Bello, primo de Caxias, e Joaquim José da Cruz Secco. Mesmo Pedro Chaves, também candidato e seu antigo inimigo, escreveu a Osorio solicitando-lhe apoio para dois outros candidatos conservadores, João Evangelista de Negreiros Leão Lobato e José Martins da Cruz Jobim. Esse pedido comprova que o tenente-coronel tornara-se uma liderança política importante na fronteira sul e ele atendeu a essas demandas, o que, por sua vez, demonstra que os relacionamentos pessoais se sobrepunham aos interesses partidários. Os quatro candidatos que Osorio apoiou foram eleitos, o mesmo ocorrendo com Chaves, completando os cinco deputados nacionais a que tinha direito o Rio Grande do Sul.

No poder, os conservadores definiram uma política para o Rio da Prata. Viam como ameaça o projeto de Rosas de reconstruir, sob sua liderança e na forma de uma república, o antigo Vice-Reino do Rio da Prata, que abrangesse os atuais Uruguai, Paraguai e Bolívia. Essa república, por esse raciocínio, poderia incentivar, por seu sucesso, movimentos republicanos dentro do Brasil e nacionalizaria os rios platinos, fato que seria uma ameaça à sua livre navegação, essencial para manter contato regular entre o Mato Grosso e o resto do Brasil. Daí a política implementada pelos conservadores de defesa da integridade territorial do Paraguai e do Uruguai, facilitada pelas lutas internas na Argentina e no Uruguai, que contiveram a ação de Rosas. Nessas lutas o governo imperial apoiava a facção aberta ao comércio exterior e, portanto, à livre navegação dos rios, caso dos colorados no Uruguai e dos anti-rosistas argentinos.

Osorio passou o ano de 1848 e boa parte do seguinte cuidando da fronteira, pois ficou no comando de todas as forças estacionadas em Bagé e dedicando-se à atividade política local. No final de 1849, porém, recebeu ordens do comandante das Armas, João Propício Menna Barreto, de ir à fronteira. Havia informações de que o brasileiro João Antonio Severo e o coronel uruguaio Calengo, colorado exilado do lado brasileiro da fronteira, planejavam ir ao Uruguai, com homens armados, para atacar os soldados de Oribe que dominavam a região. A instrução recebida por Osorio era de, se confirmada essa articulação, transferir os refugiados políticos uruguaios para o interior gaúcho e tomar providências, junto às autoridades militares fronteiriças, para evitar qualquer plano contrário à tranqüilidade pública e ao direito internacional. Estavam em jogo, escreveu-lhe Menna Barreto, as boas relações entre o Império e os países vizinhos.

Existia de fato um plano, do qual faziam parte refugiados políticos orientais, para se invadir o Uruguai e atacar as forças de Oribe próximas da fronteira, articulado por Francisco Pedro de Abreu, barão de Jacuí e conhecido popularmente por Chico Pedro. Jacuí planejava invadir o Estado Oriental como desforra, para bater as tropas de Oribe que tinham sido utilizadas contra os interesses de estancieiros gaúchos proprietários de fazendas entre os rios Arapeí e Quaraí. Segundo informes dos comandantes militares na fronteira gaúcha, do outro lado, no território uruguaio, havia 514 estancieiros brasileiros, um deles o próprio Osorio, e suas propriedades ultrapassavam os 3 mil quilômetros quadrados. A política de Oribe de pressionar os estancieiros brasileiros criou entre eles um clima de insegurança física, levando-os a abandonar suas fazendas — os números variam de 87 a duzentos —, que perderam 49 escravos, 814 mil cabeças de gado e 17 mil cavalos. Jacuí planejava transportar para o Rio Grande do Sul o que ainda havia de gado nessas estâncias.

Osorio recebeu contrariado a missão, de um lado por opor-se às práticas de Oribe, contra o qual era a ação do barão de Jacuí, e de Rosas, protetor desse caudilho blanco. Por outro lado, Osorio era proprietário de estância no Uruguai e via com simpatia a campanha de Jacuí para salvar bens de brasileiros no território oriental. Cumpriu, porém, as instruções recebidas de Menna Barreto e, em 30 de novembro de 1849, à frente de duzentos homens, dispersou os conspiradores que se encontravam em Upamarotim. Passado quase um mês, apareceu uma proclamação de Jacuí afirmando ser "tempo de correr às armas" e convocando a população brasileira, bem como refugiados colorados, que se encontravam em território gaúcho, a se reunirem no ponto marcado para "salvarmos a honra nacional e as nossas propriedades extorquidas".

No primeiro dia de 1850, Osorio recebeu nova ordem, do comandante da 3ª Brigada de Cavalaria, para marchar, "com toda a força disponível do regimento", para Upamarotim e dissolver as reuniões ilícitas de homens que se preparavam para ir ao Uruguai. Deveria enviar para o interior do Rio Grande do Sul, longe da fronteira, todos os emigrados uruguaios e tomar medidas, junto aos comandantes de guardas nacionais na fronteira, para garantir a ordem. A fronteira em Upamarotim se estendia por mais de cem quilômetros, o que tornava difícil impedir as reuniões do barão de Jacuí, que era apoiado pelos habitantes da região. Ali, Osorio tomou conhecimento do dia e local em que o barão pretendia atravessar a fronteira, para atacar o acampamento do coronel Diego Lamas, chefe militar do departamento uruguaio de Salto, e avisou essa autoridade. Jacuí tentou sua ação, com 150 homens, e encontrou no acampamento uruguaio apenas oito homens, os quais mandou matar. De madrugada, foi surpreendido por Lamas à frente de quinhentos soldados, que o obrigou a retirar-se para o Rio Grande do Sul, em Quaraí, onde foi preso pelo tenente-coronel Severino Ribeiro. Jacuí foi enviado para Porto Alegre, mas, no caminho, sua escolta, composta de apenas sete militares, foi rendida por trinta homens que o libertaram.

Osorio continuou atento às atividades dos seguidores de Jacuí, cerceando-as na medida do possível no trecho da fronteira de sua responsabilidade. Em fevereiro de 1850, foi novamente enviado à região do rio Quaraí, para agir em cooperação com as forças do coronel Severino Ribeiro, responsável pela área na qual o barão de Jacuí estava novamente agindo. Descobriu os planos deste e, mais uma vez, comunicou-os ao comandante do departamento de Salto, além de tomar medidas no território brasileiro para inviabilizá-los. Jacuí retaliou mandando roubar todos os cavalos da estância uruguaia de Osorio, além de continuar roubando gado no Uruguai, ato que ficou conhecido como "califórnia", uma analogia à riqueza resultante da corrida ao ouro, na Costa Oeste dos Estados Unidos.

Pressionado pelas forças de Osorio e de Severino Ribeiro, Jacuí entrou novamente em território uruguaio, e o fato de não ter sido atacado e derrotado levou esses comandantes a ser repreendidos pelo general Francisco de Arruda Câmara, comandante da 5ª Brigada de Alegrete. Este escreveu-lhes duramente, dizendo esperar que os dois coronéis usassem a força para prender Jacuí, em lugar de se preocuparem em evitar enfrentamentos e de só prender revoltosos quando eles se submetiam. Censurou "particulares afeições e mal-entendido provincialismo ou patriotismo" que teriam impedido a execução de ordem de prisão de Jacuí. Concluiu afirmando ser "natural" que esse líder revoltoso transmitisse a seus seguidores a imagem de "as forças ou os chefes que os querem perseguir são uns covardes que os temem e recuam", o que lhe permitia obter mais aderentes.

Era uma carta injusta. Na realidade, Jacuí transpusera a fronteira, em 21 de fevereiro, exatamente para fugir à perseguição que lhe era feita pelas forças desses coronéis e com o intuito de atacar as tropas oribistas. Ademais, quando essa carta foi escrita, Osorio estava somente havia cinco dias na fronteira em Quaraí, não cabendo, portanto, ser cobrado pela suposta tolerância em relação ao líder revoltoso. Por fim, não era fácil prender Jacuí, quer devido à sua mobilidade em campos despovoados, quer pela proteção que recebia dos brasileiros que viviam na fronteira.

A resposta de Osorio foi respeitosa, mas altiva. Agradeceu as "reflexões" de Câmara para, em seguida, dizer que tinha a consciência tranqüila, "por haver feito quanto podia". Para cumprir as ordens na fronteira de Bagé, "desprezei antigas amizades", prendendo compadres e antigos companheiros e "o mesmo faria nesta fronteira", se tivesse chegado quatro dias antes. Acrescentou que o coronel Severino não tinha forças para controlar toda a região sob sua guarda e que, se o reforço do 2º Regimento de Cavalaria tivesse sido enviado antes, Câmara não teria "tanto desgosto e não veríamos tantas reputações limpas ao ponto de serem manchadas injustamente".

Jacuí, ao invadir pela segunda vez o Uruguai, com uns 410 homens, surpreendeu Lamas em seu acampamento. No combate houve perdas dos dois lados, mas o invasor conseguiu escapar levando cavalos e regressou ao território brasileiro. No final, enfraquecido pela deserção de aliados, Jacuí depôs as armas ainda em 1850, após promessa do governo gaúcho de que ele e seus seguidores não seriam punidos.

A atuação de Osorio contra o barão de Jacuí custou-lhe dissabores pessoais. Um dos jornais gaúchos, *O Pharol*, publicou correspondência anônima acusando-o de ter colaborado com Lamas, em troca do compromisso de devolução da fazenda que Osorio tinha no departamento de Salto e que estaria embargada, além de receber 5 mil patacões do comandante uruguaio. Comentando a acusação, Osorio escreveu ao cunhado, Antonio Antero Fagundes, que cumprira ordens superiores "como foi possível, sem fazer disparar um tiro nos meus desvairados patrícios", sendo que alguns destes cometeram "não poucos assassinatos e roubos". Esclareceu que sua fazenda no Uruguai nunca esteve embargada nem Lamas lhe propôs "as insultantes ofertas" citadas no ataque anônimo. Fagundes publicou o conteúdo dessa defesa no jornal *Diário do Rio Grande* e classificou aquele autor anônimo de "covarde, assassino da honra alheia"; não houve tréplica. Posteriormente, o capitão Ladisláu dos Santos Titára retomou, em seu livro de memórias, a acusação de excesso de colaboração entre Lamas e Osorio, acusando este de "instigar o estrangeiro, e indicar-lhe a pista por onde alcançaria o extermínio e carniceria feroz de tantos brasileiros". Vindo de Montevidéu, em 1855, Osorio tomou conhecimento desse livro e enviou correspondência ao jornal *Correio do Sul*, publicando as instruções que recebera do presidente da província, general Andréa, nas quais se ordenava que mantivesse "perfeita harmonia" com os chefes militares do governo uruguaio, "comunicando-lhes quanto souber" para que repelissem qualquer tentativa de roubo ou de agressão do lado brasileiro da fronteira. Obedecera a ordens e seus acusadores se calaram.

O governo imperial buscava conter Jacuí não por simpatizar com Oribe, mas sim para evitar que as "califórnias" colocassem esse caudilho uruguaio e Rosas de sobreaviso, frustrando a ação que o Império preparava contra ambos. O ditador argentino se fortalecera ainda mais na segunda metade da década de 1840, quando os ingleses passaram a ter boas relações com ele e retiraram, seguidos dos franceses, o apoio financeiro ao governo colorado de Montevidéu. Em 1845, na batalha de Vuelta Obligado, belonaves inglesas e francesas tinham aberto a tiros de canhão o rio Paraná à livre navegação. Dezenas de navios com comerciantes e mercadorias navegaram rio acima, alguns chegando até Assunção, e descobriram que inexistia, no interior argentino e no Paraguai, o esperado vasto mercado consumidor. Perdida a ilusão comercial, os ingleses se deram conta de que Rosas, afinal, graças a seu poder militar e popularidade, poderia ser instrumento para estabilizar o Rio da Prata, criando um clima de estabilidade propício para o comércio britânico.

A falta de apoio financeiro externo aos colorados levaria à queda de Montevidéu e à vitória de Oribe. Para evitar que isso ocorresse, o Império apoiou financeiramente os colorados, utilizando-se para tanto do banqueiro Irineu Evangelista de

Sousa, o qual recebeu o título de barão de Mauá em 1854, e também se aproximou de setores que na Confederação Argentina se opunham a Rosas. O Império não tinha condições de, sozinho, guerrear o ditador argentino, pois no Rio Grande do Sul possuía apenas cerca de 5 mil homens do Exército e 2 mil guardas nacionais. O governo imperial preparou-se para a guerra, reforçando as tropas terrestres nessa província e, ainda, a esquadra no Rio da Prata.

Em julho de 1850, Osorio e seu regimento encontravamse de retorno a Bagé. Em demonstração da importância militar e política que adquirira, ele recebeu carta do comandante das Armas, marechal Antônio Correia Seara, explicando que resolvera organizar os regimentos da fronteira em uma brigada e justificando-se de dar seu comando ao brigadeiro Marques de Souza com que, comentava, sabia Osorio ter boas relações. Um marechal prestando contas a um coronel é a prova da importância deste.

A mobilização militar correspondia às articulações da diplomacia brasileira no Prata. Em 29 de maio de 1851, foi assinada a aliança entre o Brasil, o Uruguai e Entre Ríos contra os blancos, para pôr fim à guerra civil uruguaia. O texto determinava que a ação se voltaria automaticamente contra Rosas, se ele interviesse em favor de Oribe. Duas semanas depois, o presidente do Rio Grande do Sul, Ferreira de Oliveira, ordenou que Osorio partisse o quanto antes para negociar os planos de ação militar com os governadores de Entre Ríos e Corrientes. As instruções que lhe foram dadas determinavam que o objetivo da missão era o de definir com Urquiza quais eram os locais em que deveriam se posicionar os respectivos exércitos, caso entrassem no território uruguaio. No plano de operações que viesse a ser definido, Osorio deveria ter certeza de que os movimentos previstos para as forças dos aliados não lhes permitiriam recuar, deixando o Exército imperial só, em posição vulnerável.

Osorio partiu em 5 de julho e cumpriu sua missão em quinze dias. Esteve com os governadores Urquiza, de Entre Ríos, e com Virasoro, de Corrientes. Ao voltar soube, em Santana do Livramento, que Caxias tinha chegado ao Rio Grande do Sul para comandar a força brasileira que atuaria no Uruguai, mas, na fronteira, nenhuma providência havia sido tomada para mobilizar a Guarda Nacional. Por iniciativa própria, sem aguardar instruções, Osorio realizou a mobilização, contatando o coronel David Canabarro para reunir guardas nacionais e ficar atento aos movimentos das forças de Oribe. Estas, porém, recuaram defensivamente para o sul do rio Negro, devido à ameaça representada por Urquiza, deixando o norte uruguaio livre para as forças aliadas. No dia 23, ainda em julho, Osorio encontrou-se com Caxias no acampamento em Orqueta e prestou contas de sua missão.

Repetindo a experiência bem-sucedida no combate à Farroupilha, Caxias acumulou as funções de presidente e chefe militar do Rio Grande do Sul, o que facilitou reunir, no início de setembro, um exército de 16200 homens. O plano de guerra previa o bloqueio naval brasileiro da costa uruguaia, marítima e fluvial, impedindo Oribe de receber reforços de Rosas, enquanto a invasão terrestre se daria em ação coordenada das forças comandadas por Caxias e Urquiza, que deveriam se unir próximo da junção dos rios Tacuarembó e Negro. Para atuar na fronteira, de Chuí até Bagé, e em Cerro Largo e Maldonado, no território uruguaio, Caxias deixou uma divisão. Ele marchou, em 24 de julho, com dois batalhões de infantaria e o 2º Regimento de Cavalaria de Osorio para Santana do Livramento, onde deveria organizar o Exército com que invadiria o Uruguai e se uniria aos aliados argentinos.

No entanto, em 20 de julho, as forças de Urquiza e Virasoro já tinham invadido o território uruguaio. De Livramento, Caxias despachou Osorio ao encontro dos dois chefes aliados, para explicar que o Exército imperial demorava a entrar em território oriental devido à necessidade de melhor se organizar e, ainda, para combinar as operações futuras. A viagem foi perigosa, por território ocupado pelas forças de Oribe e, contando com a escolta de apenas dois cavalos, Osorio encontrou-se com Urquiza, com quem combinou que as tropas brasileiras e argentinas se uniriam nas proximidades da junção dos rios Tacuarembó e Negro.

A força imperial entrou no Uruguai, pela região de Quaraí, somente em 4 de setembro, e avançou, em direção à junção daqueles rios, na pior estação do ano, o inverno. O ritmo da marcha foi mais lento do que o planejado, pois a chuva e a lama retardaram o avanço dos 16200 homens, que eram acompanhados de mais de cem carretas, com material para a tropa, e dezenove canhões. Para atravessar os rios Yi e Negro, cujas margens constituíam banhados congelados, foi necessário aguardar dois dias, fazendo-o sob temperaturas negativas e sob intempérie. A lentidão resultava, portanto, do poder de fogo dessa coluna, o que, por sua vez, intimidava Oribe, enquanto Urquiza, contando apenas com a cavalaria, podia avançar rapidamente. Este, ao ver a facilidade com que avançava sem encontrar resistência e ao contar com o apoio da população do interior uruguaio, não aguardou a junção com a força de Caxias para avançar em direção a Montevidéu. Após alguns enfrentamentos com os blancos, nas proximidades dessa cidade, o líder entrerriano obrigou Oribe a render-se em 8 de outubro, pois este estava acuado, não lhe restando sequer a possibilidade de fugir para Buenos Aires. Oribe assinou um acordo de rendição pelo qual se manteve em liberdade e foi-lhe permitido retirar-se para sua estância, onde faleceu de causas naturais em 1857. Essas benévolas condições foram estabelecidas sem consulta a Caxias ou a outra autoridade do Império, possivelmente porque Urquiza desejava impor sua influência no Uruguai.

O governo uruguaio, chefiado desde 1843 por Joaquín Suárez, presidente do Senado, dependente do Império, assinou com este, em 1851, cinco tratados que consolidavam a ascendência do Império sobre o Uruguai. Para a economia gaúcha o mais importante dos tratados era o de Comércio e Navegação por abolir, por dez anos, os impostos uruguaios sobre a exportação de gado em pé pela fronteira. A passagem de gado dessa república para o Rio Grande do Sul perdia o caráter de contrabando, garantindo-se o fornecimento legal de matéria-prima a baixo custo aos charqueadores rio-grandenses. Estes, ademais, continuaram protegidos da concorrência do charque platino graças ao imposto de importação que o Império impunha ao produto. Nos anos seguintes, os brasileiros chegaram a ser proprietários de 20% a 30% do território uruguaio e se envolveram na política interna da República, sendo o caso mais significativo o da guerra civil travada em 1864.

Rosas declarou guerra ao Império em 18 de agosto de 1851. Pacificado o Uruguai, o novo representante brasileiro em Montevidéu, Honório Hermeto Carneiro Leão, futuro marquês de Paraná, iniciou as negociações com Urquiza sobre a guerra que se travaria contra o ditador argentino, que o Império se preparava para derrubar devido a sua política expansionista. Carneiro Leão deixou claro esse motivo a Urquiza, ao comentar que para o Brasil era fundamental a manutenção da independência do Uruguai, além de ter "fervorosa afeição" por sua prosperidade e paz. Era um alerta para que não fosse outro o plano do caudilho entrerriano em relação a esse país. Em 21 de novembro de 1851, foi assinado novo tratado de aliança entre o Império, o governo uruguaio e as províncias de Entre Ríos e Corrientes, agora com a finalidade de fazer guerra a Rosas. Os gastos da luta seriam financiados, em caráter de empréstimos, pelo Tesouro brasileiro; era a "diplomacia dos patacões" em ação.

Organizou-se o Exército aliado, tendo como ponto de reunião da tropa a localidade de Diamante, na província de Entre Ríos, situada na margem do rio Paraná oposta à da província de Buenos Aires. As forças de Caxias acamparam em Sacramento, enquanto os navios brasileiros transportavam, para aquele ponto, a infantaria uruguaia e a artilharia entrerriana que se encontravam no Uruguai. De Sacramento seguiu, por via fluvial, a 1ª Divisão basileira, sob comando do general Manoel Marques de Souza, da qual fazia parte o 2º Regimento de Cavalaria de Osorio. Rosas seria atacado, pela margem direita do rio Paraná, pelas forças comandadas por Urquiza, incluindo a divisão brasileira, enquanto Caxias permaneceria em Sacramento, com 16 mil homens de reserva, para, se necessário, atacar Buenos Aires.

A transposição das tropas aliadas de Diamante para a outra margem do rio teve início em 23 de dezembro, sem que houvesse a esperada resistência rosista nesse ponto. O Exército de Urquiza era de cerca de 20 mil homens, em grande parte, composto de gente do campo, bons combatentes mas sem organização, uniforme ou armamento moderno. Havia, ainda, 1800 uruguaios e 4020 soldados brasileiros, estes bem organizados, contando com estrutura de comando, uniformes e armas modernas. Em 3 de fevereiro, foi travada a batalha de Monte Caseros, a trinta quilômetros de Buenos Aires, na qual os aliados enfrentaram, das seis até as treze horas, 24 mil homens de Rosas. As tropas rosistas formavam uma cunha, com o centro sendo seu ponto mais forte, e contavam com artilharia superior, protegida por muros. Urquiza formou os aliados em linha oblíqua, com os uruguaios à direita, ao centro a divisão brasileira e à esquerda a divisão argentina de cavalaria, comandada pelo general Gregorio Araoz de la Madrid, para a qual foi requisitado

SITUAÇÃO ESTRATÉGICA QUE ENQUADRA A BATALHA DE CASEROS

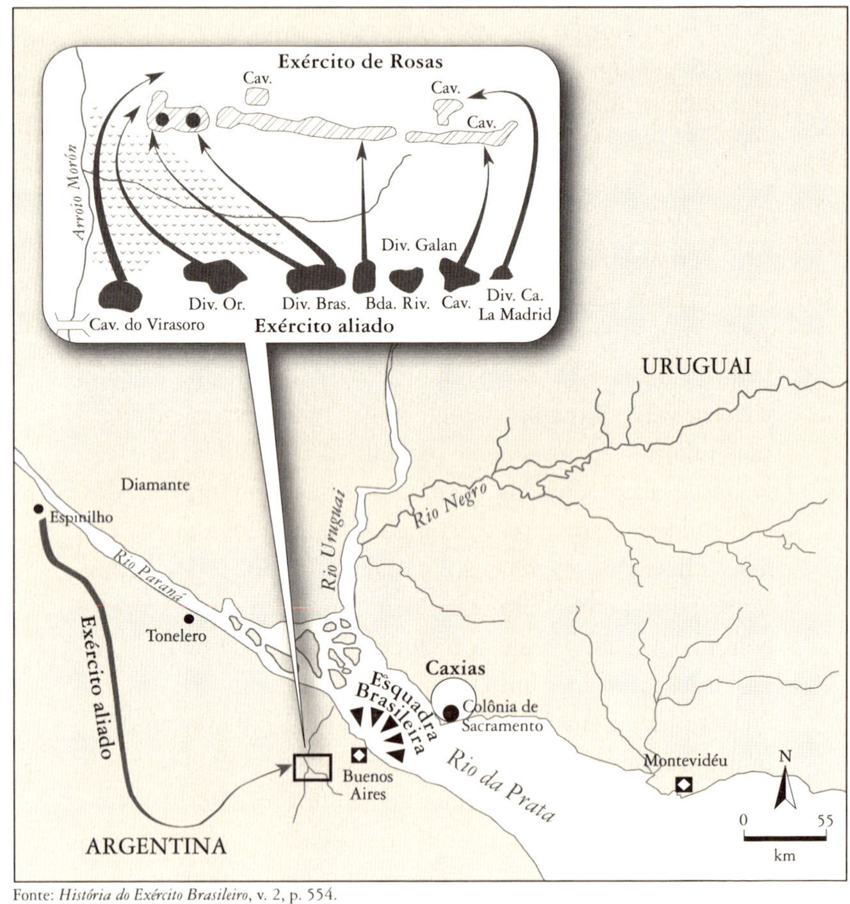

Fonte: *História do Exército Brasileiro*, v. 2, p. 554.

o 2º Regimento de Osorio. Essa divisão argentina teve papel fundamental no combate e, nela, o 2º Regimento de Cavalaria esteve na vanguarda do ataque ao flanco esquerdo de Rosas. Os documentos oficiais brasileiros e argentinos sobre a batalha relatam que Osorio fez manobras rápidas e ousadas, permanecendo à frente do seu regimento em todos os ataques e, no final, marchou a trote contra uma bateria composta de cinco canhões e a tomou. O general De la Madrid escreveu que Osorio atuou com "admirável bizarria", enquanto Caxias, em ordem do dia, disse que esse seu comandado se comportou com a "bravura, perícia e sangue-frio que o caracterizam". Entre mortos e feridos, os aliados perderam aproximadamente seiscentos homens, enquanto o Exército rosista, derrotado, perdeu cerca de 1500, além de 7 mil de seus integrantes caírem prisioneiros. Rosas refugiou-se em um navio britânico que se encontrava no porto de Buenos Aires e se exilou na Inglaterra, onde faleceu em 1877.

Em 4 de fevereiro, dia seguinte à batalha de Caseros, o regimento de Osorio estava acampado em Palermo, hoje um bairro de Buenos Aires. Duas semanas depois, o chamado Exército Libertador entrou nessa capital, enfeitada com as bandeiras argentina, uruguaia e brasileira. As tropas imperiais marcharam pelas ruas, sob ovação dos anti-rosistas, e o conde de Caxias foi recebido com honras militares por Urquiza. A divisão brasileira voltou para o Uruguai, nos dias 2 e 3 de março, e, em Montevidéu, Osorio recebeu a notícia de que tinha sido promovido a coronel e ascendido de Cavaleiro a Dignitário da Imperial Ordem do Cruzeiro. A atuação em Caseros robusteceu a reputação de Osorio e, mais, estreitou a relação entre ele e Caxias, que deixara de ser apenas formal, devido à admiração do conde pelo coronel gaúcho.

Caxias deixou o governo do Rio Grande do Sul para o vice-presidente, seu primo Luiz Alves Leite de Oliveira Bello, e foi para o Rio de Janeiro, promovido a tenente-general, posto máximo na hierarquia militar, e elevado a marquês na nobiliarquia. Afinal, a vitória sobre Rosas eliminava um inimigo declarado do Império; garantia as independências do Uruguai e Paraguai; mantinha o caráter internacional dos rios Uruguai, Paraguai e Paraná e enfraquecia a reivindicação argentina sobre as Missões, ocupadas pelos luso-brasileiros em 1801.

Depois da guerra, Osorio foi para Jaguarão e envolveu-se na atividade política. No Rio Grande do Sul os líderes conservadores e os liberais eram, respectivamente, Israel Rodrigues Barcelos, de tradicional família de charqueadores, e Pedro Rodrigues Fernandes Chaves, este desafeto de Osorio desde 1838. A partir de 1852, porém, Barcelos e Chaves se aliaram, formando a chamada Liga, com o predomínio dos conservadores, sob o argumento de ser necessário pôr fim às disputas que prejudicavam os interesses do Rio Grande do Sul. Na realidade, agiram por motivos pessoais, para combater as candidaturas do presidente Oliveira Bello, do Partido Conservador, para deputado geral, e do comandante de armas, o liberal Manoel Marques de Souza, barão de Porto Alegre, para senador, posição esta desejada por Chaves.

Como resultado, organizou-se a Contra-Liga, formada tanto por liberais como por conservadores, um deles o próprio Bello. Essa composição, tal qual a da Liga, reforça a constatação de que havia pouca diferenciação ideológica entre os partidos e de que a luta entre eles era movida não em decorrência de princípios programáticos diferentes, mas sim por motivos clientelísticos, em busca das vantagens de se ocupar cargos públicos. A Contra-Liga era liderada por Manoel Marques de Souza, barão de Porto Alegre, e deu origem, nesse mesmo ano de 1852, ao Partido Liberal Progressista, o qual, porém, manteve estreita relação com o poder central, mesmo após o fim do governo de conciliação do marquês de Paraná. No plano regional, "ligueiros" e "progressistas" se enfrentaram, com os primeiros predominando na vida política gaúcha até 1855, quando os progressistas se impuseram.

Osorio se posicionou contra a Liga e apoiou ativamente, a pedido de ambos, as candidaturas de Bello e do barão de Porto Alegre, e recusou convites para candidatar-se a deputado. A Liga elegeu a maioria dos ocupantes dos cargos eletivos, mas Chaves teve menos votos do que Porto Alegre e Bello foi eleito, resultados que constituíam também uma vitória pessoal de Osorio. Mais tarde, Chaves explicou a derrota pelo uso da máquina do governo contra si. Acusou Bello e Porto Alegre de se utilizarem de seus cargos para obter votos e Osorio de enviar praças do seu regimento a diferentes pontos do Rio Grande do Sul, para pressionarem parentes e amigos a votarem em eleitores de província favoráveis a essas candidaturas. Contudo, da lista tríplice dos candidatos a senador pelo Rio Grande do Sul, Pedro II escolheu Chaves, talvez para retirá-lo da província, de modo a nela reduzir a radicalização da luta política, e premiou-o com título de nobreza, de barão de Quaraí.

Em 6 de setembro de 1853 se instalou o Gabinete de Honório Hermeto Carneiro Leão, visconde e depois marquês de Paraná, do Partido Conservador. Paraná nomeou liberais e conservadores para o ministério que, por isso, ficou conhecido como o Gabinete da Conciliação. Na Presidência gaúcha continuou Cansansão de Sinimbu, empossado no cargo em dezembro de 1852, que sofria oposição da Liga e contava com o apoio de Osorio.

A conciliação foi uma pausa na luta política, um compromisso provisório da elite que se reacomodava e, com a estabilidade política, garantia a manutenção da ordem social e favorecia a agroexportação. Cabe, porém, lembrar observação de Francisco Iglésias de que "é fora de dúvida que também a nação se beneficia, com o relativo afrouxamento daquelas lutas em torno de coisas tão sem interesse para ela". Assim, o governo de Paraná pôde consolidar a reorganização do Estado, iniciada pelos gabinetes conservadores anteriores; apoiar uma série de iniciativas na área de transportes; e fazer, em 1855, a reforma eleitoral que garantiu representação à minoria, evitando que a Assembléia Geral fosse ocupada somente por deputados situacionistas.

Após a derrota da rebelião liberal de 1848, os conservadores dominaram o poder, constituindo seu núcleo principal os chamados saquaremas, do Rio de Janeiro. Na legislatura de 1849 a 1852, 99% dos deputados eram do Partido Conservador e na legislatura seguinte, de 1853-6, todos os 113 deputados eram conservadores. A reforma de 1855 criou a figura do deputado distrital, de modo a garantir, na Assembléia Geral, a representação da minoria liberal, reservando-lhe espaço no sistema político e, assim, evitando que se revoltasse novamente. Na legislatura de 1857 a 1860, o Partido Liberal elegeu 17% dos deputados nacionais, atingindo, portanto, o objetivo de impedir a ocupação partidária maciça das vagas na Assembléia. A escolha de apenas um deputado por distrito teve, porém, conseqüência imprevista, a de permitir que nessas eleições dominassem os interesses de particulares e de grupos desvinculados dos partidos. Para contornar essa situação, em 1860 foi introduzida a representação de três deputados por distrito.

Enquanto no Brasil os partidos se conciliavam, no Uruguai eles retomavam o enfrentamento armado. Em 1853 os colorados se rebelaram contra o presidente blanco Juan Francisco Giró, apoiados pelos credores privados do governo, ameaçados pela iniciativa presidencial que lhes arrebatara o controle da Alfândega, a qual servia como garantia para o pagamento da dívida pública. Giró renunciou e assumiu seu lugar, em 25 de setembro de 1853, um triunvirato formado por Fructuoso Rivera, Venancio Flores e o blanco Antonio Lavalleja. Este morreu no mês seguinte e Rivera faleceu em janeiro de 1854, restando Venancio Flores no governo.

A situação no Uruguai havia levado o governo imperial a criar, em agosto de 1853, a Divisão de Observação na fronteira, em Bagé, comandada pelo general Francisco Félix da Fonseca Pereira Pinto. Com seu regimento em prontidão, Osorio recebeu, em novembro, carta de Dionisio Coronel, ex-senador blanco e líder de revolta contra o governo de Flores, solicitando-lhe enviar carta anexa, na qual explicava seu movimento ao general Félix. Em resposta, Osorio lamentou que alguns uruguaios ainda recorressem às armas para resolver o que deveria ser tratado no "campo dos princípios". Essa prática, escreveu, retardava a "prosperidade material e moral desse belo país, aniquilando suas forças e destruindo seus filhos, o que sinceramente lamento". A experiência de vida, as missões políticas desempenhadas junto aos líderes opositores a Rosas e a familiaridade entre os dois lados da fronteira explicam Osorio ter extrapolado sua função e escrever carta desse teor a um líder político estrangeiro. Essa sua ingerência na política interna uruguaia não foi exceção, repetindo-se posteriormente o que, como se verá, causou desconforto à representação diplomática brasileira em Montevidéu e resultou em censura informal a Osorio.

O movimento blanco fracassou, mas continuou o clima de instabilidade no Uruguai, e Flores solicitou a intervenção de forças brasileiras, pois o Tratado de Aliança, de 1851, permitia ao governo uruguaio angariar apoio do Império. O pedido foi atendido e a Divisão de Observação, composta de aproximadamente 4 mil homens, entrou no Uruguai em março de 1854, com o coronel Osorio comandando sua 2ª Brigada e, no início de maio, chegou a Montevidéu. No mês seguinte, em 23 de junho, Osorio foi enviado para verificar a autenticidade do boato segundo o qual os blancos se organizavam no interior do país e se preparavam para atacar a força brasileira. Após percorrer centenas de quilômetros do interior uruguaio, com doze soldados, voltou com a informação de que o boato carecia de fundamento.

Por essa época, Osorio respondeu carta do blanco Ventura Coronel — irmão do citado Dionisio —, que regressava ao país e receava não haver garantias suficientes para a oposição participar das próximas eleições legislativas. Osorio escreveu-lhe achar justo que os uruguaios exercessem seus direitos, como o de voto, mas que não era possível uma intervenção brasileira para garanti-los, "sem ferir a nacionalidade oriental, que a política imperial quer fortificar com os hábitos constitucionais". Realmente, era um dos princípios norteadores da diplomacia do Império no Rio da Prata garantir a independência "a nacionalidade" — uruguaia, mas também lhe interessava o fortalecimento de Flores, um aliado, e não dos blancos.

No final das contas, as eleições legislativas foram canceladas, pois Venancio Flores implantou uma ditadura. Seu autoritarismo levou blancos e alguns colorados a se levantarem contra ele, prejudicando as atividades de pecuaristas, da burguesia mercantil e os interesses de potências européias. A paz era desejo desses poderosos interesses e a ela se chegou por acordo assinado ainda em 1855 entre Flores e o blanco Manuel Oribe. Concordaram que o colorado Gabriel Pereira seria o presidente da República e solicitaram a retirada das forças imperiais do país.

A presença brasileira no Uruguai aumentou durante o governo de Pereira. Foi autorizada a instalação no país do banco de Irineu Evangelista de Sousa, o barão de Mauá, então em franca ascensão empresarial. O gaúcho Mauá tinha origem humilde e em 1823, com dez anos de idade e órfão, foi para o Rio de Janeiro, onde trabalhou como balconista do comerciante inglês Carruters, do qual se tornou sócio em poucos anos. Os conhecimentos comerciais que adquiriu, os contatos sociais que estabeleceu e sua personalidade empreendedora tornaram-no milionário. Mauá foi um pioneiro da industrialização brasileira e, devido a seus múltiplos interesses, criou várias empresas, uma delas o banco Mauá, MacGregor & Cia., o qual, além de agências em capitais brasileiras e em Montevidéu, instalou-se em Buenos Aires e teve representações em Paris e Londres. O banco tornou-se o maior emissor de dinheiro no Uruguai e, ainda, o maior credor do governo uruguaio.

Antes que Pereira solicitasse a retirada das forças brasileiras, Osorio recebeu ordem do ministro da Guerra, Pedro de Alcântara Bellegarde, para voltar ao Rio Grande do Sul. No ofício ministerial, de janeiro de 1855, justificava-se a necessidade de o coronel incorporar-se à força que deveria ficar em São Borja, comandando a fronteira na região das Missões, para "auxiliar as nossas negociações em Assunção". Era exato que as relações entre o Império e o Paraguai tinham deixado de ser cordiais, após ser eliminado o inimigo comum, Rosas. Contudo, a remoção de Osorio decorreu de o ministro plenipotenciário José Maria do Amaral e o general Francisco Félix estarem descontentes com sua desenvoltura, pois o coronel opinava a interlocutores locais sobre a política interna uruguaia e a atuação do Brasil no Rio da Prata. Não era esse seu papel e, ademais, ao não conhecer todos os meandros políticos locais e o contexto internacional, poderia criar contratempos à ação da diplomacia brasileira no Uruguai.

Para obter a retirada de Osorio, Amaral e Félix acusaram-no de indisciplina, por persistir em entrar no quartel sem vestir o uniforme regulamentar. A acusação era verdadeira, sendo um hábito que ele manteve em toda a sua carreira, mas o filho, Fernando Luis, acusa aqueles dois de agirem por "ciúmes". Ao fazê-lo, porém, termina expondo a situação delicada em que seu pai se colocara em Montevidéu:

> Os políticos, os homens do Governo, o presidente Flores, os simples cidadãos inclinavam-se de preferência a conversar com ele, a trocar idéias sobre a política do país e do Brasil no

> Prata. Achavam-no, sobretudo, mais acessível, franco, e até previdente. Sua casa era bastante freqüentada. Em Montevidéu chegou-se mesmo a dizer que ele era quem devia ser o comandante da Divisão Brasileira ali.

Antes de assumir o novo comando, Osorio encontrou-se em Porto Alegre com o presidente Cansansão de Sinimbu, do qual recebeu orientação para manter relações amistosas com o governo de Corrientes e com os cidadãos argentinos. Também deveria se informar de qual seria a posição deles em caso de guerra entre o Império e o Paraguai e, para a eventualidade desta, deveria definir por onde as tropas brasileiras poderiam atravessar o rio Uruguai, para marcharem a esse país.

A transferência de Osorio era uma forma de punição, significando quase o desterro, mas por caminhos tortos o Ministério da Guerra chegou ao nome certo para o comando dessa fronteira. Se assumia o posto a contragosto, encontrava-se habilitado para a função, quer pela capacidade militar já demonstrada, quer por conhecer o ambiente físico e político onde iria atuar e, ainda, por compartilhar a mesma cultura de seus comandados. Além de cumprir os objetivos de suas instruções, Osorio tomou providências para melhorar as condições de vida da população de São Borja, onde não havia escola primária nem acesso a tribunais, devido à ausência de advogado. Providenciou um professor, interessando os pais em se cotizarem para pagar o salário, e atraiu um advogado para a vila. Eram iniciativas que, ademais, lhe davam dividendos políticos, criando um ambiente social confortável, mais ainda por ter trazido a família para viver em São Borja.

Em junho de 1855, Caxias ascendeu ao cargo de ministro da Guerra e, no Rio Grande do Sul, a presidência foi assumida pelo barão de Muritiba. Caxias no Ministério da Guerra trazia segurança a Osorio, cuja importância política, por sua vez, era reconhecida. Tanto que o barão de Muritiba entregou-lhe carta na qual o senador liberal Cândido Batista de Oliveira solicitava apoio à administração do novo presidente, sob o argumento de que a Liga continuava a combater o governo provincial. Após ressaltar que a nova lei eleitoral criava condições para "candidaturas legítimas", Muritiba estimulou Osorio a se candidatar a deputado, "o que muito conviria aos seus interesses e aos do Exército" e que seria muito bem-aceito no Rio de Janeiro, independentemente do partido que estivesse no poder. O militar gaúcho recusou o convite, afirmando ser seu lugar a fronteira ou o campo de batalha, cabendo o Parlamento aos "doutores", e não para si, que "nada sabia".

A Liga foi derrotada eleitoralmente e, no ano seguinte, ocorreu nova luta eleitoral. Em setembro de 1855 um decreto dividira a província do Rio Grande do Sul em seis distritos eleitos, cada um devendo eleger um deputado e um suplente para a nova legislatura. Osorio pertencia ao 5º Distrito, em São Borja, e antes da eleição enviou uma circular aos eleitores solicitando que votassem no major José Joaquim de Assunção, que acabou eleito; também apoiou a eleição de aliados em outros distritos. A Liga foi novamente derrotada.

Osorio não necessitava ocupar cargo eletivo para manter-se influente. Um exemplo foi a indicação que fez do nome de Joaquim da Silva Largo, para comandante da Guarda Nacional em São Borja. Aceita por Muritiba, a notícia causou protestos de outros pretendentes ao cargo, mais antigos na milícia, que ameaçaram promover revolta armada e se insinuou, mesmo, um plano para matar Osorio. Este não se intimidou e, após destacar as qualidades de Lago — inteligente, experiente, educado na França, brioso etc. —, apontou os defeitos dos outros candidatos, em relato que esclarece o nível dos oficiais da Guarda Nacional na região:

> Conheço-os a todos: um é analfabeto — sabe apenas assinar o nome —; dois vivem do jogo; este, pusilânime, deu parte de doente a fim de não marchar para a guerra; aquele é réu; este, [é] demasiado indolente, só cuida da vida privada; outro tem três processos de responsabilidade, etc.

Chamado por Muritiba a apresentar provas, Osorio o fez e terminou com um "o governo decidirá o que quiser, pois não é negócio que me interessa particularmente". Lago foi nomeado para o comando.

A nomeação interessava, sim, a Osorio devido à importância política do posto de comandante da Guarda Nacional. Esse posto era instrumento para criar clientela política e mobilizá-la em favor de candidaturas; obter a transferência de guardas nacionais para a reserva, premiando os aliados políticos, e, principalmente em épocas de eleições, intimidar os oposicionistas com convocações, sob falsos pretextos.

Osorio gozava de prestígio militar e político; na realidade, confundiam-se nele as duas condições, uma reforçando a outra. Assim, teve atendido, em março de 1856, pelo Ministério da Guerra, o pedido de que o 2º Regimento de Cavalaria fosse enviado para São Borja. Em dezembro do ano anterior esse mesmo regimento havia voltado com a Divisão Brasileira do Uruguai. O 2º Regimento passou a fazer parte da 4ª Brigada, comandada por Osorio, umas das cinco espalhadas pela fronteira, em que a extinta divisão foi dividida, mas que permaneceram sob comando do general Francisco Félix.

O acúmulo de prestígio e poder de Osorio não passou despercebido por seus inimigos políticos. No Rio de Janeiro o senador Pedro Chaves, barão de Quaraí, em pronunciamento feito em agosto de 1856, acusou-o de acumular desnecessariamente forças na fronteira de Missões, para utilizá-las com fins eleitorais, principalmente na proteção da candidatura de Oliveira Bello, primo de Caxias. Este, presente na sessão, podia se defender, mas não a Osorio, e confirmou que Bello era seu parente, mas acrescentou também que havia muito tempo era deputado e, ademais, que quando assumiu o Ministério da Guerra as tropas já se encontravam nessa fronteira. Quaraí manteve-se na ofensiva, afirmando que Osorio fora retirado de Montevidéu por ser indisciplinado e por interferir na política interna uruguaia e acusou-o de utilizar soldados nos trabalhos de sua estância, o que teria gerado desavença com o general Francisco Félix. Também o acusou de ser responsável por "graves culpas" na gestão dos recursos financeiros do 2º Regimento de cavalaria; de envolver-se em eleições e insinuou que era responsável por o governo imperial não ser agradecido à atuação da Guarda Nacional gaúcha.

As acusações eram feitas no contexto da luta política desencadeada pelas eleições de 1856, onde cada distrito eleitoral, estabelecido pela reforma política de 1855, deveria eleger um deputado e seu suplente. Osorio fazia campanha abertamente, enfrentando os "liguistas" de Quaraí. Assim, na eleição para a escolha dos eleitores distritais, Osorio, comandante militar da região, lançou, em 15 de setembro, a seguinte carta circular aos eleitores:

> Aproximando-se as eleições de 2 de novembro para eleitores, que devem votar em deputados gerais [nacionais], sei que alguns homens mal-intencionados, por lisonjearem o seu amor próprio ofendido, projetam desviar das urnas a verdadeira opinião pública, para grangear a importância que não merecem.
>
> Semelhante procedimento, que tende a retardar a prosperidade deste município tão abatido, e por tanto tempo esquecido, pode ser neutralizado pelos esforços dos melhores cidadãos, em cujo número é V. S. considerado e, por isso, o convido a esclarecer os votantes sobre os [seus] próprios interesses e os

do país, pedindo-lhes que concordem em votar na chapa que lhes for apresentada pelo major José Joaquim de Assumpção, a qual, penso eu, será composta dos nomes que por cópia remeto.

Contando merecer-lhe este grande favor, já de antemão lhe agradeço e fica à sua disposição quem se honra de ser seu patrício e amigo.

Posteriormente a essa carta e ainda no contexto da campanha eleitoral, as acusações de Quaraí foram transcritas no jornal *Diário do Rio Grande*, em 12 de outubro de 1856. Osorio contestou-as em correspondência publicada pelo *Correio do Sul*, na qual dizia que não responderia aos "insultos" se eles tivessem sido lidos somente no Rio Grande do Sul, "onde ambos somos bem conhecidos", mas o fazia porque tinham extrapolado a província. Defendeu-se das acusações ponto por ponto. Demonstrou a necessidade militar das tropas na fronteira sob seu comando, rejeitando a acusação de seu uso político. Negou a insubordinação em Montevidéu, argumentando que em 34 anos de serviço não sofrera uma prisão ou repreensão, quando, na realidade, estivera preso em 1832, embora sem processo formal. Refutou a acusação de ingerência nos assuntos internos uruguaios, juntando documento para prová-lo e debitando-a a "meia dúzia de inimigos". Reconheceu haver uma "frieza" em relação a si por parte do general Francisco Félix, sem saber o motivo, pois, disse, não teve nenhum atrito com ele. Quanto ao uso de soldados, defendeu-se e atacou, afirmando que, em 1846, quando foi em licença à sua estância no Uruguai, por estar esse país em guerra, levou "quatro ou seis" praças para sua segurança pessoal, mas não como peões. Concedeu, porém, que "alguns" desses praças "me ajudaram muito bem, [mas] lhes paguei" ao contrário, afirmou, de Quaraí, a quem acusou de ter utilizado trinta soldados para escoltar "o seu contrabando de armas" para o Paraguai, sem nada lhes pagar, embora fosse negócio particular. Deu explicação para a acusação de desvio de dinheiro e debitou o ataque que sofreu a motivos políticos, por apoiar Osorio candidatos que lhe pareciam mais bem habilitados "para servirem ao país com aquela discrição que de longa data tem faltado ao sr. Barão de Quaraí". A defesa era acompanhada de vários documentos comprobatórios.

Foi um dos ataques mais duros sofridos por Osorio em sua vida pública. Não produziu, porém, seu descrédito político nem comprometeu sua carreira militar, pois em dezembro de 1856 foi promovido a brigadeiro, cargo equivalente, hoje, a general-de-brigada. Conforme as normas da época, havia um interstício, sem prazo determinado, até a promoção ser efetivada pelo imperador.

No ano seguinte, em 1857, Osorio desempenhou o que foi, talvez, sua principal tarefa no comando da fronteira das Missões. A tradição oral dizia que nelas havia extenso território, anteriormente povoado pelos jesuítas e guaranis, com áreas produtoras de erva-mate e, ainda, muito gado bravio. A valorização da erva-mate, consumida amplamente no Rio da Prata, e da terra levou o governo provincial a se interessar pelas Missões, até então inexploradas e consideradas impenetráveis. Com a finalidade de localizar esse suposto território, o presidente do Rio Grande do Sul instruiu Osorio, em junho de 1857, a organizar uma expedição, o que foi feito, partindo ela de São Borja dois meses depois. A expedição era comandada pelo capitão Tristão de Araújo Nobrega e era composta de um agrimensor, militares, índios e dois vaqueanos. Em novembro os expedicionários descobriram extensos ervatais — chamados, então, de hervaes —, entre os rios Camandaí e Pinda, embora não fosse enorme a área construída no imaginário popular nem dispusesse de gado.

Em 1856 morreu o marquês de Paraná, mas seu ministério permaneceu e, a pedido de Pedro II, o ministro da Guerra, marquês de Caxias, tornou-se presidente do Gabinete. Nas novas eleições, já incorporadas as modificações eleitorais introduzidas pelo falecido marquês, os conservadores constituíram a maioria na Assembléia Geral e os liberais obtiveram razoável representação. Em maio de 1857, assumiu o novo Gabinete, sob a Presidência do conservador Pedro de Araújo Lima, o marquês de Olinda, que deu continuidade à política de moderação e conciliação, compondo o Ministério com liberais e conservadores.

Enquanto isso, no Rio Grande do Sul, organizou-se um Corpo de Exército de Observação na fronteira, sob o comando do general Francisco Félix. Era medida preventiva do governo imperial, tendo em vista a crescente tensão nas relações com o Paraguai, o qual criava obstáculos à navegação de barcos brasileiros rumo ao Mato Grosso e também fazia preparativos bélicos. O Exército de Observação era formado por três divisões, cada uma composta de duas brigadas, cabendo a Osorio o comando da 1ª Brigada da 1ª Divisão. Sob manifestações de despedidas da população de São Borja, ele partiu, em março de 1858, com o 2º Regimento de Cavalaria Ligeira, para incorporar-se à força do general Francisco Félix às margens do rio Ibicuí. Nesse mês, porém, o Exército de Observação foi dissolvido, pois se normalizaram as relações com o Paraguai, e Osorio foi nomeado para comandar a fronteira do Jaguarão. Era posto de menor importância, pois já havia terminado a instabilidade política no Uruguai e restava-lhe combater bandidos. No mês seguinte, em abril, Pedro II nomeou-o comendador da Ordem da Rosa, a qual era um prêmio àqueles que se distinguissem por sua fidelidade ao imperador e por serviços prestados ao Estado.

Em meados de abril de 1858 Osorio recebeu correspondência do presidente da província, Ângelo Moniz da Silva Ferraz, barão de Uruguaiana, comunicando que uma oposição, antes discreta, agora atuava às claras contra seu governo e nominava seus expoentes: Félix Xavier da Cunha, José Candido

Gomes e Oliveira Bello. Segundo o presidente, essa oposição decorria de ele governar observando o programa de conciliação do governo imperial e reiterava que manteria essa mesma orientação política e que "muito me honrará o apoio franco de V. S. e dos seus amigos".

A oposição que se levantava contra Ferraz era a corrente política a que pertencia Osorio. Promovido pouco antes a general pelo mesmo governo que nomeara esse presidente, Osorio respondeu nos seguintes termos:

> Eu sou soldado; não faço oposição ao governo do qual V. Exa. é delegado; e por esta mesma razão, sustento a administração, sem prejuízo de cada cidadão que possa ter direito a queixar-se; e, também, como soldado, não quero nem julgo conveniente emaranhar-me em assuntos administrativos.

Após assumir o novo comando, em 28 de maio, Osorio recebeu carta de Oliveira Bello explicando a oposição a Ferraz. Acusou este de "escandalosa parcialidade" em favor dos "liguistas" e de inepto no plano administrativo, o que gerou uma campanha da imprensa liberal contra o presidente. O general Marques de Souza, conde de Porto Alegre, porém, pôs-se ao lado de Ferraz pois, por rivalidade política, vinha hostilizando Bello. Líder do Partido Liberal Progressista, Porto Alegre defendia a política de conciliação e buscou captar a adesão da alta oficialidade do Exército na província, invocando a necessidade de união em torno do presidente, devido à tensão nas relações entre o Império e o Paraguai. Porto Alegre lançou um manifesto, assinado por vários generais e coronéis, defendendo Ferraz contra ataque do jornal *Mercantil*.

Osorio se recusou a aderir ao manifesto e comentou com Porto Alegre, em caráter particular, estar descontente com a administração de Ferraz. Este, como conseqüência, escreveu nova carta a Osorio, afirmando ter tomado conhecimento "da ausência de sentimentos de benevolência" dele em relação a seu governo. Reafirmava que, fiel às instruções recebidas do governo imperial, continuaria a tratar as pessoas igualmente, sem distinção alguma; seu papel era de "ouvi-las, e atendê-las, e fazer justiça a todos". Osorio respondeu que vira positivamente o início da administração de Ferraz, mas que mudou de opinião devido a posturas do governo provincial que considerava erradas e ao menosprezo deste às suas informações e sugestões. Justificava a recusa em assinar o manifesto de Porto Alegre por dois motivos, sendo o primeiro o da lealdade, pois "se não acompanho os meus amigos nos seus demandos, também não tenho alma para coadjuvar a empurrá-los na lama". E terminava com uma argumentação que merece ser repetida em todos os tempos:

> Finalmente, não assinei esse papel [...] porque o Exército que tivesse o direito de aprovar as qualidades do seu governo, o teria também para as reprovar; e eu não desejo ao Exército de 1858, a sorte e crédito do de 1830 e 1831.

Osorio colocou-se, assim, em antagonismo com praticamente toda a cúpula do Exército no Rio Grande do Sul. Ademais, passou a ter no presidente um adversário, pois, na efervescência política em que se encontrava o Rio Grande do Sul, não apoiar publicamente Ferraz era interpretado como estar contra ele.

Caxias escreveu a Osorio que sua remoção para "o comando de uma fronteira sem importância na atualidade" e mal pago era resultado de uma manobra para prejudicá-lo. Aconselhou-o a conformar-se, aguardando que a situação política nacional mudasse e que o novo governo tivesse "mais alguns amigos seus e meus", que colocariam o militar gaúcho no lugar certo. Ao que tudo indica, Ferraz buscou minar a importância política de Osorio ao obter que fosse para Jaguarão, cuja conseqüência indireta era a redução da comissão. O prestígio do chefe militar, porém, se manteve e sua recusa a assinar o manifesto de apoio a Ferraz projetou-o como membro da oposição, condição em que passou a ser tratado pelo oficialismo.

Como medida extrema, Ferraz conseguiu que o ministro da Guerra, visconde de Camamu, removesse Osorio do Rio Grande do Sul, por meio do que era, formalmente, um convite para assumir o cargo de inspetor das Cavalarias do Norte, em Pernambuco. No convite havia, inclusive, a insinuação de que Osorio poderia ficar na boa vida no Rio de Janeiro, como inspetor do 1º Regimento de Cavalaria, cargo que estava vago "e que por conseqüência, para inspecioná-lo bem pode demorar-se ali por espaço de meses, e depois desses meses... vêm mais meses...".

O presidente Ferraz escreveu a Osorio simulando ter tomado conhecimento da remoção pela imprensa e, irônico, lamentou que a nova missão não fosse no próprio Rio Grande do Sul. A resposta veio no mesmo tom, com Osorio lamentando não poder "continuar prestando meus débeis serviços" na província. Terminou a resposta mostrando a aversão que sentia por Ferraz: "Nunca fiz nem faço oposição a governo algum, no meu país, e nem costumo queixar-me, ainda que tratado seja com menos consideração".

Em novembro de 1858 saiu a nomeação oficial de Osorio para inspetor de cavalaria do Norte do país, sem prever recursos para pagar o transporte, sem ajuda de custo e sem autorização para levar consigo algum auxiliar. Ele recebeu ordem de seguir "o quanto antes" para a Corte, por parte do comandante de Armas do Rio Grande do Sul, general Caldwell, um dos signatários do documento do marquês de Porto Alegre. Osorio entregou o comando em Jaguarão, foi rapidamente a sua estância no Uruguai, vendeu algum gado para obter dinheiro para deixar à família na sua ausência e embarcou para o Rio de Janeiro, pagando do bolso as despesas da viagem. Era a primeira vez que viajava do Rio Grande do Sul para outra parte do território brasileiro e chegou à Corte no início de março de 1859, quando o governo imperial já era outro, presidido pelo visconde de Abaeté. Foi recebido pelo novo ministro da Guerra, Manoel Felisardo de Sousa e Mello, e por Pedro II, sendo-lhe comunicado que inspecionaria apenas o 1º Regimento de Cavalaria nessa capital e voltaria para o comando da fronteira no Sul. Em meados de maio Osorio concluiu a inspetoria e, em 18 de junho, o imperador o promoveu a "brigadeiro efetivo", quer dizer, assumiu o posto de general. Caxias o parabenizou, lembrando que, anos antes, quando Osorio demonstrou a intenção de pedir passagem para a reserva, aconselhou-o a esperar um pouco, até "clarear mais o horizonte oriental e argentino" , pois "quem sabe se ainda teremos de comer algum churrasco juntos...". Referia-se à possibilidade de nova guerra na região platina, como conseqüência da situação de instabilidade política na Argentina e no Uruguai.

Dois dias depois de sua promoção, Osorio partiu para o Rio Grande do Sul. A situação política local mudara e ele teve um encontro com o novo presidente, Fernandes Leão, antes de reassumir o comando em Jaguarão. No ano seguinte, porém, o fantasma da perseguição política reapareceu, quando caiu o Ministério de Abaeté e o imperador convidou Ferraz para organizar o novo Gabinete. Caxias escreveu tranqüilizando Osorio, afirmando que Ferraz necessitava do apoio dos conservadores e, por isso, não poderia se comportar do mesmo modo de quando ocupara a Presidência gaúcha. Assegurou, ainda, que Sebastião do Rego Barros, novo ministro da Guerra, merecia confiança, não havendo motivo para temer perseguição. A carta de Caxias para Osorio parecia ser a um correligionário e não lhe faltavam motivos para usar esse tom, pois tinham combatido juntos; dele tinha recebido apoio para chegar ao Senado e seu primo, Bello, embora conservador, pertencia ao mesmo grupo político do general gaúcho. Ademais, havia certa distensão entre liberais e conservadores, resultado da política de conciliação do falecido marquês de Paraná.

O novo ministro dos Negócios Estrangeiros, Cansansão de Sinimbu, também tranqüilizou Osorio. Escreveu-lhe que não tinha o hábito de esquecer os amigos e que, na composição do Ministério, os "negócios" do Rio Grande do Sul foram atendidos. Dizia esperar, portanto, "que V. S., abandonando prevenções que, em outra hipótese, poderiam talvez ser justificadas", apoiasse o governo. Também o instruía a manter-se alerta quanto à situação no Prata e a informar-se principalmente sobre a possibilidade de guerra entre a Confederação Argentina e a Província de Buenos Aires. Estes eram os dois Estados em que estava dividida a Argentina, sendo que a Confederação congregava os federalistas, liderados por Urquiza, e Buenos Aires os centralizadores. Deveria, ainda, ficar atento para saber quais eram as intenções do general uruguaio Flores, colorado, e seus seguidores, exilados nessa cidade.

Osorio confiava nas palavras de Caxias e Sinimbu, mas não nas intenções de Ferraz e manteve-se cauteloso, pois, afinal, o novo Ministério era composto unicamente de políticos conservadores. Nas eleições para deputado provincial de janeiro de 1860, Osorio manteve seus apoios tradicionais e, assim, o dr. Bello foi reeleito. Essa atividade política não lhe trouxe problemas, pois em 21 de fevereiro o general liberal reassumiu o comando da fronteira em Bagé, do 2º Regimento de Cavalaria Ligeira em Bagé, sendo recebido com festa, e o comércio da vila ofereceu-lhe um baile.

Constatando que o Gabinete de Ferraz significava o fim da política de conciliação, Osorio tomou a iniciativa de organizar o grupo político de que fazia parte em um verdadeiro partido liberal. No início de 1860 escreveu a um colega do grupo, Félix Xavier da Cunha, que a organização de um Ministério conservador por Ferraz pusera fim "à doutrina da tolerância política", da conciliação, "que há muito nos vinha trazendo todos embrulhados". Por esse motivo, escreveu, andara "votando por homens e não por princípios", mas, com o fim da conciliação, era hora de "desfraldar a bandeira das suas verdadeiras crenças, que trazia enrolada". Convidou Xavier da Cunha a aderir à organização do Partido Liberal no Rio Grande do Sul, prometendo apoiá-lo para deputado-geral. Aceito o convite, o apoio prometido foi dado.

O presidente gaúcho, Fernandes Leão, apoiava, porém, candidatos diferentes dos de Osorio em várias vilas, sendo um deles Francisco Carlos de Araújo Brusque, concorrente de Xavier da Cunha. Em abril de 1860, Fernandes Leão escreveu a Osorio, informando sobre comentários de que comandantes ameaçavam guardas nacionais por se recusarem a votar "em certos e determinados indivíduos". Perguntou-lhe se isso era verdade e acrescentou que Brusque o acusava de combatê-lo com violência.

A resposta de Osorio seguiu a estratégia de não revelar seu pensamento e planos. Condenou aqueles que atentassem contra a livre expressão da vontade política e deu o recado de que não aceitava pressão, ao acrescentar que ele mesmo pretendia votar livremente. Afirmou ignorar as citadas ameaças de comandantes da Guarda Nacional e agradeceu a informação da acusação contra si de Brusque, sem comentá-la ou refutá-la. Cansansão Sinimbu foi mais direto, pedindo a Osorio que "não proteja candidatura alguma e, sobretudo, não cause o mais leve embaraço à candidatura do Dr. Brusque". Caxias também fez pressão, escrevendo-lhe que Ferraz apoiava "nossa gente", "nossos candidatos", sendo imprudência se opor a candidato dele "e, por isso, peço-lhe deixe o Brusque viver".

A eleição ocorreu de acordo com as alterações estabelecidas pela reforma eleitoral de 1860. Por ela o Rio Grande do Sul foi dividido em dois distritos, sendo que o 2º abrangia os municípios do Sul, inclusive Bagé, residência eleitoral de Osorio, enquanto do 1º faziam parte aqueles do Norte da província e era reduto progressista. Foi pelo 2º distrito que Xavier da Cunha apresentou sua candidatura a deputado-geral, batendo Brusque; também venceram outros candidatos liberais apoiados por esse general, entre eles o barão de Mauá. Foi nessa campanha que Osorio, Félix da Cunha, Gaspar da Silveira Martins e David Canabarro reorganizaram o Partido Liberal, que passou a ser conhecido como Histórico, por se contrapor ao Partido Liberal Progressista, do barão de Porto Alegre. Os liberais históricos priorizavam a busca de maior descentralização administrativa e da representação de minorias, em uma província onde havia imigrantes alemães, enquanto os progressistas se preocupavam com a estabilidade das instituições monárquicas e apoiavam o governo central. A descentralização atenderia aos interesses dos estancieiros do Sul gaúcho, pois poderiam controlar o Executivo provincial, tendo um dos seus como presidente, em lugar de alguém nomeado pelo poder central. A autonomia financeira, por sua vez, lhes permitiria o controle sobre os impostos e, ainda, influenciar a política alfandegária, quando mantinham comércio com o Uruguai. Conservadores e liberais progressistas procuraram caracterizar os líderes dos liberais históricos como separatistas e revolucionários, apresentando-os como continuadores do movimento Farroupilha. De fato, havia a afinidade ideológica dos históricos com a Farroupilha ao reivindicarem a descentralização e, por isso mesmo, acabaram recebendo apoio dos veteranos revolucionários.

Essa identidade, porém, se restringia a esse pleito, não se estendendo à defesa de idéias republicanas ou separatistas.

Em março de 1861 caiu o Gabinete de Ferraz, substituído pelo de Caxias. Um dos primeiros atos do novo governo foi o de nomear Osorio para o comando da fronteira de Jaguarão, que readquirira importância devido à deterioração da situação política uruguaia. Este obteve licença do posto no mês seguinte, para cuidar de assuntos particulares em Pelotas, onde instalara a família, que aí se fixou permanentemente, exceto por um curto período, de 1862 a outubro de 1864. A cidade era o centro econômico da região da campanha e, graças à riqueza gerada pela indústria do charque, dispunha de certa sofisticação cultural e um estilo de vida que a diferenciavam dos demais centros urbanos da região Sul da província. Conforme o historiador Mario Osorio Magalhães, a casa em que vivia a família do general era uma construção média em tamanho e sem ostentação, pertencente a José Luís Martins. Este teve uma irmã casada com Pedro Osorio, irmão do general e que, por parte de outra irmã, também era tio de Gaspar da Silveira Martins, que fez importante carreira política, a qual iniciou com apoio de Osorio.

Após estar com a família, seguiu para sua estância no Uruguai. Seus inimigos políticos espalharam o boato de que ele ali fora para promover a anexação do Rio Grande do Sul a essa república. O barão de Porto Alegre, seu antigo chefe, escreveu ao general Francisco Félix da Fonseca Pereira Pinto, que se encontrava no Rio de Janeiro, para solicitar ao governo que investigasse a acusação. A carta, porém, chegou em seguida à morte de Francisco Félix, cuja esposa, ao tomar conhecimento do conteúdo, a entregou a Caxias, o qual, para desmoralizar o boato, a mostrou a ministros e a Pedro II.

Caxias também mostrou essa carta a seu primo, o deputado Oliveira Bello, que informou seu conteúdo a Osorio. Indignado, o general rejeitou a acusação em carta de 29 de janeiro de

1862, reivindicando sua carreira militar, as promoções, as honrarias e as guerras que travara como prova de sua lealdade ao Império. Pediu que o governo imperial "cumprisse o seu dever" e exigisse provas da acusação, "e se as obtiver, condene o traidor; ou, se não, mande-me carta, quero fazê-la pública e desmascarar o caluniador". Comentou que quando era necessário combater na defesa da Monarquia não era acusado de antipatriota, mas terminada a guerra "logo começam os meus grandes inimigos a apregoar que sou anarquista, insubordinado etc. O barão de Porto Alegre foi, ultimamente, alistar-se nessa roda". Ao explicar o motivo da sua ida ao Uruguai, deu um retrato de sua situação pessoal e de seus planos para os filhos:

> A minha profissão militar não me dá fortuna. Quando eu não puder mais servir [e for para a reserva] ficarei atirado com a terça parte do que hoje me dá a Nação. Tenho filhos para educar. O que mais falta me tem feito é o saber, que não se adquire nos acampamentos, onde envelheci. E eu quero que meus filhos sejam mais felizes e capazes do que eu. Hei de trabalhar, ainda que o não queira o barão de Porto Alegre e que me seja preciso sair do serviço, reformado.

Oliveira Bello mostrou essa carta a ministros e a Pedro II. O imperador a devolveu dizendo "diga ao general que não vale a pena falar mais nisto".

Em 16 de janeiro de 1862 tomou posse o novo presidente gaúcho, Francisco de Assis Pereira da Rocha, e dez dias depois houve eleição para a Assembléia Legislativa provincial. Osorio lançou uma lista de candidatos ao cargo legislativo provincial e derrotou os liberais progressistas do barão de Porto Alegre, e a facção conservadora de Oliveira Bello, com a qual, porém, mantinha uma relação amistosa, inclusive por necessidade política. A organização do Partido Liberal era um avanço quanto à ação de grupos articulados por interesses pessoais ou temporários, mas não significava o rompimento com velhas práticas. Assim, foi o controle de eleitores que permitiu a Osorio eleger Gaspar da Silveira Martins deputado provincial, que residia no Rio de Janeiro. O eleito escreveu-lhe, da Corte, com "mil agradecimentos pelo que por mim fez; sei quanto é difícil apresentar um candidato que por si nada faz, nem mesmo pode, mas a minha posição e ausência a isso me obrigam".

Em maio de 1862 caiu o Ministério de Caxias, devido à união contra si dos liberais e dos conservadores moderados, liderados por Nabuco de Araújo, Sinimbu, Saraiva, Paranaguá e Zacarias. Essa união formou a Liga Progressista, na qual conviviam os antigos liberais históricos e os novos liberais, sendo o marquês de Olinda o encarregado de organizar o gabinete de ministros dessa nova situação. Para presidente do Rio Grande do Sul o novo governo nomeou Espiridião Eloy de Barros Pimentel, cargo que assumiu em 1º de janeiro de 1863. Osorio, que reassumira o comando da fronteira em Jaguarão, não aderiu à Liga Progressista no Rio Grande do Sul, liderada por seus inimigos políticos, um deles o barão de Porto Alegre.

A mudança de Ministério causou a dissolução da Assembléia Geral e a convocação de novas eleições. Em 30 de junho, Silveira Martins e Xavier da Cunha publicaram um manifesto, destinado aos eleitores do 2º Distrito eleitoral. Nele defendiam várias medidas, entre elas o fim da vitaliciedade no Senado; a eleição direta; o serviço militar obrigatório; e o desenvolvimento do comércio por meio da redução de impostos. Era, na realidade, um programa que dava densidade ideológica ao Partido Liberal gaúcho e com o qual Osorio concordou, distribuindo-o entre os eleitores.

Percebendo a derrota que se avizinhava à Liga Progressista, o presidente Barros Pimentel tentou afastar Osorio das eleições. Escreveu-lhe dizendo esperar que não utilizasse os meios oficiais de que dispunha para influenciar ou constranger eleitores e que via nele um "intérprete do pensamento do governo". Parece que o presidente interpretou uma correspondência de Osorio, na qual se mostrava respeitoso aos regulamentos militares, como também manifestava sua lealdade política. Não era o caso, pois o general dissociava sua condição de militar da de líder liberal, ou seja, respeitava a hierarquia militar e acatava as ordens recebidas do governo, mas recusava-lhe obediência política. A dissociação não correspondia à realidade, na medida em que a condição de chefe militar facilitava a Osorio ter uma clientela eleitoral — a dos subordinados e seus familiares — quando a outra forma de tê-la era por meio do poder econômico, do qual ele não dispunha. Osorio somente podia ser chefe político porque era chefe militar e, na década de 1870, projetou-se na política nacional porque se tornou herói na Guerra do Paraguai e encarnava a esperança de mudanças.

Na campanha eleitoral, o general Osorio retirou o apoio que elegera deputado Amaro da Silveira, de origem conservadora, que aderira aos liberais, levando-o a desistir de tentar a reeleição. Desse modo, Osorio apoiou a candidatura do barão de Mauá, antigo liberal, em uma das três vagas da chapa do liberalismo histórico no 2º Distrito eleitoral, enquanto as duas outras eram ocupadas por Gaspar da Silveira Martins e Félix Xavier da Cunha. Este tinha relações com Amaro da Silveira e não aceitou a candidatura de Mauá, a quem acusou de nada ter feito em favor do Rio Grande do Sul na Câmara.

Houve violenta polêmica entre Xavier da Cunha e Mauá, na qual Osorio adotou postura conciliadora, pois seu objetivo principal era o de "desandar a máquina montada pelo sr. Ferraz". Não houve acordo entre os polemistas e, como resultado, Xavier da Cunha e Silveira Martins não se elegeram, enquanto Mauá foi eleito graças ao voto de eleitores situacionistas. Políticos governistas ocuparam duas vagas de deputado pelo 2º Distrito e as três do 1º, sendo eleito para uma dessas o barão de Porto Alegre. Derrotado, o Partido Liberal teve o consolo de sair da eleição mais bem organizado e com vínculos mais estreitos com seus simpatizantes. Osorio, por sua vez, deu prova de força política logo em seguida, na eleição para a Assembléia provincial de novembro de 1863, ao eleger os candidatos que apoiou no 2º Distrito.

Em janeiro de 1864 caiu o Gabinete do marquês de Olinda, que substituíra o primeiro e efêmero (durou uma semana) Ministério de Zacarias de Góes e Vasconcelos, o qual voltava agora ao poder. Em Jaguarão, o líder liberal progressista, coronel José Luis Menna Barreto, se empenhou para conseguir a demissão de Osorio do comando da fronteira e afastá-lo do município, que constituía reduto do Partido Liberal. Para tanto, fez intrigas contra Osorio, logo desmentidas, mas que levaram o general a fundar um jornal na cidade, para se defender e ser um veículo de propaganda liberal. Ele e seus aliados enviaram uma circular aos eleitores, expondo o projeto do periódico e afirmando que "a nossa bandeira é a da Monarquia Constitucional, a integridade do Império, a Ordem e a Liberdade fundadas na lei, princípios estes que, nos parece, hão de regenerar o país". No final, foi comprado o jornal *Progresso*, que se tornou o primeiro periódico do Partido Liberal no Rio Grande do Sul.

Os inimigos políticos de Osorio eram poderosos e, em abril de 1864, ele foi dispensado do comando e chamado a serviço ao Rio de Janeiro. Chegou à Corte em maio, quando Francisco Carlos de Araújo Brusque, seu inimigo político, assumia interinamente o cargo de ministro da Guerra. O marquês de Caxias, sempre bem informado, comunicou a Osorio que inimigos deste haviam solicitado ao governo sua transferência para o Norte do Brasil, sob o pretexto de ser ele um perigo à integridade do Império. A acusação era a de que Osorio estaria tramando, com caudilhos uruguaios, a separação do

Rio Grande do Sul. Caxias aconselhou-o a informar o que estava ocorrendo a Pedro II, que tudo ignorava. Foi o que o general gaúcho fez e o imperador, surpreendido, disse que tomaria providências e, mais, instou-o a requerer a Comenda da Ordem de São Bento de Aviz, à qual tinham direito todos os oficiais com 35 anos de serviço ativo. Sagaz politicamente, Pedro II identificou a futrica política e, ao nomear esse militar comendador da Ordem de Aviz, em julho, restringiu a luta entre os liberais gaúchos à província, evitando que extravasasse para o debate político nacional.

Caxias também agiu junto a Pedro II para obter que Osorio retornasse ao Sul, ao qual comunicou esse fato por carta de 12 de junho de 1864, em termos de íntima camaradagem. Como resultado, Brusque recebeu o general gaúcho para informar-se sobre a situação militar no Sul, e não para enviá-lo para algum outro ponto do país. Caxias também conseguiu de Brusque a garantia de nomear Osorio para comando mais importante no Rio Grande do Sul, demanda que contou com o apoio do imperador. O imperador sabia ter nele um general fiel à Monarquia e valorizava sua competência e experiência na fronteira sul, região delicada para os interesses do Império.

Após dois meses de permanência no Rio de Janeiro, Osorio embarcou de volta para o Rio Grande do Sul e, antes de fazê-lo, se despediu de Caxias. Este, bem-humorado, transmitiu um recado de Pedro II, perguntando-lhe se não poderia deixar de "ser tão político", recebendo como resposta que não deixaria enquanto a lei lhe permitisse manter também a atividade política. Antes de chegar a Jaguarão, seus companheiros liberais haviam se encontrado com o presidente da província, João Marcelino de Souza Gonzaga, e esclareceram-no de que não se opunham a seu governo, embora não fossem progressistas.

Em 28 de agosto Osorio estava de volta a Jaguarão. Sua presença reforçou os liberais históricos, que ganharam as eleições municipais de 7 de setembro, apesar da perseguição que sofreram por parte das autoridades liberais progressistas, como a prisão de eleitores ou o cerco dos locais de votação por soldados da Guarda Nacional. Além dessa vitória, os liberais gaúchos tiveram outro motivo de satisfação, com a queda do Gabinete do liberal progressista Zacarias de Góes e Vasconcelos, que durou de janeiro a agosto de 1864, substituído por Francisco José Furtado. Este foi o primeiro presidente do Conselho de filiação verdadeiramente liberal, um histórico.

Osorio (no centro) na batalha do Avaí. À esquerda, soldado paraguaio atira em Osorio, ferindo seu rosto. Óleo de Vitor Meireles.
[MUSEU NACIONAL DE BELAS ARTES]

Reconstituição da casa em que Osorio nasceu em Nossa Senhora da Conceição do Arroio, Rio Grande do Sul.
[ARQUIVO PESSOAL DE MARIO OSORIO MAGALHÃES]

A esposa Francisca, chamada de Chiquinha.
[ARQUIVO PESSOAL DE MARIO OSORIO MAGALHÃES]

Escola militar do Rio de Janeiro, onde se formava a elite do exército brasileiro. Ilustração de Bertichen.
[ACERVO ICONOGRAPHIA]

A capital gaúcha na juventude de Osorio. Ilustração de Wendroth.
[ACERVO ICONOGRAPHIA]

Bento Manuel Ribeiro
[ACERVO ICONOGRAPHIA]

Bento Gonçalves
[MUSEU JÚLIO DE CASTILHOS]

Diogo Antonio Feijó
[ACERVO ICONOGRAPHIA]

Visconde de Pelotas
[INSTITUTO HISTÓRICO GEOGRÁFICO BRASILEIRO]

Barão de Porto Alegre
[ACERVO ICONOGRAPHIA]

Barão de Uruguaiana
[INSTITUTO HISTÓRICO GEOGRÁFICO BRASILEIRO]

Coronel Osorio
[INSTITUTO HISTÓRICO GEOGRÁFICO BRASILEIRO]

Proclamação da República de Piratini, óleo de A. Parreiras.
[4º REGIMENTO DE POLÍCIA MONTADA, PORTO ALEGRE]

Duque de Caxias
[INSTITUTO HISTÓRICO GEOGRÁFICO BRASILEIRO]

Francisco Solano López
[MIGUEL ÁNGEL CUARTEROLO, SOLDADOS DE LA MEMORIA]

Nomeado comandante-em-chefe das forças de terra brasileiras na guerra, Osorio foi o primeiro a entrar no território paraguaio, no desembarque do Passo da Pátria.
[ACERVO ICONOGRAPHIA]

A Tríplice Aliança: Bartolomé Mitre (Uruguai), d. Pedro II e Venancio Flores (Argentina) em desenho de H. Fleiuss para a *Semana Ilustrada*, 1865.
[MUSEU MARIANO PROCÓPIO]

Ruínas da catedral de Humaitá.
[ACERVO MUSEU MITRE]

Trincheiras brasileiras da batalha de Tuiuti.
[ACERVO FUNDAÇÃO BIBLIOTECA NACIONAL, RIO DE JANEIRO]

Osório faz reconhecimento
nas linhas inimigas de Humaitá,
antes da rendição paraguaia.
Litografia de A. Pondremoli.
[ACERVO ICONOGRAPHIA]

D. Pedro II em trajes de guerra, rumo ao teatro de operações.
[MUSEU IMPERIAL DE PETRÓPOLIS]

A tropa paraguaia que invadiu o Rio Grande do Sul se rende a Pedro II em Uruguaiana.
[ACERVO ICONOGRAPHIA]

A visão brasileira: López mantinha-se no poder à custa de multidão de mortos. Litografia de Ângelo Agostini.
[ACERVO ICONOGRAPHIA]

A visão paraguaia: Marinheiros brasileiros eram macacos, em referência à presença de negros nas forças imperiais.
[COLEÇÃO ANDRÉ DE TORAL]

General Osorio. Óleo de J.B. Coutirs.
[MUSEU HISTÓRICO NACIONAL, RIO DE JANEIRO]

Conde D'Eu
[MUSEU MARIANO PROCÓPIO]

Batalha de Tuiuti, em óleo de Cândido Lopez.
[MUSEU HISTÓRICO NACIONAL, BUENOS AIRES]

O conde D'Eu e alguns oficiais do estado-maior, em Vila do Rosário, 1870.
[MUSEU MARIANO PROCÓPIO]

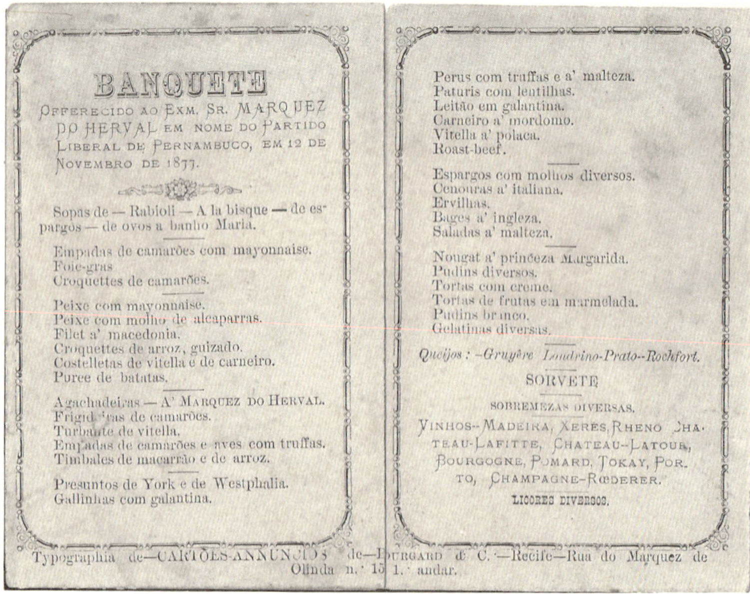

BANQUETE

Offerecido ao Exm. Sr. Marquez do Herval em nome do Partido Liberal de Pernambuco, em 12 de Novembro de 1877.

Sopas de — Rabioli — A la bisque — de espargos — de ovos a banho Maria.

Empadas de camarões com mayonnaise.
Foie-gras
Croquettes de camarões.

Peixe com mayonnaise.
Peixe com molho de alcaparras.
Filet a' macedonia.
Croquettes de arroz, guizado.
Costelletas de vitella e de carneiro.
Puree de batatas.

Agachadeiras — A' Marquez do Herval.
Frigid[illegible]ras de camarões.
Turbante de vitella.
Empadas de camarões e aves com truffas.
Timbales de macarrão e de arroz.

Presuntos de York e de Westphalia.
Gallinhas com galantina.

Perus com truffas e a' malteza.
Paturis com lentilhas.
Leitão em galantina.
Carneiro a' mordomo.
Vitella a' polaca.
Roast-beef.

Espargos com molhos diversos.
Cenouras a' italiana.
Ervilhas.
Bages a' ingleza.
Saladas a' malteza.

Nougat a' princeza Margarida.
Pudins diversos.
Tortas com creme.
Tortas de frutas em marmelada.
Pudins branco.
Gelatinas diversas.

Queijos: -Gruyère Londrino-Prato--Rochfort.

SORVETE

SOBREMEZAS DIVERSAS.

Vinhos--Madeira, Xeres, Rheno Chateau-Lafitte, Chateau--Latour, Bourgogne, Pomard, Tokay, Porto, Champagne-Rœderer.

LICORES DIVERSOS.

Typographia de—CARTÕES-ANNUNCIOS de—Bourgard & C.—Recife—Rua do Marquez de Olinda n.° 15 1.° andar.

Osorio foi recebido como herói em sua visita a Pernambuco, em 1877. Acima, cardápio do banquete em sua homenagem.
[COLEÇÃO DO AUTOR]

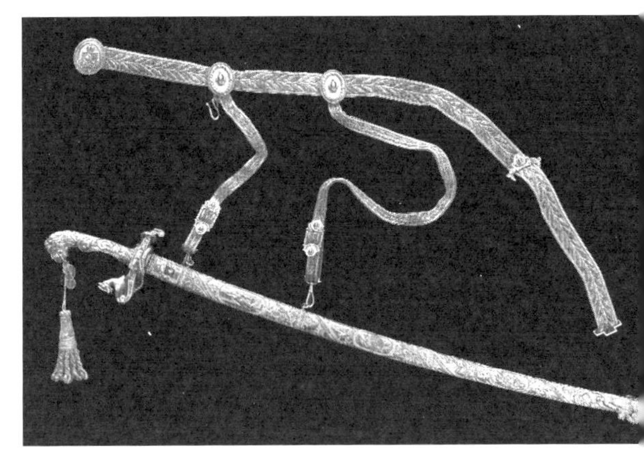

O brasão e a espada do general.
[ARQUIVO PESSOAL DE MARIO OSORIO MAGALHÃES]

Casarão em que Osorio viveu de 1877 a 1879, na rua Riachuelo, no Rio de Janeiro. Foto de 2008.
[FOTO DE BEL PEDROSA]

Inauguração da estátua a Osorio na praça xv, Rio de Janeiro, em 1894.
Na base foram depositados seus restos mortais.
[INSTITUTO HISTÓRICO GEOGRÁFICO BRASILEIRO]

Manoel Luis Osorio
Marquez do Herval

[ARQUIVO PESSOAL DE MARIO OSORIO MAGALHÃES]

5. Na Guerra do Paraguai: o herói nacional

A volta de Osorio ao Rio Grande do Sul coincidiu com o agravamento das tensões entre o Império e o Uruguai. Esse país encontrava-se em guerra civil desde 1863, desencadeada por Venancio Flores, do Partido Colorado, que contava com o apoio do governo argentino, presidido por Bartolomé Mitre, e, ainda, de fazendeiros gaúchos com propriedades na República Oriental e cujos interesses tinham sido prejudicados por medidas do governo do presidente Bernardo Berro. Tal presidente buscou reforçar a soberania uruguaia, e, para libertar-se das ingerências argentina e brasileira, estreitou relações com o Paraguai, governado por Francisco Solano López, e com os federalistas argentinos, cujo expoente era Justo José Urquiza. Construía-se uma situação complexa no Rio da Prata, pois López também tinha contatos estreitos com a oposição federalista argentina, principalmente das províncias de Corrientes e Entre Ríos. Por outro lado, essas províncias, para seu comércio exterior, tinham como alternativa o porto de Montevidéu, o que dificultava a consolidação do Estado centralizado, a República Argentina, a qual foi criada em 1862, após a vitória portenha na batalha de Pavón, onde Mitre enfrentou Urquiza, representante dos caudilhos federalistas. O porto de Montevidéu também se apresentava como alternativa ao comércio exterior paraguaio, que, até então, se vira obrigado a utilizar o de Buenos Aires, deixando-o na dependência de decisões do governo argentino.

Durante quase três décadas, nos anos da ditadura de José Gaspar Rodríguez de Francia (1814-40), o Paraguai praticamente se isolou do mundo. Tratava-se de política deliberada do ditador, como forma de garantir a independência paraguaia em relação aos projetos expansionistas de Buenos Aires, mas também seu poder despótico, que dificilmente sobreviveria em uma sociedade com circulação de idéias e pessoas. Após a morte de Francia, o Paraguai foi governado pelo chamado Consulado e, em 1844, Carlos Antonio López monopolizou o poder, constituindo-se em novo ditador (1844-62). Ele promoveu uma abertura controlada da atrasada economia, como forma de fortalecer militarmente o país diante das ameaças representadas pelo Império do Brasil e pela Confederação Argentina, decorrentes de fronteiras litigiosas. Para modernizar o país, o governo paraguaio enviou jovens para estudarem na Europa e importou técnicos e equipamentos, basicamente ingleses. A política externa desse governante foi inteligente, ao defender os interesses paraguaios e evitar o confronto militar com os países vizinhos.

Carlos Antonio López faleceu em 1862 e foi sucedido por Francisco Solano López, seu filho, que também governou ditatorialmente. No plano externo, o filho foi menos hábil do que o pai, ao envolver seu país nas disputas no Rio da Prata, por buscar garantir um porto marítimo, o de Montevidéu, que permitisse a inserção do Paraguai no comércio internacional. López reforçou a militarização da sociedade paraguaia e preparou-se para a guerra, tendo, em 1864, um Exército numericamente superior ao dos países vizinhos, apesar de a população paraguaia ser em torno de 400 mil pessoas, enquanto a do Brasil era de cerca de 9 milhões e a da Argentina, pouco mais de 1,7 milhão.

Os laços criados entre federalistas argentinos, López e Berro constituíam ameaça ao governo da República Argentina, que passou a tê-los como inimigos. Por outro lado, o governo imperial, além de não ter interesse na alteração do *status quo* tentada por Berro e mantida por seu sucessor, Atanásio Aguirre, era pressionado para agir contra o governo blanco pelos fazendeiros gaúchos com interesses no Uruguai. Pela primeira vez, Brasil e Argentina tinham posição comum nos conflitos platinos, o que era facilitado pelo fato, também inédito, de os dois países terem governos com a mesma identidade ideológica, liberal.

Em abril de 1864, o Império enviou José Antonio Saraiva em missão especial ao Uruguai, acompanhado de uma esquadra sob comando do almirante Tamandaré. A missão tinha instruções de exigir do governo uruguaio o respeito aos direitos dos brasileiros residentes no país e a punição dos funcionários uruguaios que teriam praticado atos arbitrários contra eles, bem como indenização pelos prejuízos causados por esse comportamento. Na realidade, o governo imperial criava condições para justificar a invasão da República vizinha e Saraiva ameaçou Aguirre de uma intervenção militar, se essas exigências não fossem atendidas. O governo paraguaio reagiu, alertando o Império de que essa intervenção iria contra os interesses do Paraguai e que reagiria contra ela. López sentia-se confiante para se contrapor ao Império por possuir apoio de Urquiza e do governo de Aguirre, além de ter um Exército com cerca de 77 mil homens, enquanto o do Império do Brasil contava com pouco mais de 18 mil. A organização militar paraguaia era, porém, anacrônica, dispondo de armas obsoletas e carecendo de oficiais para comandar uma força de milhares de homens.

Os governos argentino e brasileiro deram garantias recíprocas de não terem objetivos expansionistas em suas ações no Uruguai. Criou-se um clima de entendimento entre eles e não acreditaram que o Paraguai fosse além de protestos diplomáticos na defesa do presidente Aguirre. Para pressionar este a ceder às suas exigências, o governo imperial ordenou a invasão do território uruguaio em outubro de 1864, por uma força de cavalaria, enquanto o vice-almirante Tamandaré apoiava ativamente a rebelião de Flores. No mês seguinte, o navio mercante brasileiro *Marquês de Olinda* foi aprisionado nas proximidades de Assunção, sem declaração de guerra, a qual foi entregue pelo governo paraguaio posteriormente, com data retroativa. No final de dezembro, tropas paraguaias invadiram o Mato Grosso com facilidade, pois os invasores eram 7700, enquanto essa província contava, para sua defesa, com apenas 875 soldados do Exército e pouco menos de 3 mil guardas nacionais.

Ao voltar ao Rio Grande do Sul, Osorio recebeu ordens do ministro da Guerra, visconde de Beaurepaire-Rohan, de apresentar-se ao marechal João Propício Menna Barreto em Bagé, onde este estava organizando um Exército para invadir o Uruguai. Essa força possuía duas divisões e Osorio recebeu o comando da 1ª, enquanto o da 2ª coube ao general José Luis Menna Barreto, seu desafeto. Era um Exército composto de 6 mil homens, número que se elevou a 7,5 mil, com a adesão dos Voluntários Rio-Grandenses, brigada de cavalarianos organizada pelo antigo general farroupilha Antonio de Souza Netto, sem despesa para os cofres públicos.

Em 3 de dezembro de 1864 esse Exército marchou em direção a Paissandu, localidade às margens do rio Uruguai, defendida pelos blancos chefiados por Leandro Gomes, que resistia a ataque do general Flores e a bombardeio da esquadra de Tamandaré. A força de cavalaria ficou a cerca de dez quilômetros da cidade, sob comando de Osorio, aparentemente para impedi-lo que se sobressaísse em combate. A cidade foi atacada em 31 de dezembro e, após dois dias de combates, a praça capitulou, quando seus defensores não tinham mais recursos para continuar lutando.

CAMPANHA DO URUGUAI 1864-5

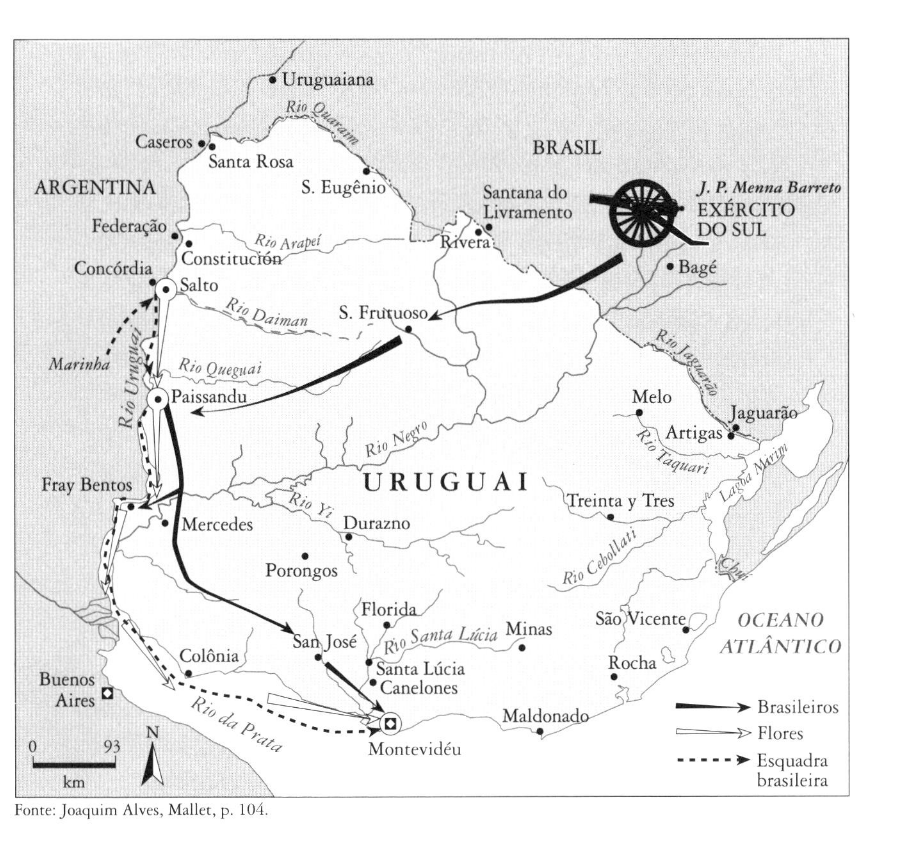

Fonte: Joaquim Alves, Mallet, p. 104.

Tomada Paissandu, as forças brasileiras e coloradas seguiram para Montevidéu; a infantaria e a artilharia foram de navio, enquanto a cavalaria, comandada por Osorio, foi por terra, em extenuante marcha, mas sem encontrar resistência. Em represália à queda daquela posição, 1500 soldados blancos, comandados por Basilio Muñoz, invadiram o Rio Grande do Sul pela fronteira de Jaguarão, onde havia pouco menos de seiscentos guardas nacionais, saqueando a vila de mesmo nome em 27 de janeiro de 1865.

Pouco antes, em outubro, Osorio retirara a esposa e os filhos adolescentes de Jaguarão, enviando-os para Pelotas, por antever a possibilidade dessa invasão, na qual não acreditavam seus superiores. Ao saber da notícia, quando participava do sítio de Montevidéu, ele comentou: "Nossas fronteiras continuam desguarnecidas e não temos Exército para evitar invasões". Quase seis meses depois, em junho, os blancos entraram no Rio Grande do Sul, sem que durante esse tempo tivessem sido tomadas as necessárias medidas defensivas nessa província.

A gravidade da situação levou o Gabinete liberal do conselheiro Furtado a enviar ao Prata, em substituição ao conselheiro Saraiva, que se retirara em outubro de 1864, o político conservador José Maria da Silva Paranhos, experiente nos assuntos diplomáticos regionais. Tinha instruções de buscar uma aliança com Buenos Aires, com vistas a uma intervenção conjunta no Uruguai, em apoio a Flores, por não possuir o Império força militar suficiente para atacar a cidade de Montevidéu. As instruções também citavam haver a hipótese de uma invasão paraguaia do território brasileiro, mas não a consideravam provável. Paranhos procurou ampliar o caráter dessa aliança de modo a abranger uma ação em comum entre o Império e a Argentina contra o Paraguai, o que foi recusado pelo presidente Bartolomé Mitre. Este, embora fosse favorável a estreitar relações entre seu país e o Império, não podia aliar-se ao Império devido à oposição que tal ato desencadearia. Havia aversão ao Brasil entre boa parte dos argentinos, e as populações de Entre Ríos e Corrientes tinham afinidade cultural com o Paraguai, pois todos falavam o guarani.

Enquanto isso, no Uruguai, terminou o mandato presidencial de Aguirre. Na disputa por sua sucessão, impôs-se, apoiada por comerciantes, a facção do Partido blanco, que desejava a paz com o Brasil. Tomás Villalba foi eleito presidente do Senado uruguaio e, automaticamente, tornou-se chefe do Executivo em exercício, na impossibilidade de se realizarem eleições para o cargo, devido à guerra civil. Cinco dias depois, com a concordância argentina, foi assinado o Protocolo de Paz de Villa Unión, por Paranhos, por Manuel Herrera y Obes, representando o presidente em exercício, e por Venancio Flores, entregando a este a presidência da República.

Paranhos conseguiu a capitulação de Montevidéu sem luta, evitando um ataque às suas trincheiras, poupando a vida de, calcula-se, aproximadamente 2 mil soldados brasileiros. Ademais, ele obteve que Flores atendesse a todas as exigências do *ultimatum* dado por Saraiva, no ano anterior, e que o Império pudesse usar o território uruguaio, uma base vital nas operações contra o Paraguai. O novo governo uruguaio colocou novamente em vigência os tratados de 1851 e, cumprindo sua promessa, pôs-se ao lado do Império na luta contra López.

A reação do governo imperial ao acordo assinado por Paranhos foi a de demiti-lo. A justificativa para esse ato era a de não ter o acordo reparado a honra brasileira ultrajada quando o presidente Aguirre ordenou a queima dos tratados de 12 de outubro de 1851, ocasião em que a bandeira imperial foi arrastada pelas ruas de Montevidéu. De fato, o acordo de 20 de fevereiro não continha a punição dos autores desse ato, que tinha sido utilizado pelo governo imperial para realimentar a hostilidade da opinião pública brasileira contra o governo blanco. Aos governantes liberais do Império, não interessava que Paranhos, um conservador, saísse engrandecido desse episódio, ainda mais que se contrapusera a Tamandaré, um liberal, e tido como chefe naval indispensável para a futura ação da Marinha contra o Paraguai.

O general Osorio era, desde 1º de março de 1865, comandante interino do Exército brasileiro no Uruguai, devido ao pedido de exoneração do cargo de João Propício Menna Barreto. O novo comandante teve a primeira contrariedade no cargo devido à partida de Paranhos. A oficialidade brasileira em Montevidéu apreciara a atuação do diplomata, que, afinal, evitara derramamento de sangue e alcançara o objetivo central do Império, que era o de ter no Uruguai um governo que não lhe fosse hostil. Osorio não compareceu ao jantar de despedida de Paranhos, oficialmente por estar doente, mas enviou como representante seu secretário particular, capitão Bibiano de Castro. Este, na ocasião, fez um discurso elogioso a Paranhos, em cuja partida estiveram presentes no porto vários oficiais, por conta própria mas autorizados por Osorio, e, ainda, uma banda militar. A notícia dessas manifestações levou o governo imperial a pedir explicações a Osorio, que respondeu minimizando o caso. Disse que Paranhos despedira-se dele e do Exército "em termos urbanos e agradáveis". Esclareceu que mandou publicar a despedida, assim como autorizou que oficiais fossem ao porto despedir-se e confirmou o envio da banda. Em carta ao substituto de Paranhos na missão ao Prata, o liberal Francisco Octaviano de Almeida Rosa, justificou-se Osorio afirmando não ser homem "para aumentar a aflição ao aflito nem podia crer que o governo se ofendesse deste meu proceder hoje adulterado; portanto, podem vir as conseqüências" e, sem apego a cargos, dizia aguardar a chegada de seu sucessor. Este, porém, não existiu.

O Exército que Osorio comandava tinha, no início de

março de 1865, quase 10 mil homens e, no mês seguinte, esse número alcançou 13 mil. Ao assumir o comando, ele informou o Ministério da Guerra das precárias condições de mobilidade da cavalaria, cujos animais estavam em péssimo estado, e que era sofrível a qualidade da tropa. Também teve de contornar, logo no início do seu comando, os muitos pedidos de oficiais, descontentes por diferentes motivos, para retornarem ao Brasil, oferecendo-lhes comissões, o que significava soldo maior, e prestigiando-os. Devido à chegada do inverno, rigoroso no Rio da Prata, mandou fornecer uma dose diária de aguardente, prática que o Exército imperial manteve durante a guerra contra o Paraguai, e tomou uma série de medidas para preparar as tropas para enfrentar o inimigo.

Em 6 de março, Osorio escreveu ao ministro da Guerra, informando ter recebido notícias de mobilização militar paraguaia às margens do rio Paraná. Podia ser apenas uma simulação, mas, ressalvou, também podia ser prenúncio de invasão do Brasil e, nesse caso, não poderia ser contida naquele momento, por estar praticamente todo o Exército brasileiro no Uruguai. Por estar estabilizada a situação nesse país, sugeriu, como medida de cautela, a volta da tropa brasileira para São Borja ou Uruguaiana. A resposta do ministro da Guerra foi a de perguntar-lhe se tinha condições de enviar mantimentos para "qualquer força nova" que se aquartelasse próxima da cidade uruguaia de Salto, de onde seria mais curta a marcha até o Rio Grande do Sul. Osorio tomou as medidas necessárias para viabilizar a constituição dessa força, reafirmando, porém, a necessidade de que não apenas uma parte, mas sim todo o Exército brasileiro se transferisse de Montevidéu para a fronteira do Brasil com o Uruguai, para poder enfrentar eventual invasão paraguaia do Rio Grande do Sul. "A prevenção manda guardar", concluiu. Tinha razão, mas as fronteiras não foram guardadas.

Em 13 de abril de 1865, cerca de 22 mil paraguaios atacaram e ocuparam a cidade de Corrientes, capital da província argentina de mesmo nome. Três dias depois, reuniram-se, em Buenos Aires, o presidente Mitre, os diplomatas brasileiros Francisco Octaviano de Almeida Rosa, que lá se encontrava em missão especial, José Felipe Pereira Leal, representante permanente junto ao governo argentino, e Tamandaré. Adotaram a sugestão anterior de Osorio de concentrar as tropas brasileiras em Uruguaiana, para dali marcharem para Concórdia, na província de Entre Ríos, onde se uniriam às da Argentina, para enfrentar os invasores paraguaios. Osorio deixou seu Exército em prontidão e pediu aos generais David Canabarro, no Rio Grande do Sul, e Souza Netto, no Uruguai, que se mantivessem em estado de alerta. A desorganização militar brasileira era tamanha que, escrevendo duas semanas depois ao ministro da Guerra, Osorio disse ignorar qual era o efetivo do Exército no Rio Grande do Sul, quem o comandava e se esses soldados poderiam ser incorporados às novas operações de guerra.

Tamandaré encontrou-se com Osorio em Montevidéu e juntos analisaram a situação militar. Em seguida, foram com Venâncio Flores para Buenos Aires, aonde chegaram em 28 de abril, para planejarem com Mitre a ação comum contra Francisco Solano López. Dois dias depois, esses generais e, ainda, Urquiza reuniram-se secretamente, ocasião em que este se mostrou ambígüo, evitando comprometer-se claramente em uma ação contra os invasores paraguaios. Para envolvê-lo com a causa aliada, Osorio propôs que o comando da vanguarda do Exército aliado fosse entregue ao líder entrerriano, o qual, agradecido, aceitou. O general brasileiro conhecia esse caudilho desde 1847 e sabia de sua avidez por dinheiro, característica da qual se utilizou para anular um aliado potencial de López. Quando assumiu o comando do Exército no Uruguai, Osorio contatara o líder entrerriano, presenteando-o com uma tropilha de cavalos tobianos, pelagem inexistente na Argentina, e fez-lhe ver que poderia ganhar dinheiro como fornecedor de cavalos e outros recursos para as forças brasileiras. Formalmente, as vendas de cavalos, mulas e víveres, vindos de Entre Ríos para as forças brasileiras, foram feitas por Francisco Xavier Brabo, o qual, porém, era associado a Urquiza. Desse modo, em poucos meses o Exército imperial comprou 30 mil cavalos nessa província argentina, um número extraordinário que ia além das necessidades de reposição e com preços inflacionados. Osorio obteve o apoio de Urquiza com argumentos, elogios e dinheiro. Comprar-lhe tantos cavalos teve o objetivo de deixar os entrerrianos praticamente a pé, retirando-lhes recursos para uma grande mobilização militar, caso resolvessem apoiar López. Posteriormente, Francisco de Assis Trajano de Menezes, ajudante de campo de Osorio, escreveu:

> Relativamente ao fornecimento de cavalhadas de Entre Ríos, mandadas por Urquiza, por intermédio de seu genro o coronel Santa Cruz, por conta do contrato Javier Bravo, diariamente elas eram recebidas com menor escrúpulo [quanto às condições dos animais] do que outras, pelo mesmo preço — como se houvesse o propósito de acabar com os cavalos da província entrerriana. Entregues em julho, quando o inverno era mais intenso, seguiam os cavalos para as invernadas e lá morriam às porções, às vezes antes de prestar serviço.

Nas citadas reuniões de 28 e 30 de abril, os generais decidiram que o ponto central da ação militar contra López era a fortaleza de Humaitá, situada na margem esquerda do rio Paraguai e que controlava sua navegação. Foi descartada a invasão pelo oeste, pois o trajeto pelo interior do país até Assunção seria extenso e em condições precárias, devido às dificuldades de reabastecimento da tropa invasora. Em 1º de maio de 1865 foi assinado o Tratado da Tríplice Aliança, com as diretrizes para a guerra e as condições para a paz, como a retirada de López e família do poder, ou, ainda, o reconhecimento, pelo governo paraguaio que viesse a se instalar, da soberania da Argentina e do Brasil nos territórios litigiosos entre esses dois países e o Paraguai.

Em 3 de maio Osorio regressou a Montevidéu. Dois dias depois enviou ofício ao ministro da Guerra relatando os acontecimentos, as providências que tomara e solicitando o reforço de 4 mil cavalarianos, para, somados aos já existentes, dispor de 6 mil deles, número calculado como necessário para as operações previstas. Alertou mais uma vez quanto à ameaça paraguaia sobre essa província, informando que 20 mil paraguaios estavam em São Tomé e que "é de recear-se a invasão de São Borja". Também escreveu ao presidente gaúcho, aconselhando-o a concentrar forças em São Borja. Alertas que se mostraram proféticos, mas rigorosamente inúteis.

Enquanto isso, no Rio de Janeiro, caiu o Gabinete Furtado e, em 12 de maio, ascendeu ao poder o Gabinete presidido pelo marquês de Olinda, tendo o senador Ângelo Muniz da Silva Ferraz como ministro da Guerra. Desse antigo inimigo político, Osorio recebeu a correspondência enviada a todos os chefes militares em que se dizia ser missão principal do governo defender o país e, para tanto, esperava ter o total apoio dos seus subordinados, "quaisquer que sejam seus princípios políticos". Osorio respondeu que "a minha missão e deste Exército é cumprir as ordens do governo".

Osorio partiu de Montevidéu no dia 27 de maio e três dias depois desembarcou no acampamento de Dayman — parte da tropa foi transportada pela Marinha, pelo rio Uruguai — a cerca de oito quilômetros de Salto. Dias antes, em 19 de maio, foi nomeado pelo governo imperial comandante efetivo do "Exército brasileiro em operações contra o governo do Paraguai". Para a função tinha sido proposto o nome de Caxias, o qual, experiente quanto à influência da política gaúcha sobre as operações militares, condicionou a aceitação do comando a também ser nomeado presidente do Rio Grande do Sul. Em reunião do Conselho de Ministros, o titular da Guerra, visconde Beaurepaire-Rohan, defendeu que se aceitasse a exigência, mas os demais ministros a recusaram, sob o argumento de que conceder a presidência enfraqueceria o Partido Liberal gaúcho, por Caxias ser conservador. Rohan demitiu-se e foi substituído pelo visconde de Camamu, inimigo pessoal de Caxias.

Foi recebida com surpresa e desconfiança a efetivação de Osorio no comando-em-chefe, quer por haver generais mais graduados do que ele no Exército, quer por sua experiência no comando de grandes unidades em operações restringir-se à da 2ª Divisão. De fato, ele sentiu o peso da responsabilidade de organizar e mobilizar o Exército, pois manteve-se constantemente irritado, afastando inclusive os amigos, tornando-se "violento, desabrido, inconveniente, incontestável, pessimista, em uma palavra, furibundo". Essa é a descrição de Artur Silveira da Motta, barão de Jaceguai, jovem oficial da esquadra em 1865, que observa que quem conheceu esse general posteriormente, "com aquele porte marcial mas modesto, cáustico mas jovial, rude na expressão mas bonachão nos fatos", não o reconheceria nesse comandante-em-chefe. Ainda segundo Silveira da Motta, Osorio não soube disciplinar o suficiente a tropa, pois nele "o cálculo frio das necessidades da ação nunca poderia prevalecer sobre a sua sensibilidade", o que o impedia, como punição e exemplo, de pôr fim à carreira de um subordinado.

Na realidade, faltavam a Osorio a formação técnica, de Academia Militar, e traquejo administrativo para exercer esse comando-em-chefe. Contudo, aqueles generais, que possuíam essas duas características, à exceção de Caxias, não tinham experiência equivalente à dele em campo de batalha. Utilizando-se de sua experiência e do bom senso, Osorio prestou um dos maiores serviços ao Brasil durante essa guerra, ao organizar o chamado 1º Corpo de Exército, em boa parte com homens vindos da vida civil, que, partindo de Salto, marchou quinhentos quilômetros pelo interior argentino até a fronteira com o Paraguai. Foi uma verdadeira epopéia feita por milhares de homens, cavalos, carroças com suprimentos e pesados armamentos puxados por animais em terreno sem estradas, cruzando pântanos, rios e riachos que não dispunham de pontes, durante o rigoroso inverno da região.

A efetivação de Osorio como comandante-em-chefe se deu, de um lado, pela negativa de Caxias em assumir o posto, e, por outro, por sua defesa junto a Furtado pelos amigos políticos. Esta foi feita principalmente pelo deputado gaúcho Gaspar da Silveira Martins, devedor politicamente de Osorio, e pelo senador Cansansão de Sinimbu, ex-presidente do Rio Grande do Sul. Utilizaram como argumento a longa experiência desse general nas guerras do Sul; o seu trânsito tanto entre chefes militares uruguaios, argentinos e antigos farroupilhas; sua sagacidade; e "a sua proverbial e austera probidade". Por fim, Pedro II falou a seu favor, afirmando que deveria ser o comandante-em-chefe, pois "já está no lugar e prestando serviços relevantes".

Antes que o Exército aliado, comandado por Mitre, marchasse contra os invasores de Corrientes, em 10 de junho uma coluna paraguaia, composta de 12 mil homens comandados pelo coronel Estigarribia, entrou em território gaúcho. A invasão se deu em São Borja, e já no início de agosto os paraguaios estavam em Uruguaiana, encontrando aqui e acolá alguma resistência, mas nada organizado. Essa situação resultava da falta de preparo militar do Império; das seguidas mudanças de governo no Rio de Janeiro, que desviaram a atenção da vulnerabilidade da fronteira; e da incompetência de chefes militares, principalmente do general Canabarro. Este, conforme o historiador Tau Golin, "era a própria síntese do almágama entre interesses oficiais e particulares", pois seu comando encontrava-se no interior de uma das suas estâncias, na localidade de Recreio; "era uma fusão de quartel-general com sede latifundiária". A facilidade com que os paraguaios marcharam pelo território gaúcho explica-se, ainda, pelos desentendimentos entre chefes militares políticos da província, resultado das lutas políticas entre liberais, históricos e progressistas. O fato de Osorio ter um papel relevante no conflito, desde seu início, garantiu o apoio à causa brasileira por parte dos veteranos da Revolução Farroupilha, que o respeitavam por sua posição favorável à descentralização. Ademais, a guerra não foi sacrifício para todos os gaúchos, proporcionando prestígio e poder a integrantes dos três partidos, que ganharam postos e comandos, além de enriquecer fornecedores de mantimentos, roupas, animais e outros produtos para o Exército, que obtinham contratos graças às suas vinculações políticas.

Por todo o Brasil, desde que se soube do ataque paraguaio a Mato Grosso, voluntários se apresentaram para ir para a guerra, sendo que em alguns lugares, como Salvador, foi necessário recusá-los por falta de alojamentos. Quando da invasão do Rio Grande do Sul, o filho mais velho de Osorio, Fernando Luis, tinha dezesseis anos de idade e vivia, desde o ano anterior, em São Paulo, onde freqüentava o curso preparatório para a Faculdade de Direito. Ele apresentou-se, junto com mais de cem estudantes, como voluntário para ir para a guerra, oferta aceita pelo presidente paulista, que exigiu, porém, autorização paterna para engajá-los. O general Osorio negou-a e, em uma das cartas que escreveu a Fernando, em julho de 1866, se disse satisfeito com o desempenho do jovem nos estudos, "a que desejo que te apliques e que enquanto eu for vivo não te lembres de ser militar".

Quando os paraguaios invadiram São Borja, Osorio organizava o Exército que deveria marchar para o Paraguai, conforme o plano do Conselho de Generais aliados elaborado em

Buenos Aires. A um pedido de ajuda de Canabarro, Osorio, após consultar Mitre, comandante-em-chefe aliado, respondeu que o ataque a São Borja podia ser uma ação de desviar a atenção dos aliados de Corrientes, província em que se encontrava a maior parte do Exército paraguaio e de onde se esperava haveria uma nova ação ofensiva. Portanto, concluiu, Canabarro deveria usar os meios de defesa de que dispunha e autorizou-o a fazer as despesas necessárias para tanto, além de remeter-lhe uma tropa de cavalaria comandada por Flores. De fato, pela lógica militar não devia Osorio desviar o Exército sob seu comando para o Rio Grande do Sul, por ser a coluna de Estigarribia uma fração do Exército que invadiu Corrientes, o qual poderia marchar sobre Buenos Aires e, se a ocupasse, retiraria a Argentina da guerra, isolando o Brasil.

No dia 24 de junho de 1865 as forças comandadas por Osorio, a essa altura 19 mil homens, começaram a transpor o rio Uruguai, para acampar na margem argentina, nas proximidades da cidade de Concórdia, ponto de reunião do Exército aliado. O contexto era delicado, pois, além da invasão do Rio Grande do Sul, desertara boa parte da tropa entrerriana de Urquiza, que deveria unir-se aos aliados, e a restante foi dispensada por não se poder confiar nela.

Urquiza escreveu a Osorio afirmando não desejar "que a menor sombra de dúvida o incomodasse" quanto a esse acontecimento, o qual não significava hostilidade em relação à Tríplice Aliança. Acrescentou desejar lutar ao lado das forças imperiais e recebeu diplomática resposta, com o general brasileiro ressaltando o valor militar de Urquiza e que aqueles que tinham lutado sob o comando do entrerriano em Caseros — quer dizer, entre outros, ele próprio e Mitre "ainda juntos tornarão a combater pela honra da Pátria". Em 24 de julho, Urquiza chegou a

INVASÃO PARAGUAIA DA ARGENTINA E DO RIO GRANDE DO SUL

Fonte: Adaptado de *História do Exército Brasileiro*, p. 600.

Concórdia, onde reafirmou a Mitre e Osorio sua adesão à aliança, assistiu a uma grande parada, com 17 mil brasileiros e 4500 argentinos, certamente impressionando-se com o aparato militar que viu. Contudo, o Exército de López em Corrientes era numericamente superior. Nessa tarde, Osorio recebeu a notícia de que Pedro II o promovera a marechal-de-campo, posto equivalente hoje ao de general-de-divisão.

Dias depois, em 5 de agosto, os paraguaios tomaram Uruguaiana, próspera vila que contava com cerca de 6 mil habitantes; nela os invasores se entrincheiraram e acabaram sitiados. Em 21 de agosto, o barão de Porto Alegre assumiu, em frente a essa localidade, o comando do Exército em operações no Rio Grande do Sul. Ele e Osorio não tinham contato pessoal desde que se tornaram inimigos políticos, mas a necessidade militar levou Porto Alegre a buscar a conciliação, escrevendo a seu colega que poderia contar com sua cooperação. Osorio respondeu agradecendo e retribuindo a oferta de apoio, bem como solicitando que, vencidos os paraguaios em Uruguaiana, enviasse um reforço de 3 mil a 4 mil homens de cavalaria e outras unidades, pois tinha prontos para a luta apenas 12 mil soldados.

Ocorreu, porém, o contrário. Tamandaré foi ao acampamento de Osorio buscar unidades de infantaria para apertar o cerco de Uruguaiana. Osorio escreveu a Mitre que o almirante solicitara 1500 soldados; "respondi que não dava um, sem ordem de V. Exa., porque é cá a base de operações e deve estar segura para o caso de vir sobre nós o Exército inimigo".

Embora tivesse dúvidas quanto ao envio da infantaria, Mitre acabou concordando, comportando-se com tato em relação ao aliado brasileiro, postura, aliás, que manteve durante todo o tempo em que foi comandante-em-chefe aliado. Enviou para Uruguaiana três batalhões de infantaria — dois brasileiros e um argentino —, e, no mesmo navio que os transportou, acompanhou Tamandaré no retorno à vila sitiada. Enquanto isso, Osorio, comandante interino dos Exércitos aliados, partiu de Concórdia rumo a Corrientes e, durante a marcha, recebeu carta do ministro Ferraz, de Uruguaiana, comunicando a rendição dos paraguaios. As forças aliadas puderam, então, se reunir em Mercedes, onde seus comandantes souberam que as tropas paraguaias voltavam a seu país, saqueando o que encontravam pelo caminho. Mais tarde, em agosto de 1866, Caxias escreveu a Osorio que, se essa retirada tivesse sido cortada, a guerra teria terminado e que deixar esses soldados voltarem com armamento e outros recursos para o Paraguai estendeu-a "até quando Deus sabe". Para justificar essa previsão, argumentou que o terreno onde a luta prosseguiria no Paraguai era dos melhores para uma postura defensiva, que poderia ser sustentada até por mulheres e crianças. Caxias acertou na previsão e na análise do terreno, mas errou ao responsabilizar Mitre por não ter impedido a retirada e ao suspeitar de que este não desejava alcançar vitória rápida.

Essa desconfiança quanto a Mitre foi mantida, durante a guerra, não só por Caxias, mas também por Tamandaré, Porto Alegre e outros altos oficiais brasileiros, bem como por lideranças políticas, particularmente as do Partido Conservador. A inesperada duração do conflito acirrou ainda mais a desconfiança. Acreditavam que o presidente argentino agia para prolongar o conflito, quer devido aos ganhos financeiros que ele proporcionava à Argentina, onde as tropas brasileiras se abasteciam, quer para enfraquecer militarmente o Império e, assim, pôr fim à sua hegemonia no Rio da Prata. Osorio foi um dos poucos chefes militares brasileiros que não partilharam esse sentimento ou, se o fez, não deixou a desconfiança influenciar na cooperação com os argentinos. Na realidade, Mitre foi um fiel aliado do Brasil, até porque essa aliança favorecia o seu projeto político para a Argentina.

Em 21 de dezembro de 1865, o Exército imperial estava acampado a cerca de oito quilômetros da cidade de Corrientes, em Lagoa Brava, após uma marcha de quase quinhentos quilômetros. Nesse acampamento, recebeu 12 mil homens de reforço e nele permaneceu por 51 dias, tempo que usou para treiná-los. López tinha as vantagens de já dispor de forças treinadas; da posição defensiva e do terreno que lhe era favorável, caracterizado por mata fechada, pântanos e riachos, que dificultaria o avanço da tropa aliada. Esta, ademais, não dispunha de mapas da região ou do interior do Paraguai, inexistentes devido ao isolamento desse país até 1840 e, posteriormente, porque os estrangeiros eram admitidos somente em Assunção. Como conseqüência, as informações que os aliados dispunham do interior paraguaio eram pouco precisas e de reduzido valor militar.

Em março de 1866, as forças aliadas estavam na margem argentina do rio Paraná, em frente ao território paraguaio, onde havia o pequeno forte de Itapiru. O maior obstáculo para a transposição do rio, por milhares de aliados e armamento pesado, eram as condições desfavoráveis do terreno do lado paraguaio do rio, carente de caminhos, com áreas cobertas de mata ou inundadas.

O sistema defensivo paraguaio ocupava um espaço de sessenta quilômetros de comprimento por vinte de largura, entre a confluência dos rios Paraná e Paraguai, ao sul, até o rio Tebicuari, ao norte. No rio Paraguai, suas fortificações eram, sucessivamente, Curuzu, Curupaiti e Humaitá, que dominavam essa via fluvial com numerosa artilharia e eram de difícil acesso por terra, pois estavam cercadas de vegetação cerrada. No rio Paraná, seu ponto extremo era o forte de Itapiru, no Passo da Pátria, quase confluência com o rio Paraguai, e foi esse o local escolhido pelos chefes militares aliados para invadir o território inimigo, operação que exigia o uso de embarcações e seria feita sob o fogo inimigo. A invasão dependia, porém, de a esquadra brasileira fazer o reconhecimento do rio e da margem inimiga e estar pronta para a operação. Criticado pela demora em tomar essa iniciativa, Tamandaré escreveu a Osorio: "Navios não são cavalos; estes podem passar pelo terreno que com a vista se conhece ser bom; mas o caminho para aqueles só é conhecido pelos práticos e quando há falta destes, é mister reconhecer-se os canais por experiências próprias".

A essa altura, o Exército aliado tinha um efetivo de 65730 homens, distribuídos em 37870 brasileiros; 25 mil argentinos e 2860 uruguaios, mas, descontados os doentes, tripulações de navios e pessoal de apoio, eram 42200 soldados prontos para o combate, que foram os que, afinal, invadiram o Paraguai. López, por sua vez, contava com 30 mil homens no acampamento fortificado de Passo da Pátria. A superioridade aliada não é tão grande como parece, pois uma tropa atacante, naquelas condições, necessitava do dobro de homens do Exército que se defendia. Contudo, até 1868 o Exército aliado não conseguiu ter o dobro dos efetivos das forças de López.

Em reunião realizada em 10 de abril de 1866, os chefes militares aliados definiram o local exato da invasão do território inimigo, no Passo da Pátria. Em seguida passaram a discutir qual seria a tropa incumbida da perigosa tarefa de ser a primeira a atravessar o rio e estabelecer uma cabeça-de-ponte na outra margem, para permitir ao resto do Exército aliado fazer a travessia. Osorio detestava participar de conselhos de guerra e neles costumava manter atitude modesta, justificando-a com a frase de Napoleão de que, nas juntas de generais, prevalecia a opinião do mais fraco. O general brasileiro permaneceu discreto nessa reunião até se começar a tratar daquela travessia, momento em que interrompeu os demais dizendo que, qualquer que fosse a decisão, seria ele quem pisaria primeiro no território paraguaio. E assim foi.

Em 16 de abril de 1866, enquanto navios brasileiros bombardeavam Itapiru, 9645 soldados desembarcaram em território paraguaio. Os oficiais trajavam uniforme de gala, com medalhas no peito, e os soldados estavam fardados e equipados como se fossem participar de uma parada, e não de um combate. A cena refletia a formalidade e os valores existentes no Exército imperial e que se mostrariam, em parte, obsoletos nos anos de guerra. Ressaltava-se a bravura e, pelo menos até 1866, mostrar-se temerário frente ao inimigo, expondo-se, era uma questão de honra. Abaixar-se quando se escutava um tiro de canhão e a bala chegando, ou proteger-se atrás de obstáculos, quando os paraguaios apareciam, era motivo de vergonha. Com o tempo e as perdas humanas, esse comportamento mudou e os oficiais brasileiros evitavam, em combate, usar sinais ostensivos de sua condição hierárquica que os tornassem alvos do inimigo.

Antes de atravessar o rio Paraná para invadir o Paraguai, em proclamação à tropa brasileira, Osorio afirmou: "Soldados! É fácil a missão de comandar homens livres; basta mostrar-lhes o caminho do dever. O nosso caminho está ali em frente". Ele foi na vanguarda do 1º Corpo de Exército, sendo o primeiro a pisar em território paraguaio, às nove da manhã, acompanhado de um piquete de proteção e apoiado pelo fogo da artilharia da esquadra brasileira. Osorio fez pessoalmente o reconhecimento do terreno, o que motivou críticas de amigos e aliados, que afirmaram que, ao arriscar a vida, também colocara em risco as forças que comandava. Ele respondeu a essa crítica com o comentário: "Deram-me civis e não soldados para combater o inimigo. Eu precisava provar aos meus comandados que o seu general era capaz de ir até onde os mandava".

Em reconhecimento a seu desempenho, Pedro II concedeu a Osorio, em 1º de maio de 1866, o título de barão do

Herval, referência à sua participação no desbravamento das Missões e à descoberta de campos de erva-mate. O título de nobreza e o uso de brasão eram símbolos de distinção e de prestígio, pois na Monarquia brasileira a condição de nobre não era hereditária, mas obtida por mérito, sendo concedida por decisão do imperador, o qual também escolhia o nome do título do agraciado. Foi Pedro II, e não Osorio, que escolheu a designação "do Herval". O título de nobreza não trazia privilégios legais ou financeiros ao portador nem lhe era reservado algum cargo no governo ou nas forças armadas. O título dava, sim, vantagens no dia-a-dia, graças ao prestígio social dele decorrente, o que facilitava a seu titular e familiares o acesso ao mundo político e econômico.

O transporte do Exército aliado, no Passo da Pátria, ocorreu sem maior resistência, pois a flotilha fluvial paraguaia fora destruída, no ano anterior, no combate do Riachuelo. Ademais, López não distribuiu os cerca de 30 mil homens que tinha no acampamento do Passo da Pátria, de modo a cobrir os possíveis locais de desembarque. A vanguarda brasileira avançou para Itapiru pelo único caminho seco existente em meio a terreno alagado e travou breve combate, às dez horas da manhã, com a força paraguaia, que se retirou. Por volta das catorze horas, a coluna de Osorio chegou perto de Itapiru, ocasião em que desabou forte temporal de granizo, obrigando-a a se imobilizar. Os soldados brasileiros não tinham como se protegerem, pois para ganhar em agilidade não levavam mochilas e, assim, ficaram toda a noite ao relento, suportando o frio. Osorio passou nove horas a cavalo e, à noite, não conseguiu descalçar as botas, pois suas pernas estavam inchadas, obrigando-o a cortar o calçado com uma faca.

OPERAÇÕES ALIADAS EM TORNO DE HUMAITÁ

Fonte: Francisco Doratioto, *Maldita guerra*, p. 214.

Para destruírem o sistema defensivo de López, os aliados teriam que tomar a fortaleza de Humaitá, a vinte quilômetros do Passo da Pátria, e a cerca de dez metros acima do rio Paraguai. Ela dispunha de mais de cem canhões, que controlavam a navegação dessa via fluvial, e de uma trincheira que se estendia por treze quilômetros, desse rio até a planície. Era protegida não só pelas armas, mas pelo terreno à sua volta, caracterizado por lagunas e bosques impenetráveis. Ao sul, em direção ao Passo da Pátria, faziam parte do sistema defensivo de Humaitá — conhecido por "quadrilátero", em referência à sua forma — os esteiros Bellaco e Rojas. Os esteiros eram terrenos alagados, com lodo no fundo, no qual se enraizavam profundamente juncos que alcançavam três metros de altura, e que podiam ser atravessados somente por alguns caminhos, chamados de passos, escondidos pela vegetação e desconhecidos dos aliados. Nesse terreno hostil, sem condições de salubridade para os aliados e sem pastagens para os animais de tração e cavalos, travou-se, até o início de 1868, uma desgastante guerra de trincheira, uma novidade que tivera como antecedentes somente a Guerra Civil norte-americana (1860-5) e para a qual os chefes militares aliados estavam despreparados.

Os aliados avançaram com facilidade e em 27 de abril ocuparam o acampamento do Passo da Pátria, abandonado pelos paraguaios. No dia 2 de maio, quando Mitre se preparava para enviar tropa para fazer um reconhecimento do território inimigo, López ordenou um ataque à vanguarda do Exército aliado. Cerca de 4 mil paraguaios passaram pelo esteiro Bellaco, em meio à vegetação, e atacaram de surpresa a vanguarda aliada, comandada por Flores. Anteriormente, Osorio aconselhara prudência e medidas defensivas ao general uruguaio, o qual zombara de tanta cautela e não as implementara.

No momento do ataque, muitos altos oficiais aliados da primeira linha de defesa estavam em Itapiru, onde Mitre e

Osorio almoçavam a bordo de um navio brasileiro. Esse fato agravou o efeito surpresa do ataque e somente quando os paraguaios penetraram mais profundamente no acampamento é que esses oficiais aliados se deram conta do que estava ocorrendo. Osorio voltou imediatamente, movimentando as forças que se encontravam na retaguarda do acampamento em socorro de Flores. Relatou um dos participantes da batalha, o coronel argentino Emilio Conesa, que o general brasileiro conquistou "a maior glória desta jornada e o apreço de todo nosso Exército [argentino]". O diplomata Almeida Rosa, que se encontrava em Itapiru, escreveu dias depois que Osorio era um homem rústico, mas um bravo, e "os sábios e literatos daí [Brasil] e daqui não o valem", em referência aos muitos que opinavam sobre como se deveria conduzir a guerra.

Os paraguaios foram rechaçados, perdendo cerca de 2500 homens, entre mortos e feridos, enquanto do lado aliado as perdas foram de 1551 soldados, sendo 1102 brasileiros; quatrocentos uruguaios e 49 argentinos. Dionísio Cerqueira percorreu o campo de batalha e descreveu ter encontrado uma grande área com cadáveres mutilados, com cabeças decepadas presas ao tronco por músculos ensangüentados e outras rachadas ao meio, além de membros partidos e peitos esburacados. Era a imagem dantesca de uma época em que a guerra se travava corpo a corpo, o que se tornou raro a partir do século XX, quando a tecnologia viabilizou matar maciçamente à distância. Essa mutilação decorria, em parte, do uso da espada, a arma da cavalaria quando se enfrentava com a infantaria.

O Exército aliado retomou, em 20 de maio, a marcha pela estrada que ligava o Passo da Pátria a Humaitá, alcançando Tuiuti, onde instalou seu novo acampamento. Imediatamente, começou a construir as instalações para a artilharia brasileira, bloqueando essa estrada. Tuiuti era um local seco, de apenas quatro quilômetros de comprimento por 2,4 de largura, cercado por terreno inundado, o qual tinha juncos com mais de dois metros de altura, onde o inimigo podia esconder-se. Ao sul desse acampamento havia o esteiro Bellaco e, ao norte, o de Rojas e uma lagoa; a leste, havia uma vasta região pantanosa e mais a oeste o rio Paraguai. Desconhecendo as passagens que permitiam atravessar quer o esteiro de Rojas, quer o pântano a leste, os aliados estavam em situação delicada, pois também não podiam avançar devido a uma forte posição defensiva do inimigo, a trincheira de Sauce, com extensão de 1580 metros que, nos meses seguintes, foi ampliada para 3 mil metros, defendida por cerca de duas dezenas de canhões e fossos camuflados com estacas de madeira, armadilhas mortais para eventuais atacantes.

Na manhã de 24 de maio, Tuiuti foi atacada por tiros de canhão, bombas incendiárias e foguetes, iniciando-se a maior batalha travada na América do Sul. Eram 24 mil paraguaios atacando 32 mil aliados, dos quais 21 mil brasileiros, 9700 argentinos e 1300 uruguaios. A cavalaria atacante era de 8500 homens, enquanto a aliada estava praticamente desmontada, devido à perda ou esgotamento de animais em decorrência da marcha até esse ponto e à falta de forragem para eles. Por outro lado, a artilharia aliada era muito superior à paraguaia e foi fundamental para a vitória sobre os atacantes.

Os paraguaios surpreenderam os aliados porque Osorio não construíra posições defensivas nos pontos mais vulneráveis, por desconhecer as picadas e caminhos que poderiam conduzir o inimigo ao flanco e à retaguarda brasileira. Também os argentinos descuidaram da segurança de seu flanco direito, onde havia uma grande área de palmeiras na qual os soldados paraguaios poderiam se esconder. A única exceção no descuido defensivo foi o 1º Regimento de Artilharia brasileiro do coronel Emilio Mallet, que, por estar a escassos 1600 metros das trincheiras paraguaias, se mantinha em prontidão permanente. Mallet também construíra dois sólidos redutos defensivos, cercados por grande fosso camuflado, que salvaram sua artilharia e serviram de núcleo à resistência aliada.

López dividiu sua força em quatro colunas, sendo que duas deveriam avançar contra o centro do acampamento aliado; outra faria ataque-relâmpago à retaguarda e uma última, oculta, pelas palmeiras de até dez metros de altura, atacaria pelo leste. Haveria, portanto, um movimento de pinça bloqueando a única alternativa para eventual retirada aliada, o esteiro Bellaco.

Ao adotar postura ofensiva, López inverteu a situação, transferindo a vantagem da defesa para os aliados e as condições físicas do terreno voltaram-se contra os paraguaios. Estes tinham obstáculo físico entre si e os defensores, que para ser contornado exigia perfeita coordenação dos atacantes, o que não ocorreu. Além de os oficiais paraguaios não terem formação técnica para esse tipo de operação, a coluna comandada pelo general Barrios se atrasou na marcha e, assim, quando o sinal de ataque foi dado, já era dia claro, em lugar de madrugada, conforme se planejara para dificultar aos defensores a localização dos atacantes.

A trincheira instalada por Mallet para proteger sua artilharia obrigou a cavalaria paraguaia a desviar-se, comprometendo o ataque. No início, tomados pela surpresa, os batalhões brasileiros lutaram individualmente, sem coordenação, em desesperada tentativa de salvar a própria pele, o que deu tempo para os comandantes aliados organizarem as tropas da retaguarda. Osorio teve a presença de espírito de evitar manter a posição defensiva, de cada batalhão lutando isoladamente para garantir a vida de seus integrantes, o que resultaria na derrota, e, aos gritos, sobre seu cavalo, sob uma saraivada de balas, co-

BATALHA DE TUIUTI 24.5.66

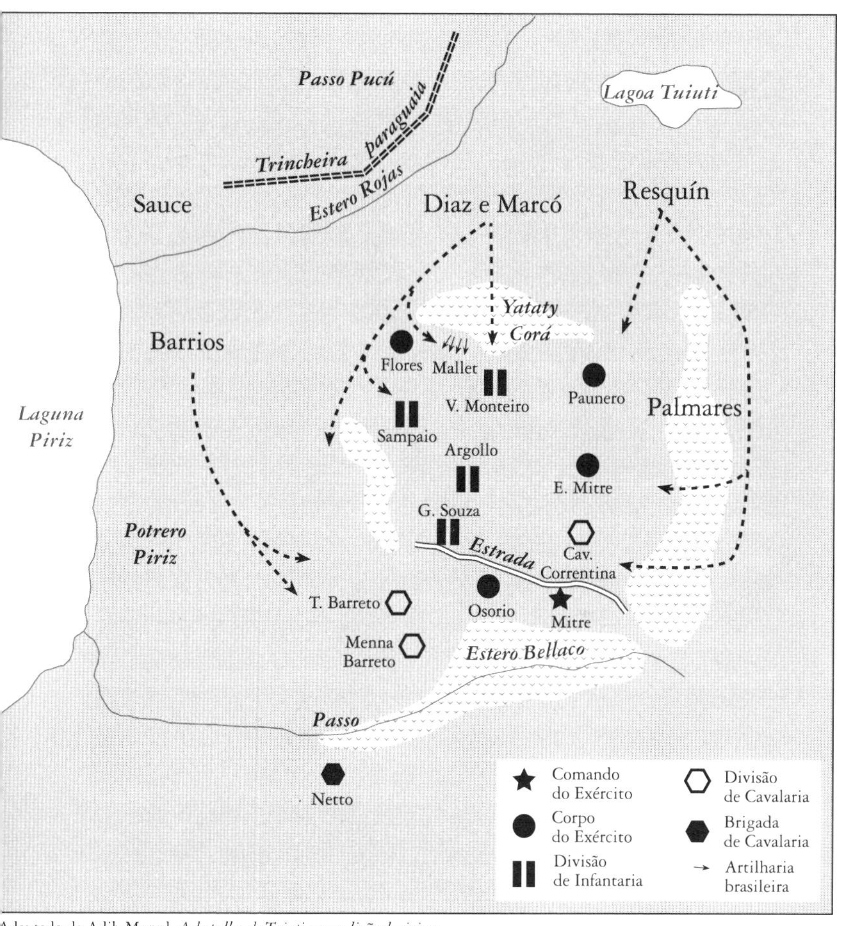

Adaptado de Adib Murad, *A batalha de Tuiuti e uma lição de civismo.*

mandou a inversão da batalha. Ele estava à frente de tropas constituídas, em boa parte, por civis improvisados de soldados que viviam uma situação de combate pela primeira vez. Para manobrá-las percorreu todo o acampamento, indo para a vanguarda, debaixo da fuzilaria inimiga, e, aos gritos de "Viva a Nação brasileira" e "Viva o imperador", fez parar os batalhões que recuavam e avançar aqueles que trazia consigo. Apesar da ferocidade da luta, das nuvens de fumo das explosões que dificultavam a visão, Osorio avaliou corretamente a situação do campo de batalha e lançou suas tropas de reserva para fortalecer o setor argentino, onde Mitre comandava a ação e a infantaria fraquejava. O general brasileiro não vacilou em sacrificar batalhões inteiros, expondo a si mesmo nessas ações, para socorrer a infantaria do general Sampaio e salvar a direita do acampamento brasileiro. Se esta caísse, os paraguaios teriam ocupado Itapiru, isolando o Exército aliado em Tuiuti, podendo destruí-lo.

A batalha de Tuiuti durou cinco horas e meia, terminando no final da tarde, deixando o terreno coberto de cadáveres paraguaios, em distância superior a três quilômetros. Há polêmica sobre os números de perdas das partes que travaram a batalha, mas os números abaixo são os mais aceitos:

	MORTOS	FERIDOS	PERDAS TOTAIS
PARAGUAIOS	6000	7000	13000
ALIADOS	996	3252	4248
Argentinos	126	480	606
Brasileiros	737	2292	3029
Uruguaios	133	480	613

A mortandade entre os paraguaios mostra a bravura com que lutaram, persistindo em combater quando estava caracterizado o fracasso do ataque.

A ferocidade com que a batalha de Tuiuti foi travada pelas duas partes e as perdas humanas impactaram Osorio. No dia seguinte ao da batalha, Artur Silveira da Motta encontrou o general, que estava com a aparência de um "esquálido fantasma", mal se reconhecendo nele o guerreiro cheio de energia da véspera, pois sofrera verdadeiro colapso, apresentando-se em "estado deplorável". Osorio contava e recontava momentos da batalha, particularmente aqueles em que viu tombar mortos, a seu lado, bravos oficiais. Ao saber da quantidade de mortos inimigos, declarou-se envergonhado, dizendo preferir contar muitos prisioneiros e poucos mortos. Em certa ocasião perguntaram a Osorio o que ele sentia ao entrar em batalha e sua resposta foi "ao avistar o inimigo entusiasmo; ao primeiro choque medo e ao derrotá-lo pena".

Terminada a batalha de Tuiuti, os aliados vitoriosos não perseguiram o inimigo, por não terem condições de se organizarem, tal fora a ferocidade da luta. Em 30 de maio realizou-se Conselho de Guerra com Mitre, Flores e Osorio para estudar a situação. Avaliaram dispor de 30300 homens em condições de combate — 12600 argentinos, 17 mil brasileiros e setecentos uruguaios — que careciam de meios de transporte para a artilharia e equipamentos bélicos que lhes permitissem marchar mais para o interior. Concluíram que, embora fosse possível realizar operações de infantaria contra o inimigo, era impraticável fazer ataques de grande envergadura. Estes somente seriam viáveis quando a cavalaria estivesse novamente montada, pois desde o início do conflito os aliados tinham perdido 100 mil cavalos. Também se decidiu que o 2º Corpo do Exército imperial, do barão de Porto Alegre, que estava em Missões, território argentino, ali permaneceria, de modo a defender as fronteiras do Rio Grande e de Corrientes no Alto Paraná e a induzir Francisco Solano López a crer em uma ameaça desse lado para diminuir suas forças defensivas no Passo da Pátria, enviando parte delas para Missões. Os três generais concordaram quanto à conveniência de o Exército aliado contar com base segura de operações, conquistando gradualmente posições, consolidando suas defesas para depois fazer novos avanços, de modo a não correr riscos e avançar com segurança em direção a Humaitá.

Osorio se reuniu com Tamandaré para expor o resultado do conselho de generais. Ambos se encontraram no dia 31 de maio e o almirante afirmou que enviaria quatro vapores para transportar as forças de Porto Alegre, que era seu primo, de uma margem a outra do rio Paraná, o que poderia levar López a desviar forças para lá. O almirante acrescentou que, se o comando aliado achasse necessário, poderia trazer esse Exército para o Passo da Pátria e, sem receber instruções para tanto, escreveu a Porto Alegre propondo o translado do 2º Corpo do Exército para Tuiuti. Esse general aceitou a idéia e escreveu a Mitre que, surpreendido, e para evitar problemas na aliança, renunciou ao plano de utilizar o Exército de Porto Alegre em um largo movimento estratégico. O comandante-em-chefe convocou novo Conselho de Guerra, que, em 25 de junho, aprovou essa operação e, um mês depois, todo o 2º Corpo de Exército — 10160 homens — estava no Passo da Pátria.

Por essa época, era evidente o descontentamento popular no Brasil com a duração do conflito. O ministro da Guerra, Silva Ferraz, escreveu a Osorio expondo-lhe a "impaciência pelo desfecho da luta e o pesar pela demora das operações [que] domina desde o alto da pirâmide social até as camadas inferiores". Dizia haver temor sobre o futuro da guerra e solicitou um "grande esforço" para concluí-la, não devendo os aliados esperar a chegada de grandes cavalhadas e que "a braço mesmo, se for possível, conduzamos a artilharia".

Não seriam o voluntarismo ou medidas improvisadas que terminariam a guerra, como demonstrou a resposta de Osorio. Escreveu a Ferraz que ao entrar no Paraguai o Exército aliado perdeu sua mobilidade e a situação era tal que cavalos e animais de tração tinham que ser trazidos por navio de Montevidéu e Buenos Aires. Assim que houvesse meios de mobilidade, os aliados marchariam sobre o inimigo, "o qual parece ter adotado uma guerra de posições favorecido pelo terreno". Descreveu o plano de uma ação combinada entre o Exército e a esquadra, para se atacar Humaitá, e da necessidade, indicada por Tamandaré, de haver proteção das tropas terrestres para seus navios, sob pena de expô-los "a perdas dobradas". Lembrou, também, estar doente um terço do Exército sob suas ordens, ou seja, 10 mil homens, incluindo os feridos, e, ademais, recordou a perda de oficiais, que partiram para o Rio de Janeiro por motivo de doença ou "pediram demissão por fraqueza de espírito para suportarem as fadigas da guerra". Sobre esse aspecto, em sua resposta datada de 22 de julho, o ministro da Guerra concordou que se alguns oficiais se retiravam do Paraguai por doença, outros, "em não pequeno número", o faziam por não suportarem as durezas da guerra. Em outras palavras, fugiam ao seu dever, atitude que era tolerada por falta de condições políticas ou interesse em obrigá-los a ficar e lutar, enquanto soldados dos estratos mais pobres da população não tinham essa alternativa. Nessa retirada de oficiais, Osorio tinha sua parcela de responsabilidade, pois poderia ter sido mais exigente na concessão de licença por motivos de saúde, para impedir fraudes, como o fez Caxias ao assumir o comando-em-chefe poucos meses depois.

Osorio estava com problemas de saúde desde o Uruguai e eles se agravaram em decorrência da longa marcha até o Paraguai, onde, ademais, ficou exposto às intempéries climáticas, embora já tivesse 58 anos de idade. Em 26 de abril de 1866, requereu ao ministro da Guerra que, para a eventualidade de ter que se afastar por motivos de saúde, fosse designado um general para substituí-lo. Para essa função foi nomeado o general

Polidoro da Fonseca Quintanilha Jordão, que chegou a Corrientes no final de junho. Osorio escreveu-lhe em 3 de julho, solicitando sua ida a Tuiuti, pois estava tão doente que não podia andar a pé e a cavalo: "Custa-me infinito montar e apear; tenho um fastio enorme e diz-me o médico que é inflamação do estômago, o que, junto à perna inchada, faz uma boa dose de sofrimento". O problema com a perna, que persistiria no futuro, surgiu durante o ano de 1865, ao percorrer o acampamento logo ao amanhecer, com o terreno gelado, e, ainda, por montar por muito tempo o cavalo.

Quintanilha Jordão, pensando que a guerra chegava a seu final, respondeu à carta de Osorio instando-o a "ainda fazer algum sacrifício". Argumentou que sua retirada, além de impedir que se tornasse o general vitorioso do Exército imperial, poderia gerar desconfianças nos aliados. Francisco Octaviano de Almeida Rosa, por sua vez, enviado especial do Império ao Prata e que também estava em Corrientes para avaliar a situação, fez um apelo a Osorio:

> [...] faça ao Brasil o sacrifício de completar a obra que tão dignamente encetou. Agora que tudo se prepara para V. Exa. colher o último louro, por que retirar-se? Ademais, a malignidade pode querer explicar o seu passo ou por inimizade ao Porto Alegre ou porque o governo imperial me mandou com o Polidoro para arredá-lo do Exército. Nossos aliados podem de boa ou má-fé interpretar assim a resolução de V. Exa. e então o Polidoro irá lutar com dificuldades, que V. Exa. não encontra, sendo como é estimado por eles. Tenha paciência. Carregue a cruz até o fim.

A retirada de Osorio trazia riscos não só militares, de comprometer o ânimo da tropa brasileira, mas também políticos, podendo ser interpretada pelos aliados argentino e uruguaio como resultado de desavenças no governo imperial sobre o encaminhamento da guerra. Os apelos de Polidoro e Almeida Rosa eram inócuos, na medida em que Osorio não necessitava pensar na glória, pois já a tinha, e esclarecedores quanto à ilusão que se tinha de que a guerra não seria longa. O fato, porém, é que Osorio necessitava se retirar porque, ao contrário dos falsos pretextos de outros oficiais para irem embora da guerra, a sua saúde estava verdadeiramente alquebrada.

Em 15 de julho Osorio passou o comando do 1º Corpo de Exército em Operações contra o Paraguai a Quintanilha Jordão. Em Corrientes, ele foi inspecionado por três médicos da Marinha imperial e Tamandaré comunicou ao governo que o estado de saúde do general "foi julgado gravíssimo". O parecer da junta médica era de que ele deveria tratar-se no ambiente familiar e, em 20 de julho, ele partiu para o Rio Grande do Sul. Partia após ter organizado e treinado o Exército que invadiu o Paraguai e desempenhou papel decisivo na destruição da capacidade ofensiva paraguaia, com a vitória em Tuiuti. Após essa batalha, Francisco Solano López tinha condições de defender-se mas não mais de se impor ao Exército aliado.

Em 28 de julho de 1866, Pedro II nomeou Osorio para a Grã-Cruz da Ordem de Cristo, como recompensa à sua atuação nas batalhas de 2 e 24 de maio. Em 4 de agosto, o general chegou a Pelotas e de diferentes pontos do Rio Grande do Sul recebeu manifestações de apreço. Tinha uma perna inchada até a virilha e escreveu ao filho Fernando:

> Peço-te por Deus! Que não leves muito tempo nos [estudos] preparatórios e que só penses em estudar, pois estou doente e pobre e por isso é preciso que os filhos economizem porque o general doente não tem gratificação e o soldo apenas chega para pagar a casa e os mestres dos filhos.

Somente no final de agosto, com a perna menos inchada, embora tivesse uma ferida, Osorio conseguiu levantar-se da cama e dar alguns passos. Escreveu a Fernando carta em que sintetizava sua situação financeira, sua percepção dos políticos e explicava o motivo da desaprovação de que seus filhos fossem militares:

> O Adolpho [filho] vai amanhã para a estância de que é preciso cuidar porque não me chega o dinheiro para sustentar a família e nem posso fazer a farda de marechal e a licença que me deram para tratar-me [da saúde] não diz com que vencimentos e por isso o pagador há dois meses que nada me paga. Vou fazer 43 anos de serviço e eis o que tenho ganho e a razão por que não quero que meus filhos sejam soldados. [...]
>
> Meu filho — economia e estudo — não te importe [com] mais nada; muito respeito aos lentes [professores] e às suas opiniões; aos políticos ouve só muito e como quem não entende o que ouve; a época é tal que até as boas maneiras e comportamentos excitam [fazem] inimigos.

No Paraguai, o Exército aliado imobilizou-se em frente a Humaitá, desmoralizando-se com a falta de iniciativa. Seus homens morriam vítimas de franco-atiradores e, principalmente, por doenças, enquanto seus chefes não chegavam a um acordo para prosseguir a guerra. Mitre desejava implementar o plano aprovado anteriormente, de o Exército aliado e a Esquadra imperial avançarem sobre Humaitá. Contudo, Tamandaré se recusava a movimentar seus navios, apresentando diferentes pretextos que ocultavam o verdadeiro motivo, que era o de acreditar que Mitre desejava destruí-los, expondo-os aos canhões dessa fortaleza. Pensava o almirante que o plano desse presidente era o de, terminado o conflito, a Argentina dominar o Prata, sem que o Império tivesse recursos navais para se opor. Na realidade, Mitre era fiel à aliança, não tinha outro objetivo que não o da vitória sobre López e se esforçava para executar um plano que, afinal, fora decidido em conjunto com Osorio e Flores.

Somente em setembro de 1866 os generais aliados decidiram por um ataque de grande envergadura contra Curupaiti. Essa fortificação paraguaia estava localizada a pouco mais de cinco quilômetros abaixo de Humaitá, era circundada por um fosso de quatro metros de largura por dois de profundidade e defendida por 4 mil a 5 mil soldados e noventa canhões. Tamandaré comprometeu-se a destruir a artilharia inimiga para, em seguida, o Exército aliado atacar e, com essa finalidade, em 22 de setembro de 1866 a esquadra brasileira bombardeou Curupaiti durante horas. A artilharia desta, porém, permaneceu ilesa pois, por estarem nove metros acima do nível do rio, as bombas brasileiras caíram além da fortificação, devido ao ângulo de tiro dos navios. Como resultado, os 20 mil atacantes, com os efetivos de argentinos e brasileiros praticamente equivalentes, receberam fogo de grosso calibre e eram alvos fáceis, pois avançavam lentamente devido ao lamaçal em que se transformara o terreno, causado pela chuva da noite anterior. O número de mortos aliados nessa batalha é polêmico, algo entre 4 mil e 9 mil homens, divididos igualmente entre brasileiros e argentinos. Os paraguaios não tiveram mais do que cem mortos.

A retumbante derrota em Curupaiti expôs as divisões do comando aliado e inviabilizou de vez a relação entre Mitre e Tamandaré; as desavenças dos chefes aliados tornaram-se insustentáveis. Consciente da gravidade da situação, o governo imperial, chefiado por Zacarias de Góes e Vasconcellos, tomou decisões drásticas: unificou o comando brasileiro; nomeou o marquês de Caxias para o cargo de comandante-em-chefe do Exército brasileiro no Paraguai e substituiu Tamandaré pelo vice-almirante José Ignácio no comando da esquadra.

O comando era um sacrifício pessoal para Caxias, já sexagenário e sem nada a ganhar no plano pessoal, ao contrário, teria que recuperar a capacidade de combate de um Exército que vinha de fragorosa derrota, encontrando-se desorganizado e desmoralizado. Sua nomeação foi possível graças à postura de Zacarias de priorizar as necessidades da guerra sobre questões partidárias e de substituir Silva Ferraz, no Ministério da Guerra, por João Lustosa da Cunha, marquês de Paranaguá, que tinha boas relações com Caxias. Também foi demitido o presidente do Rio Grande do Sul, Pereira da Cunha, adversário não só de Caxias como também de Osorio.

Por indicação de Caxias, em 18 de outubro Osorio foi nomeado, interinamente, comandante das armas do Rio Grande do Sul e, dois dias depois, comandante-em-chefe do 3º Corpo de Exército que seria formado na província. Osorio encontrava-se em Pelotas, restabelecendo-se, e não foi consultado sobre as nomeações. Caxias escreveu-lhe comunicando que partia para o Paraguai "com plenos poderes", com a finalidade de terminar com as intrigas entre os chefes militares brasileiros. Comunicou que sua primeira medida "foi acabar com os intermináveis conselhos de guerra que o Ferraz inventou, para arredar os inimigos das posições que se achavam" e que buscava conseguir reforços para o Exército em operações, sendo seu objetivo obter, em dois meses, mais 16 mil homens. Tirando conclusões do que ocorrera até então na guerra, afirmou que ela seria feita mais por infantaria e artilharia do que por cavalaria, instruindo Osorio a armar a força que ia organizar com clavinas e treiná-la a pé e a cavalo. Desse modo, ela poderia atuar mesmo quando os cavalos não estivessem disponíveis ou não pudessem ser usados.

Pela primeira vez nas guerras travadas nos países platinos, o combate a cavalo deixava de ser a arma decisiva. A cavalaria era, até então, utilizada com toda a sua força, para atacar a grande velocidade e se impor ao inimigo, destruindo sua capacidade de resistência. No choque entre cavalarias, utilizavam-se clavinas e, principalmente, pistolas e, nesse caso, com a espada pendurada no pulso, arma esta para o enfrentamento direto com outro cavalariano. Contudo, as características do terreno, pantanoso e com mata cerrada, e do sistema defensivo de Humaitá inviabilizavam o uso da cavalaria nesses termos. Daí as instruções para que, no 3º Exército em formação, os cavalarianos também pudessem combater a pé.

No início de novembro, Osorio recebeu ofício do ministro da Guerra com a instrução de, assim que estivesse em condições de saúde, seguir para o lugar indicado por Caxias para organizar o 3º Corpo. Estava autorizado a convocar oficiais que estivessem por responder ao Conselho de Guerra e cujos processos ficariam suspensos, confiando o governo imperial "que nessa luta de dignidade nacional desapareçam as dissensões e rivalidades políticas". Havia urgência em organizar o novo corpo de Exército, pois, escreveu Caxias a Osorio de Montevidéu, a situação no teatro de guerra era tão delicada que "precisamos andar muito unidos e ligeiros", para não desperdiçar o sangue já derramado "por tantos brasileiros". O novo comandante brasileiro escrevia que Osorio devia curar a perna, reunir gente e, em linguagem somente possível entre amigos, ir-se preparando, "pois para montar a cavalo quase uma perna só é suficiente".

A organização do 3º Corpo de Exército foi tarefa difícil. Osorio enviou ordens aos chefes da Guarda Nacional e outros oficiais para mobilizarem homens, enquanto os diferentes jornais gaúchos se manifestaram contra, sob o argumento de que a província não dispunha mais de gente para tanto e que se queria fazer a guerra somente com gaúchos. Por outro lado, os inimigos políticos de Osorio que ocupavam cargos públicos boicotaram seu esforço, acobertando os que se refugiavam nos matos do interior para não serem alistados. O próprio comandante da Guarda Nacional em Porto Alegre, o marechal reformado Luiz Manoel de Lima e Silva, tio de Caxias e muito popular na milícia, nada fez para enviar os destacamentos chamados para o Paraguai. Comandantes da Guarda Nacional estimulavam seus homens à deserção, como forma de eles mesmos não terem de ir para a guerra à frente de suas unidades; a Junta de Saúde da capital dispensava convocados e, entre os que afinal eram convocados, muitos simplesmente desertavam.

Em dezembro de 1866, Osorio solicitou ao ministro da Guerra que o governo tomasse medidas para superar a falta de cooperação por parte de autoridades gaúchas e acusou o Executivo provincial de prejudicar a mobilização militar. A resposta do marquês de Paranaguá foi de uma infelicidade ímpar, ao comunicar que o visconde de Porto Alegre — foi elevado de barão a esse título pouco antes — recebera licença de um mês do Exército no Paraguai para tratar de interesses particulares no Rio Grande do Sul e que, por ser muito influente na província, solicitara-lhe auxílio no esforço de mobilização do 3º Corpo. Osorio respondeu que o ministro da Guerra fazia muito bem em proporcionar esse auxílio, pois Porto Alegre montara um "sistema" no Rio Grande do Sul que dava todo o poder a seus aliados "e os meus amigos têm sido para isso apeados das posições oficiais e muitos deles perseguidos pelo governo, inclusive eu mesmo". Irônico, dizia não ter grandes esperanças em obter os recursos humanos com o visconde que, afinal, "dispõe de tão pouco tempo para tratar de seus negócios particulares". Não recusava o auxílio oferecido, pois dizia sacrificar interesses políticos e mesmo a saúde no interesse da Pátria, não se preocupando que depois da vitória "torne o governo do meu país a ser o inimigo de minha dignidade militar, como tem sido mais de uma vez, esquecendo a lealdade com que sirvo para perseguir-me cortejando a minha custa interesses políticos".

Para conseguir gente teve que se locomover e, sem condições de saúde de fazê-lo a cavalo, utilizava-se de charretes e carruagens adaptadas para que pudesse manter a perna esquerda, inchada e com ulcerações, em posição de descanso. Instalou seu acampamento em Orqueta, campo à margem do Arroio Grande, que deságua no rio Santa Maria. Zacarias acabou afastando Pereira da Cunha da Presidência do Rio Grande do Sul e nomeou para o cargo Francisco Ignacio Marcondes Homem de Mello, que se reuniu com Osorio em Pelotas no dia 18 de janeiro de 1867, estabelecendo perfeita colaboração entre ambos. A partir de então, ordens foram dadas a comandantes da Guarda Nacional — Luiz Manoel de Lima e Silva foi suspenso do comando da capital —; os requerimentos de dispensas à convocação passaram a ser indeferidos; ordens inconvenientes à mobilização da Presidência anterior foram canceladas; e patrulhas prenderam desertores que se escondiam no interior. Em seu primeiro relatório à Assembléia Legislativa provincial, em 1867, Homem de Mello resumiu seu sentimento: "Atravessamos uma dessas crises supremas, em que da energia do momento pende um futuro de séculos e os destinos desta e das gerações que vierem". A frase era grandiloqüente mas seu conteúdo correto, pois, se o Exército brasileiro no Paraguai não recebesse reforços, os aliados não poderiam retomar a ofensiva e, nesse caso, as conseqüências seriam imprevisíveis.

Caxias, por sua vez, em carta escrita a Osorio do Paraguai, em 17 de fevereiro de 1867, reconheceu que encontrara mais dificuldades do que previra. Queixou-se dos que "ficavam em casa" criticando, julgando "que tudo é fácil e que a guerra pode ser feita sem gente, sem dinheiro, sem armamento e sem fardamento". Lembrou que, antes de partir do Rio de Janeiro para o Paraguai, combinara com o governo a suspensão das eleições no Rio Grande do Sul, para evitar que a luta política comprometesse o trabalho de mobilização de Osorio, mas isso demorou a ser feito, sendo elas suspensas quando as campanhas eleitorais já tinham sido iniciadas e "intrigas a elas anexas" já tinham "produzido seus efeitos". Suspensão essa, aliás, que deixou o Rio Grande do Sul sem representação na Assembléia Geral, impedindo que os liberais históricos gaúchos tivessem voz no plano nacional. Caxias também lamentou que o governo imperial tivesse demorado a retirar da Presidência da província "essa nulidade administrativa que a estava regendo", em referência a Pereira da Cunha. Escreveu, com amargura, que:

> Assim vai tudo em nossa terra e por isso é que estamos, há dois anos, a braços com uma guerra, que já estaria concluída há muito, se as nossas coisas não tivessem, desde o começo desta campanha, sido tão mal dirigidas pelos chamados políticos e diplomatas.

De Alegrete, para onde marchara após reunir apenas 1800 homens, Osorio escreveu a Caxias, em 25 de fevereiro, dizendo que devia contar com um 3º Exército de não mais de 3500 a 4 mil homens. Relatou as carências da tropa: havia só quatro médicos e o comandante da artilharia "declarou-me que não sabe ensinar coisa alguma a seus recrutas e que nunca comandou um soldado". Na mesma data escreveu a Homem de Mello temer deserções "que são hoje um mal geral" e em 4 de março, para o mesmo destinatário, informou que elas estavam ocorrendo "porque, enfim, a desmoralização na província é espantosa". Em 15 de março conseguiu reunir 3 mil homens e cinco dias depois recebeu instruções de Caxias para marchar em direção a Itapua, onde faria junção com outros 2 mil soldados do general Portinho, lá aquartelados para defender a fronteira. Pouco depois, Osorio escreveu para a esposa dizendo que estava "morto de cansado" e não cumpria melhor a missão que recebera devido, de um lado, "à desmoralização dos povos", ou seja, à falta de entusiasmo em ir para a guerra na província — aliás, em todo o Brasil — e, por outra parte, como conseqüência dos obstáculos criados por seus adversários políticos.

Em 23 de março o 3º Corpo de Exército começou a atravessar o rio Uruguai e marchou pelo território de Corrientes, rumo ao Paraguai, com pouco mais de 4 mil homens, número que aumentaria para 5400 em 18 de julho de 1867, quando cruzou o Passo da Pátria. Descontando-se os doentes e os empregados em atividades de apoio, o 3º Exército tinha, nessa data, 4788 combatentes.

Caxias estava no comando interino das forças aliadas, pois Mitre encontrava-se na Argentina e ansiava por sair da imobilidade. Mal chegou o reforço do 3º Exército, o marquês realizou o movimento de flanco, pela esquerda de Humaitá, de modo a isolar a fortaleza. No dia 22 de julho, 28137 soldados aliados marcharam de Tuiuti para Tuiu-Cuê, cerca de nove quilômetros ao norte de Humaitá. Essa tropa era composta de 21521 brasileiros, 6016 argentinos e seiscentos uruguaios; quase toda a cavalaria era do Exército imperial. A força de Osorio foi praticamente a responsável por abrir o caminho e a marcha se estendeu por cerca de sessenta quilômetros, sendo ocupada Tuiu-Cuê. Mitre reassumiu o comando em 31 de julho e o cerco foi concluído com a ocupação de Tahí, às margens do rio Paraguai, em 2 de novembro de 1867, fazendo o isolamento terrestre de Humaitá. Faltava isolá-la pelo rio e, por isso, o comandante-em-chefe ordenou à esquadra ultrapassá-la e o vice-almirante José Ignácio, que substituíra Tamandaré em seu comando, subiu o rio Paraguai, passou por Curupaiti sem problemas, mas ao chegar próximo dessa fortaleza constatou haver três grossas correntes uma margem à outra do rio, para impedir sua navegação. Fundeou, então, seus navios em uma enseada e aí permaneceu por seis meses, executando bombardeios da posição paraguaia sem maiores conseqüências. Tal qual seu antecessor, nem José Ignácio nem Caxias acreditavam ser possível a passagem das belonaves brasileiras por Humaitá e desconfiavam das intenções de Mitre, o que retardou as operações aliadas. Osorio compartilhava a convicção dessa impossibilidade, acreditando que a fortaleza seria vencida por meio do sítio terrestre que lhe era imposto.

O Exército aliado permanecera em posição defensiva por meses, desmoralizando a tropa; causando insatisfação na opinião pública de seus países e aumentando as desconfianças entre seus comandantes. A marcha de flanco significou retomar a iniciativa na guerra, evitando-se um ataque frontal, que causaria fortes perdas e possivelmente não seria vitorioso, e impondo um cerco que permitia destruir as forças paraguaias que se aventurassem para além das trincheiras do sistema defensivo de Humaitá.

López tentou evitar a consolidação desse cerco, aproveitando-se da vulnerabilidade da retaguarda aliada, o acampamento de Tuitui, pois o grosso das tropas marchara para o norte. Em Tuiuti restavam 3 mil brasileiros do 2º Corpo de Exército de Porto Alegre, dos quais não mais de 2 mil estavam preparados para o combate imediato, e 712 homens de um contingente argentino, ao qual estava incorporada a *Legión Paraguaya*, unidade composta de paraguaios antilopistas. O objetivo do ataque paraguaio era o de tomar os canhões brasileiros e obrigar as forças aliadas a recuarem para socorrer a retaguarda, evitando que se consolidasse aquele cerco. Pouco antes do amanhecer de 3 de novembro de 1867, entre 8 mil e 9 mil homens atacaram o acampamento aliado, surpreendendo civis e militares, que, ainda com roupas de dormir, eram mortos por espadas e punhais. Grande parte das tropas brasileiras e argentinas em Tuiuti, bem como os proprietários do diversificado comércio existente no acampamento, debandou em busca de refúgio seguro em Itapiru.

A infantaria paraguaia, em lugar de consolidar posição no espaço ocupado e avançar, dedicou-se ao saque, ao chegar à parte do acampamento onde havia o comércio. A cavalaria atacante teve desempenho melhor: entrou em um dos redutos aliados e obteve a rendição da tropa brasileira. Foi o general Porto Alegre que comandou o recuo para o reduto central, onde resistiu até que, às dez e meia, conseguiu fazer o contra-ataque a baioneta, juntando-se a ele forças de cavalaria enviadas por Caxias de Tuiu-Cuê. Os paraguaios que estavam na área de comércio do acampamento foram mortos às dezenas, ao lado de barricas de comida e de barris de bebida. Os demais atacantes foram repelidos, mas voltaram para suas posições com fuzis, munições, pólvora, doze canhões, víveres e grande quantidade de bens supérfluos que haviam saqueado. Os paraguaios tiveram 2734 soldados mortos e 155 caíram prisioneiros, enquanto os mortos aliados foram 294. A firmeza e a bravura pessoal com que repeliu o ataque valeram a Porto Alegre ser elevado, em 1868, a conde. A derrota nessa batalha pôs fim à possibilidade de López romper o cerco a Humaitá.

As cartas que Osorio escreve nessa época à sua esposa — Chiquinha — e aos filhos mostram permanentes dificuldades com a perna esquerda, alternando momentos de melhora com outros em que teve que ficar de cama, o que não o impediu de continuar nas atividades de comando. Em dezembro de 1867 escrevia a Fernando que "desde agosto tomo fortes medicamentos, porém as circunstâncias e os alarmes não ajudam a medicina; o cavalo está encilhado diariamente". Para se locomover, muitas vezes ele andava de charrete, com o cavalo encilhado ao lado, puxando-o pelo cabestro, para montá-lo em caso de ataque do inimigo ou para fiscalizar o cumprimento de suas ordens. Nesse final de ano, Fernando, após dois anos ausente de casa, passou o Natal com a família em Pelotas. Sua ausência era sentida pela mãe e irmãos e sobre isso Osorio afirmou, escrevendo dois anos depois, do Paraguai: "Não há remédio senão sofrer a saudade dos filhos para os educar".

Apesar das condições de sua saúde, ao escrever à filha Manoela nesse mesmo mês de dezembro de 1867, Osorio dizia que "não me esqueço da promessa de levar-te ao Rio de Janeiro quando falares bem o francês". Diante da resposta dela, de estar adiantada no estudo desse idioma, disse estar muito contente e aconselhou-a a aprender também o inglês e, por servir para o canto, o italiano. Valorizar o estudo dos filhos e estimulá-los a adquirir uma cultura formal foi preocupação constante de Osorio, embora ele próprio carecesse de ambos ou, talvez, por isso mesmo. Apesar de seu sucesso pessoal, tendo sido promovido a tenente-general em 1º de junho de 1866 e constituindo-se um mito vivo, manteve-se modesto. Reconhecia-se inculto, lamentava essa condição e não se via como exemplo a ser seguido pelos filhos.

No plano militar, as cartas de Osorio nesse retorno ao Paraguai demonstram sua satisfação pelo desenrolar das operações militares, a compreensão com as dificuldades da Marinha de Guerra em ultrapassar Humaitá — quando o comando dela era criticado por resistir em ordenar essa operação — e a boa relação com Caxias. A correspondência também mostra que ele estava consciente da importância de permanencer adiante do 3º Exército, o que explica sua recusa, nos momentos em que se agravavam as condições de sua perna esquerda, de aceitar os conselhos para se afastar do comando. Em abril de 1868, escrevia à esposa que não buscava honrarias e que "ando na guerra porque sou soldado e tenho vergonha de levar à Tesouraria o meu recibo, quando o povo está nos campos de batalha", uma referência aos oficiais do Exército que conseguiam safar-se do Paraguai e recebiam os soldos no Brasil. Dizia sentir-se responsável pelos "patrícios" do 3º Corpo de Exército que trouxera para a guerra e, por isso, não iria abandoná-los em meio aos perigos dela. Também se considerava velho, com pouco tempo de vida, e raciocinava que se não podia deixar herança material, dizendo não ter dinheiro e que a estância não tinha grande valor, ao continuar na guerra deixaria um nome digno: "Os filhos já estão grandes e não lhes quero deixar com a pobreza a desonra; não faço caso dos foros de grandezas com que os bobos se exaltam, mas a dignidade para mim vale tudo".

Em 14 de janeiro de 1868 Mitre partiu definitivamente para Buenos Aires, transferindo, no dia anterior, o comando-em-chefe aliado a Caxias. Dias depois, o visconde de Porto Alegre, doente, se retirou para o Rio Grande do Sul, substituindo-o no comando do 2º Exército o general Argolo, enquanto o 1º Corpo de Exército passou a ser comandado pelo general Victorino. Em abril desse ano Osorio foi elevado a visconde por Pedro II, o qual, em junho, nomeou-o para a Grã-Cruz da Ordem de São Bento de Aviz. No mês anterior, em maio, comemorou seus sessenta anos de idade à frente de Humaitá e escreveu à esposa que, "como não tive a fortuna de jantar contigo", passara a data com seus ajudantes-de-ordens, sob o som dos tiros dos canhões da fortaleza. Nessa ocasião, seus oficiais ofereceram-lhe um almoço e em um brinde Osorio improvisou a seguinte quadra:

Pela Pátria em Pátria alheia
Sofrendo a dor da saudade,
É desta dor lenitivo
Dos amigos a amizade

Nessa ocasião, em carta para a esposa, Osorio descreveu a situação militar: Humaitá estava perfeitamente sitiada; López carecia de homens e estava convocando crianças acima de dez anos de idade e até velhos com setenta anos, "gente [que] não poderá com a nossa que está gorda e passa bem e já sofre poucas doenças". Não podia, contudo, prever quando acabaria a guerra, devido ao desconhecimento e características do terreno, que "é o nosso maior inimigo".

Havia motivo para esse otimismo, pois além da falta de recursos por parte de López, em fevereiro de 1868 a Esquadra imperial tinha finalmente ultrapassado Humaitá, isolando-a também por água. Os navios navegaram, inclusive, até a baía de Assunção, em missão de reconhecimento. A ultrapassagem foi feita sem perdas para os navios encouraçados, demonstrando que afinal Mitre estivera certo na polêmica que travara com os chefes militares brasileiros sobre a necessidade e a viabilidade dessa operação. Como conseqüência, López retirou-se da fortaleza e, em 22 e 23 de março, em uma manobra brilhante, cerca de 10 mil paraguaios evacuaram suas trincheiras externas, passando para o Chaco, território do outro lado do rio Paraguai; outros 3 mil permaneceram defendendo a posição. O ditador paraguaio recuou para trás do rio Piquissiri e construiu novas fortificações, instalando, pouco depois, seu quartel-general mais para o interior, nos montes, nas Lomas Valentinas.

Em julho de 1868 ocorreu um confuso ataque brasileiro a Humaitá que marcou o início do desgaste nas relações entre Osorio e Caxias. Na madrugada do dia 16 desse mês, o marquês foi informado de que canoas carregadas de gente da fortaleza atravessavam o rio Paraguai e desembarcavam no Chaco. Caxias resolveu bombardear Humaitá e, em seguida, enviou Osorio para fazer um reconhecimento armado, testando a defesa inimiga e, se fosse o caso, continuar a ação em ataque para tomar a fortaleza. Se esse ataque ocorresse seria feito por três pontos, envolvendo o 2º e o 3º Corpo de Exército, as forças argentinas e uruguaias e a esquadra.

Osorio dispunha de cerca de 6 mil homens em colunas, levando material para atacar as trincheiras, e marchou para o lado norte de Humaitá. Apenas 1700 brasileiros a cavalo entraram em ação, divididos em colunas, com esse comandante à frente, e avançaram a passo de trote. Foram detidos na primeira trincheira pelas bocas de lobo, armadilhas que engoliam os cavalos, ao mesmo tempo que 46 canhões paraguaios faziam fogo, causando grande mortandade. Osorio manteve o sangue-frio que o caracterizava, reorganizou suas forças e continuou no ataque, participando da luta a ponto de ter seu cavalo morto. A pé, ele pegou uma espingarda e matou um soldado paraguaio que municiava uma peça de artilharia, pondo em fuga os companheiros do morto com outros dois tiros, enquanto o ponche que vestia foi perfurado por várias balas. Dois meses depois, visitando os campos de batalha do Paraguai, o cônsul inglês em Santos, Richard F. Burton, relatou que, por nada ter acontecido a Osorio em diferentes combates, enquanto vários de seus cavalos foram atingidos, os soldados criaram a lenda de que ele tinha "o corpo fechado" e que, depois dos combates, "sacode o poncho para as balas caírem".

Após uma hora de ataque a Humaitá, Osorio comunicou a Caxias ter sofrido pesadas perdas, sem ter ultrapassado "os primeiros obstáculos". De acordo com a versão do general gaúcho, o marquês o teria, então, instruído para agir como achasse melhor, mas em seguida recebeu ordem de se retirar. Já a ordem do dia nº 237 do Exército, de 28 de julho, afirma que Caxias deixou a critério do comandante do ataque resolver se recuava ou se avançava e que, caso decidisse continuar o ataque, o marquês marcharia em seu apoio. À esposa, Osorio escreveu que recebeu ordem de retirar e que o fez de forma organizada, tendo mais de mil homens fora de combate, dos quais duzentos mortos. Parabenizado por colegas pela coragem e habilidade demonstrada na ação, ele respondeu que não podia aceitar felicitações, pois, pela primeira vez em sua carreira, deixava um campo de batalha sem contar os cadáveres do inimigo nem enterrar seus companheiros mortos. Na realidade, já vivera essa situação anteriormente, em Sarandi, na Guerra da Cisplatina.

Essa ação contra Humaitá, considerando sua duração e perdas, foi mais do que um reconhecimento, tendo adquirido o caráter de ataque frontal. Foi uma operação inútil, pois dela nada resultou de positivo para os aliados. Posteriormente, discursando no Senado, Caxias recusou qualquer responsabilidade sobre o ocorrido, relatando que estava observando o ataque sobre uma torre de madeira, quando um ajudante-de-ordens de Osorio chegou e comunicou, gritando, que esse general "mandava dizer que tinha grandes perdas, que o inimigo fazia resistência tenaz" e que esperava instrução para avançar ou recuar. Caxias, segundo seu relato, gritou de volta que deixava a decisão a critério desse general, "mas que reflita que, depois de ter-se chegado à escarpa de uma bateria, tendo de retirar, naturalmente perderá mais gente do que avançando".

Osorio, por sua vez, também no Senado, mas em 1877, afirmou que não podia dizer se Caxias tinha ou não dado a ordem para ele retirar-se, mas que podia, sim, afirmar com segurança que a recebera do seu ajudante de campo, major Francisco Silveira, como tendo sido dada pelo comandante-em-chefe. Silveira, por sua vez, em carta de 24 de março de 1871 reafirmou que Caxias lhe mandara transmitir a ordem de que Osorio se retirasse em ordem e não deixasse feridos para trás. Pela convicção dos testemunhos e considerando-se o contexto da batalha em andamento, com barulho de tiros, gritos e agitação, conclui-se que a retirada foi resultado de um equívoco, e não de ordem de Caxias ou decisão de Osorio. A resposta do comandante-em-chefe não deve ter sido entendida corretamente pelo citado ajudante de campo.

O certo é que o episódio deixou feridas, habilmente exploradas por lideranças liberais, que passaram a apresentar Osorio como vítima de Caxias, porque este o veria como um rival. Para o coronel e historiador J. B. Magalhães, Caxias teve parcela de responsabilidade nos acontecimentos, ao não dar ordens suficientemente completas e tendo acionado as tropas do general Argolo e as argentinas de Gelly y Obes, de forma condicional para apoiarem Osorio, caso este passasse do reconhecimento para a ação de tomar a fortaleza. E, de fato, essa é a conclusão ao se ler a descrição do acontecimento feita pelo general Gelly y Obes a Bartolomé Mitre, em que diz que Caxias ordenou um reconhecimento sem dar instruções precisas sobre até onde poderia ir essa operação. Conforme esse relato, as forças de Argolo avançaram e as argentinas também, mas esse general brasileiro ordenou a retirada por crer que Osorio não decidira pelo ataque. Este, porém, seguiu em frente, sob verdadeira chuva de balas de artilharia e de fuzis pela frente e pelos flancos. Apesar das pesadas perdas, silenciou três canhões inimigos diante de si e sustentou o combate até receber ordem de recuar; "os que saíram ilesos é como se tivessem nascido de novo". Essa carta confirma que no Exército aliado acreditava-se que o ataque fora suspenso devido a ordem de Caxias.

Cercados, sem meios de defender Humaitá, os paraguaios receberam ordens de López de evacuá-la. A retirada para o Chaco começou à meia-noite de 24 de julho e foi concluída durante a tarde desse dia, sem que os aliados percebessem. No dia seguinte, as sentinelas aliadas notaram haver apenas um ou outro soldado inimigo na fortaleza. Osorio fez novo reconhecimento e entrou em Humaitá, levando os últimos paraguaios a se retirarem, embarcando em canoas para a outra margem do rio Paraguai. Dias depois Osorio escreveu à esposa dizendo crer que a guerra acabara, mas equivocava-se, pois o conflito ainda se estenderia por quase dois anos.

Pouco depois, em setembro, Richard F. Burton conheceu pessoalmente Osorio. Encontrou-o em uma choupana de palha, conversando com amigos, usando chinelos e sofrendo "de uma afecção nos ossos" que o impedia de locomover-se por conta própria. Burton ficou imediatamente bem impressionado com Osorio, quer por ser cumprimentado de forma militar, quando outros oficiais tinham se comportado mais como civis (e eram em grande parte), quer por sua cordialidade, que "fez-me gostar dele imediatamente". Descreveu-o como um homem robusto e imponente, com olhar jovial, apesar da barba e dos cabelos brancos, "e feições puras e elegantes [que] transmitem a mais franca e mais afável das expressões".

Burton esteve com Osorio de manhãzinha e, apesar do horário, um ordenança trouxe para ambos uma caneca de gim, dose repetida em seguida. Osorio disse-lhe que, apesar da "condição de aleijado" — "uma nuvem passou-lhe pelo semblante" quando disse isso —, não deixaria o Paraguai antes do final da guerra e previu "grandes dificuldades" com a luta se dando acima do rio Tebicuari. Era uma afirmação premonitória, pois foram sanguinolentos os combates ao norte desse ponto, travados em dezembro de 1868, em um dos quais o próprio Osorio foi ferido.

A queda de Humaitá praticamente coincidiu com a mudança de governo no Brasil, onde, em 16 de julho, caiu o Gabinete de Zacarias. Este encontrava-se enfraquecido desde o início de 1868, quando Caxias pediu demissão do cargo de comandante-em-chefe, cansado de ter seu desempenho atacado pela imprensa liberal no Rio de Janeiro e por acreditar ter perdido a confiança do governo. Zacarias se propôs a renunciar para manter Caxias no comando-em-chefe e o Conselho de Estado optou pelo marquês, frente à consulta de Pedro II sobre qual das duas demissões deveria aceitar. Não foi necessário fazer essa opção nesse momento, mas Zacarias saiu enfraquecido, pois a oposição explorou o incidente para desprestigiar o governo.

Pedro II faria tudo para manter Caxias no Paraguai, e Zacarias, por sua vez, enfrentava crescente dificuldade política; ambos queriam o fim do governo, por motivos diferentes, e buscavam pretexto para tanto. Este foi dado quando Zacarias chamou de "desacertada" a escolha, pelo imperador, na lista tríplice de candidatos a ocupar vaga de senador pelo Rio Grande do Norte, de Torres Salles Homem. Salles Homem liderara, em 1862, a derrubada do efêmero Gabinete presidido por Zacarias e sua nomeação para o Senado serviu para Pedro II forçar a queda do Gabinete, e, de outro lado, para Zacarias retirar-se altivamente, em lugar de enfrentar desgaste crescente. A Câmara era dominada pelo Partido Liberal e, por não ter havido conflito entre ela e o Gabinete que saía, esperava-se que algum político liberal fosse encarregado de organizar o Ministério. Surpreendendo a todos, Pedro II chamou o visconde de Itaboraí, do Partido Conservador, para presidir o Conselho de Ministros. Esse ato do imperador, contrariando a rotina da política brasileira, causou desilusão e, mesmo, questionamento do regime monárquico, facilitando o desenvolvimento das idéias republicanas.

A volta dos conservadores ao poder reaproximou liberais históricos e progressistas, que haviam tido atritos freqüentes a partir de 1862, revitalizando o Partido Liberal. Aqueles que saíram do Ministério fundaram o Centro Liberal, de onde surgiu o Clube da Reforma, o qual adotou um vasto programa reformista.

Em outubro de 1868, Osorio escreveu à esposa que, se lhe perguntassem a que facção política ele pertencia, responderia que não tinha nenhuma "porque os partidos desunem os brasileiros e a desunião é a fraqueza e a derrota; depois dela, porém, sou o mesmo que sempre". Essa posição do general levou os conservadores a espalharem no Rio Grande do Sul, às vésperas das eleições gerais de 1868, que ele tinha deixado de ser liberal, por estar descontente com o surgimento do novo Partido Liberal, como resultado da fusão dos liberais históricos com os progressistas. Osorio desmentiu o boato, afirmando que essa fusão era uma necessidade resultante do novo domínio conservador. Continuava, porém, convencido de que devia dedicar-se à guerra e, com essa convicção, respondeu ao pedido de apoio do general João Manoel Menna Barreto, candidato a deputado provincial. Escreveu, em janeiro de 1869, que tinha sido "ponto de honra" não se envolver nem recomendar amigos e correligionários a cargos, mas que regressando ao Rio Grande do Sul daria todo o apoio na próxima eleição. Considere-se, contudo, que se Osorio desse apoio à distância fortaleceria os progressistas no Partido Liberal, reduzindo seu próprio espaço político, mas, se o fizesse presente no Rio Grande do Sul, teria como escolher nomes a apoiar e preservar sua liderança.

De todo modo, a nova fase em que entrou a guerra, após a queda de Humaitá, exigia de Osorio atenção que não poderia ser desviada para a política gaúcha. Caxias colocou o Exército aliado em movimento, atrás de López, o qual tentou repetir o esquema defensivo de Humaitá, construindo o forte de Angostura e trincheiras para manter a guerra de posições, de modo a desgastar os atacantes. O comandante-em-chefe brasileiro evitou a armadilha, tomando a arriscada decisão de passar com grande parte do Exército brasileiro para Chaco, em frente a Humaitá. Marchou com milhares de homens, carroças e material bélico por picada improvisada, construída com troncos de palmeiras em terreno pantanoso, e, alguns quilômetros acima, a Esquadra imperial atravessou essa tropa de volta para a margem esquerda do rio Paraguai. Com essa manobra, Caxias alcançou a retaguarda das posições defensivas paraguaias.

Osorio ficou em Palmas cuidando da passagem das tropas para o Chaco e, em 30 de novembro, recebeu ordem de Caxias de seguir por esse mesmo caminho. Assim, em 5 de dezembro o 3º Exército já se encontrava em San Antonio e no dia seguinte marchou, com os 18 600 brasileiros que compunham essa força, rumo ao sul, para atacar a retaguarda paraguaia em Lomas

OS GRANDES COMBATES DE DEZEMBRO DE 1868

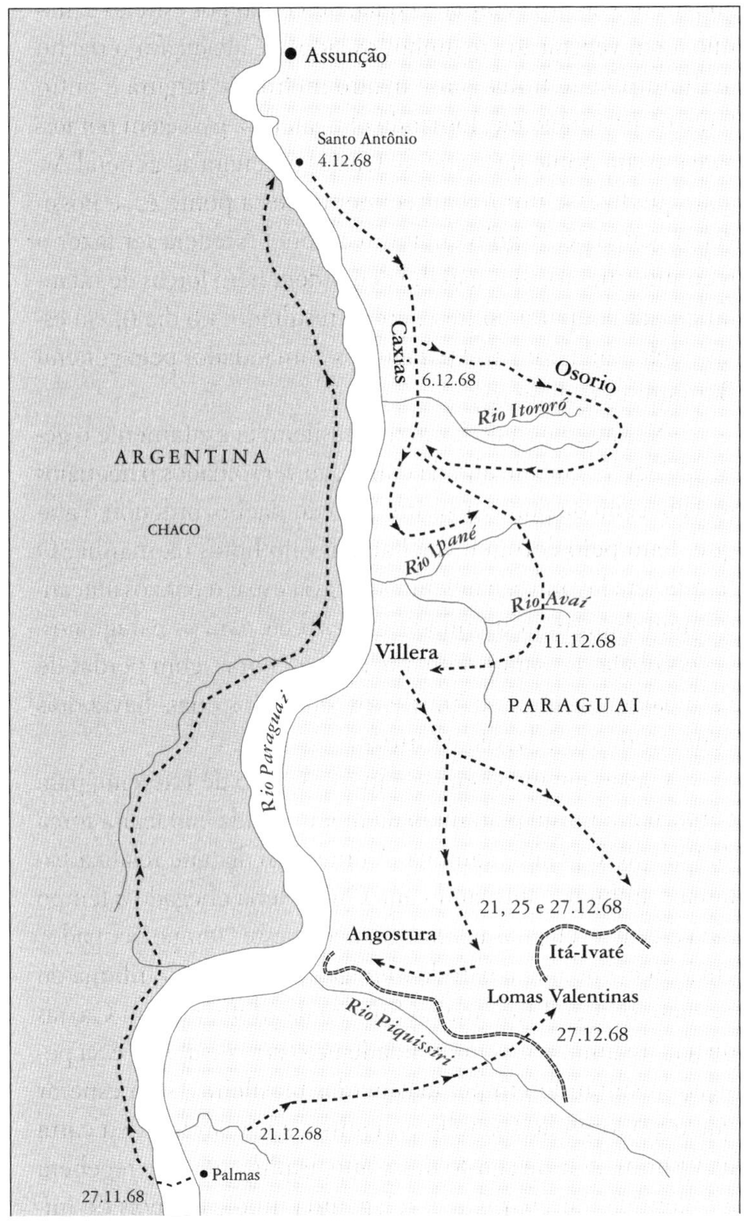

Fonte: Francisco Doratioto, *Maldita Guerra*, p. 369.

Valentinas. Seis quilômetros à frente, a coluna brasileira chegou ao alto de uma colina da qual, descendo por estreito caminho, com vegetação em ambos os lados, se alcançava o riacho de Itororó. Este tinha quase quatro metros de largura e outro tanto de profundidade, tornando obrigatória a passagem por tosca e estreita ponte de madeira. Caxias ordenara ao general Argolo que fizesse um reconhecimento dessa ponte e, se possível, a ocupasse. Argolo enviou o coronel Niederauer fazer o reconhecimento, mas não lhe deu ordem nem forças de infantaria para ocupar a ponte e, como resultado, no dia 6, ela estava defendida por 5 mil paraguaios comandados pelo general Bernardino Caballero.

Na vanguarda do Exército brasileiro ia exatamente o general Argolo, que, do alto da colina, ao ver soldados paraguaios na cabeceira da ponte no outro lado do riacho, ordenou o ataque, feito pelo coronel Machado às oito horas da manhã. O terreno era favorável à defesa, não havia espaço para os atacantes manobrarem, tornando-os alvos fáceis para os paraguaios. Os combates cessaram somente às treze horas, com perdas de 1200 paraguaios e 1806 brasileiros, dentre os quais havia dois generais mortos, Argolo e Gurjão.

Caxias enviou Osorio, com o 3º Corpo de Exército, para contornar a ponte pelo meio da mata cerrada e atacar a força de Caballero pela retaguarda. A ordem do dia que relata a batalha é ambígua, afirmando que Osorio teria chegado a tempo para atacar a retaguarda inimiga, não tivesse "tempo ocupado" em vencer "pequena partida inimiga". Em 1870, na tribuna do Senado, o liberal José Inácio Silveira da Motta acusou Caxias de não assumir a responsabilidade pelo erro de atacar essa posição, resultando em pesadas perdas brasileiras, sem esperar que o 3º Corpo de Exército concluísse sua marcha. Leu carta de Osorio, de 1º de agosto desse ano, explicando que recebera a ordem de marchar para a retaguarda inimiga depois de iniciado o primeiro ataque a Itororó e que estava na metade do caminho quando o combate terminou.

Caxias encontrava-se presente e reconheceu que enviou Osorio depois de iniciado o combate. Acrescentou que, para tanto, se fiara nas informações do guia paraguaio de ser de dez quilômetros o caminho a ser percorrido até a retaguarda de Caballero, quando na realidade era o dobro. Naquela manhã de 6 de dezembro, Caxias não sabia que o 3º Exército teria que marchar vinte quilômetros, mas mesmo que soubesse não teria podido esperá-lo concluir sua marcha, pois a vanguarda das forças brasileiras, após quatro horas de combate, começara a debandar. Posteriormente, o marquês disse a Osorio que continuou o ataque com a força principal, sem esperá-lo chegar à retaguarda inimiga, por temer ser derrotado frente ao desânimo mostrado pela tropa imperial. Também esse aspecto foi confirmado por Caxias no debate do Senado, esclarecendo que esperara "tempo suficiente" para que Osorio marchasse os quase dez quilômetros previstos e que "se eu não atacasse logo, desmoralizava-se a tropa". Caxias desceu a colina e, com a espada em riste, "gritando 'vivas' ao Imperador e ao Brasil", lançou-se sobre a ponte, tendo seu cavalo sido morto pelas balas, assim como vários homens que o acompanhavam; sobreviveu por sorte. Desse modo, conseguiu que a tropa que fugia se voltasse e o acompanhasse, passando a ponte e vencendo os paraguaios em combate a baionetas. Meia hora depois, chegou o 3º Exército.

A confusão causada pela ordem do dia de Caxias resultou, na realidade, na sua tentativa de defender a memória de Argolo. Este parece ter se antecipado em avançar sobre a ponte do Itororó, iniciando um combate que Caxias não pôde suspender, sob pena de perder o controle de uma tropa que tinha se amedrontado. Ademais, as ordens do dia dessa época eram redigidas pelo dr. Sebastião Dias da Motta (nenhum parentesco com o senador), que se preocupava mais em exaltar a figura de Caxias do que em ser fiel aos acontecimentos. "Aliás", alerta J. B. Magalhães, "nos documentos dessa natureza, como o *Diário do Exército* e outros redigidos nessa época, é notório conterem-se muitas inexatidões".

De todo modo, o certo é que em Itororó houve, do lado brasileiro, uma mortandade que poderia ter sido evitada e causou uma segunda perturbação nas relações entre Caxias e Osorio, a ser explorada por lideranças liberais, inconformadas com a perda do poder para o Partido Conservador.

Após a derrota em Itororó, o general Caballero se instalou, com as forças remanescentes, a seis quilômetros de distância, na localidade de Villeta. Esta era, desde o desembarque em San Antonio, o objetivo de Caxias, que planejava atacá-la pela retaguarda, evitando as trincheiras defensivas voltadas para o rio Paraguai, ocupando-a para utilizá-la como ponto de concentração do Exército imperial.

López, porém, antecipou-se e ordenou ao general Caballero interceptar a marcha de Caxias para Villeta. Isso ocorreu no dia 11, em terreno levemente ondulado, cortado pelo riacho do Avaí, onde se travou outro combate, com cinco horas de duração. Caballero contava com cerca de 5600 soldados e dezoito canhões, e esse local lhes era adverso, pois podiam ser facilmente contornados e cercados pelos brasileiros, que eram três vezes superiores em número. Os paraguaios foram derrotados e tiveram 3 mil mortos, enquanto os brasileiros apenas 297.

A batalha de Avaí foi travada sob torrencial chuva e Osorio iniciou a ação, atacando o centro da linha paraguaia, dividindo-a em duas e tomando a artilharia inimiga. Os soldados brasileiros fraquejaram e ameaçaram debandar, levando Caxias a descer de seu ponto de observação para contê-los e Osorio, agitando a lança na mão direita, a se deslocar pela linha de frente da sua tropa, dando ordens rápidas. Quando a vitória já estava definida, Osorio foi ferido por um tiro de fuzil, dado por um paraguaio trepado em uma árvore; a bala atravessou-lhe o rosto, de cima para baixo, partindo-lhe o maxilar inferior esquerdo, derrubando-o. Ele voltou a montar a cavalo, mas o sangue jorrava e, como não podia estancá-lo, passou a galope por todas as linhas, com o rosto semi-escondido pelo poncho enrolado, dizendo "carreguem, camaradas, acabem com esse resto...". Em seguida, sem condições físicas de permanecer na frente, ele ordenou que sua carruagem passasse pelo meio da tropa brasileira, precedida de batedores, como se nela estivesse, despertando o entusiasmo dos soldados.

Durante anos, no dia 11 de dezembro, veteranos da Guerra do Paraguai compareceram perante a estátua de Osorio, no Rio de Janeiro, para depositar flores. A batalha do Avaí foi retratada em quadro monumental de Pedro Américo. O pintor gastou cinco anos para concluí-lo, entregando-o em 1877, ao custo de 118 contos de réis, pagos pelo governo imperial. Seu valor artístico causou polêmica, sendo criticado por aqueles que defendiam a superioridade do quadro *A batalha de Guararapes*, de Vitor Meirelles, além de se questionar sua fidelidade histórica.

Devido ao grave ferimento, Osorio não participou dos combates em Lomas Valentinas, entre 21 e 27 de dezembro, quando o Exército paraguaio foi destruído, mas López escapou, o que levou a guerra a se estender por mais de um ano. Osorio foi transportado para Villeta e, em seguida, para Assunção, a qual foi ocupada por tropas brasileiras em 1º de janeiro de 1869. A capital encontrava-se deserta, pois fora evacuada por ordem de López, e foi saqueada por soldados brasileiros, bem como por comerciantes e outros aventureiros que acompanhavam o Exército aliado. Osorio instalou-se na casa que servira de habitação ao ditador Francia e, em 17 de janeiro, recebeu licença para tratar da saúde, partindo para o Rio Grande do Sul no dia 22 desse mês. Antes dele, seguiu o próprio Caxias, que, após desmaio em missa de ação de graças na catedral dessa cidade, se retirou por ordem médica para Montevidéu, onde aguardou que o governo imperial o dispensasse do cargo de comandante-em-chefe. Também o almirante José Ignacio partiu do Paraguai por motivos de saúde, vindo a falecer no Rio de Janeiro em 8 de março de 1869.

Osorio chegou ao porto de Rio Grande em 5 de fevereiro, alquebrado, com o ferimento do rosto em ferida viva. Não houve aviso prévio de sua chegada, mas, ao correr a notícia, a população foi recebê-lo com entusiasmo e o seguiu até a casa onde se hospedou, chegando exausto, pois estava fraco. Repousou durante a tarde, mas, de noite, foi assistir a um te-déum em ação de graças por seu regresso e, terminado o ato religioso, ao sair para tomar a carruagem, a multidão desatrelou os cavalos e puxou-a até onde ele se hospedava. No dia seguinte, em meio a novas manifestações populares, ele partiu para Pelotas, onde houve outro te-déum, mas, para evitar a cena de Rio Grande, Osorio foi com a família para a igreja antes da hora marcada. Não escapou, porém, das homenagens que o constrangiam e, na saída, viu-se obrigado a subir na carruagem previamente decorada e, apesar de sua recusa, novamente os cavalos foram desatrelados e o veículo foi puxado pelo povo até sua residência.

O reconhecimento do governo imperial a Osorio manifestou-se de várias formas. Decreto de Pedro II ascendeu-o à Grã-Cruz, o maior título da Ordem do Cruzeiro, categoria limitada ao máximo de doze titulares, e foi condecorado com a medalha do Mérito Militar. O imperador também enviou um médico, dr. Francisco Pertence, para visitá-lo em Pelotas e convidá-lo para ir tratar-se no Rio de Janeiro ou na Europa. O dr. Pertence levou recado do Gabinete conservador para que Osorio "pedisse ao governo o que quisesse", mas o general respondeu que se trataria no Rio Gande do Sul, pois precisava cuidar dos negócios para pagar dívidas e atender às necessidades da família.

Na ausência de Osorio e de outras lideranças na guerra, os liberais gaúchos tinham visto sua influência reduzida, a ponto de orientarem seus eleitores a não comparecerem à eleição de janeiro de 1869. Esta era para a Câmara de Deputados e para eleger a lista tríplice para senador, devido à vaga aberta com a morte do barão de Quaraí. Fosse pela ascensão dos conservadores no Rio Grande do Sul, fosse por terem sido obrigados a manter relações militares durante a guerra, o fato é que houve uma aproximação entre Osorio e o conde de Porto Alegre.

Em 28 de fevereiro Osorio escreveu amargurado a Caxias, pois seu sobrinho, coronel Manoel Jacinto Osorio, falecera dias antes, vítima de uma gangrena resultante de uma bala de fuzil que atingiu seu joelho em combate. Nessa carta solicitou a intervenção de Caxias para o pagamento de pensão a quatro viúvas de militares pelotenses mortos na guerra "e que ficam na miséria, pois esta é a sorte das mulheres e filhos dos militares".

Enquanto isso, no Paraguai, López montou um Exército improvisado, com aqueles que haviam escapado da derrota em Lomas Valentinas, chamando pequenas unidades militares ainda existentes no interior do país e recrutando velhos, crianças e adolescentes. A maior ameaça ao Exército imperial era, porém, sua desorganização e o moral baixo da tropa, que beirava a insubordinação. Após a partida de Caxias e de outros altos oficiais, o comando interino brasileiro coube ao general Guilherme Xavier de Souza, que pouco podia fazer, pois, além de gravemente doente — locomovia-se em cadeira de rodas —, carecia de instruções de como agir. Nessa situação, foi fundamental o papel de um civil, o conselheiro José Maria da Silva Paranhos, ministro dos Negócios Estrangeiros do Gabinete conservador. O diplomata encontrava-se em missão especial ao Prata e tinha ido a Assunção para cuidar da instalação de um governo no Paraguai do pós-guerra, assim como das negociações de paz. Paranhos agiu para impor a autoridade do governo imperial às tropas brasileiras, mostrando que a guerra continuava e era necessário retomar as operações militares.

O candidato natural à sucessão de Caxias no comando no Paraguai seria Osorio, quer em obediência à hierarquia, quer por sua competência e, ainda, por sua popularidade. Ele não tinha condições físicas para assumir o cargo e os outros generais candidatos a essa função não podiam ocupá-la por motivos políticos. O Império acabou nomeando para o comando no Paraguai o príncipe Luís Felipe Fernando Gastão de Orleans, o conde d'Eu, marido da princesa Isabel, herdeira do trono. Ele tinha apenas 27 anos de idade e contava com pouca experiência militar, limitada a lutar no Exército espanhol na guerra do Marrocos, mas era bem-aceito por todas as facções políticas brasileiras. D'Eu era o único que podia conter a "debandada" dos militares brasileiros no Paraguai, escreveu o ministro da Marinha, barão de Cotegipe, para Paranhos.

Anteriormente, o conde d'Eu por duas vezes solicitara ir combater no Paraguai, mas seus pedidos foram recusados pelo governo imperial, em uma ocasião por motivos diplomáticos e, em outra, por não ficar bem subordinar o marido da herdeira do trono a alguém que não o próprio imperador e, nesse caso, seria a Caxias. Em 1869, porém, o conde d'Eu mudara de idéia e, conforme relato do general Wenceslao Paunero, representante argentino na Corte, fez todo o possível para não ir ao Paraguai, mas pressionado por Pedro II "viu-se forçado a aceitar" a chefia das forças brasileiras. A própria princesa Isabel pediu ao pai que não enviasse o marido à guerra, ameaçando ir junto, mas Pedro II não cedeu.

O conde d'Eu escreveu a Osorio "para pedir auxílio na tarefa", convidando-o, ou melhor, insistindo para que o acompanhasse ao Paraguai, desejo também manifestado por Pedro II e pelo governo imperial. Não se esperava que Osorio voltasse a combater — e o fez! —, mas, sim, que sua presença levantasse o moral da tropa, recuperando sua capacidade de combate. A situação era tão crítica que o próprio Caxias comentou com Cotegipe temer que houvesse uma debandada do Exército no Paraguai, principalmente da cavalaria rio-grandense. Esta tornava-se a arma mais importante, por passar a guerra a ser travada em campos secos, propícios aos deslocamentos rápidos.

Osorio não tinha condições físicas para esse retorno, pois fora ferido havia apenas três meses e continuava com a saúde precária. Ao voltar a Pelotas, ele não conseguia movimentar o queixo, falava com muita dificuldade, tinha o rosto inchado e era alimentado por uma bomba de mate, com a qual tomava caldos e leite, feitos pela filha e pela esposa. Sofreu com dez fragmentos de osso que cresceram em meio à carne — esquírolas — das mandíbulas quebradas; por esse motivo teve que extrair quatro dentes abalados e, antes, perdera dois ao ser ferido pela bala. Quando recebeu o convite do conde d'Eu, Osorio estava um pouco melhor, alimentando-se com sopas, mingau e carne amaciada, que fazia esforço para engolir. Escreveu, então, ao filho Fernando, que continuava em São Paulo, dizendo que não poderia comandar um Exército em guerra, pois nem mesmo conseguia fechar a boca ou falar.

Nesse momento passou por Pelotas o viajante português Augusto Pinho, que se encontrou com Osorio e confirma que ele tinha o queixo imobilizado. Pinho descreve o general como homem de estatura mediana, corpulento, rosto expressivo, com olhos brilhantes e barba grisalha, a qual, juntamente com o "sobreolho carregado", davam-lhe um falso ar de mau humor. O general era "um tanto brusco" no modo de tratar, tendo um caráter severo "e, no entanto, é brando, cheio de bondade". Registra esse viajante que os soldados o idolatravam e que se contavam de Osorio "verdadeiros rasgos de abnegação pela Pátria e amor pelos seus subordinados".

Abnegação essa que o levou a atender aos pedidos vindos do Rio de Janeiro para que retornasse ao Paraguai. Em 14 de abril de 1869, Osorio escreveu ao conde d'Eu que "apesar de doente e inútil para o serviço" aceitava a missão, sob a condição de que um médico o acompanhasse. A esposa e a filha pediram-lhe para que não voltasse para a guerra, mas ele respondeu: "A Pátria ainda precisa dos meus serviços, sou soldado, tenho de cumprir o meu dever".

Na carta de 15 de abril, em que comunicou ao ministro da Guerra, barão de Muritiba, aceitar participar da guerra novamente, Osorio não se ateve a uma resposta burocrática:

> Bem a meu pesar devo fazer-lhe uma revelação, e é que a ter de ir para o Paraguai como Sua Majestade deseja e Sua Alteza, não posso prescindir de deixar, como sempre faço, o meu soldo à minha família; e não podendo por doente ter emprego [cargo comissionado com adicional ao soldo] no Paraguai, preciso que me arbitrem os meios de me sustentar e aos meus cavalos, porque V. Exa. há de saber que a minha pouca fortuna, sempre abandonada, se tem desencaminhado. Tenho dois filhos no estudo que me gastam 170$ rs. mensais e ainda estou acabando de pagar as despesas a que me obrigaram as anteriores deportações políticas, que não foram menos de quatro; e, soldado desde a infância, sem comércio, nem heranças, não uso apesar disso roubar ou extraviar os cofres públicos quando comando.

Nesse trecho encontrava-se, em boa parte, a síntese do que eram a vida e o pensamento de Osorio: a permanente preocupação com a família e em educar os filhos; o acúmulo das condições de militar e político; o respeito ao dinheiro público. Nessa mesma carta, ao dar conselhos militares, demonstrou que se afastara de Caxias:

> As operações [de guerra] são agora impossíveis porque além de outras providências convém dar mobilidade ao Exército e *vosso* [destaque do autor] amigo duque de Caxias, convencido da conclusão da guerra, teve a infeliz lembrança de ordenar, em janeiro, a diminuição da forragem com o que desmoralizou e inutilizou a cavalaria.

Caxias, porém, não se dera conta de que a relação com Osorio estava abalada e, ao saber do seu retorno ao Paraguai, escreveu-lhe em 21 de maio. Na carta, o duque mostrou-se horrorizado de que ele aceitasse voltar à guerra para atender aos pedidos de amigos. Desculpando-se pela franqueza, comentou que, nas condições físicas em que se encontrava, Osorio pouco poderia fazer e pediu-lhe para que se lembrasse de que era "um pai de família e que neste mundo, se V. Exa. perder sua vida que já tantas vezes arriscou pela pátria, quem há de realmente sentir sua falta é sua família". Finalizou a carta oferecendo sua casa "e tudo quanto é meu", caso Osorio decidisse ir ao Rio de Janeiro tratar da saúde.

Pode-se ver na reação de Caxias sob diferentes perspectivas: prova de amizade; manifestação de rivalidade por prestígio; ou, ainda, preocupação com a própria imagem. O duque estava amargurado, sentindo-se injustiçado pelas críticas a seu comando na guerra, não vendo reconhecimento pelos sacrifícios que fizera e por ter destruído o poder militar inimigo. Enquanto isso, Osorio era popular, não recebia críticas sequer dos conservadores e regressava ao Paraguai sem ter se recuperado totalmente do ferimento. Isso quando Caxias se retirara de lá exatamente por estar doente e os críticos desse ato poderiam querer compará-lo com o sacrifício do general gaúcho. Talvez essas preocupações passassem pela mente do duque, mas o certo é que, até esse momento, ele devotava amizade ao antigo subordinado e se preocupava com sua sorte.

Em meados de maio Osorio seguiu para o Paraguai. Seu navio fez escalas em Montevidéu e em Buenos Aires, onde o general hospedou-se na casa ocupada por José Maria da Silva Paranhos, que, na sua missão diplomática, se deslocava entre Assunção e a capital argentina. Nesta Osorio foi recebido festivamente e homenageado com dois banquetes, ambos realizados no Hotel de la Paix, especialmente decorado para a ocasião. Um foi oferecido pela colônia brasileira na cidade, em 23 de maio, e, outro, no dia seguinte, por Bartolomé Mitre, general Gelly y Obes e Anarchasis Lanús, comerciante que enriquecera como fornecedor do Exército imperial. Na primeira noite havia uma multidão do lado de fora do hotel e, quando Osorio desceu da carruagem, aclamações "enchiam o ar e se repetiam de quarteirão em quarteirão", segundo o jornal *The Standard*. Simultaneamente, uma banda tocava o hino nacional brasileiro.

Nesse primeiro banquete estavam presentes, além dos brasileiros que o promoviam, o presidente Sarmiento, outras autoridades do governo argentino, o ex-presidente Mitre e militares que haviam combatido no Paraguai. Em seu discurso, Sarmiento afirmou que Osorio era um nome associado à conquista da liberdade na Argentina, pois "lutou conosco para colocar abaixo a tirania", em referência a Rosas. Disse que reis e imperadores podiam condecorá-lo com títulos nobiliárquicos e distinções, coisa que ele, chefe de Estado republicano, não poderia fazer, mas "eu, como representante do povo argentino, lhe dou o título que está à nossa disposição, a única distinção que a nação pode conferir: lhe ofereço a cidadania da República Argentina".

O segundo banquete coincidiu com o aniversário da batalha de Tuiuti. Mitre discursou associando a trajetória militar de Osorio com a conquista da luta pela liberdade na Argentina. Paranhos respondeu em nome do general, que continuava impossibilitado de falar, elogiando Mitre, "cujas idéias elevadas tendem a fazer desaparecer para sempre as preocupações entre as duas nações que devem ser amigas", em referência à antiga rivalidade entre a Argentina e o Império. Houve outros discursos e, em meio a eles, Osorio se conteve e fez uma curta intervenção lembrando os que lutaram pela liberdade na Argentina.

Na tarde de 6 de junho, um domingo, com o queixo seguro por um lenço preso no alto da cabeça e acompanhado de um médico, Osorio chegou de trem a Piraju, onde se encontrava o quartel-general aliado. Na estação esperavam-no o conde d'Eu, que assumira o comando-em-chefe dois meses antes, e, formado para parada, o 1º Corpo de Exército, cujo comando assumiu. Osorio foi recebido com entusiasmo pelos soldados, a ponto de romperem as regras de disciplina, saírem de forma, correrem e cercarem-no, na tentativa de cumprimentá-lo.

O visconde de Taunay, secretário do conde d'Eu, anotou que Osorio ainda sofria com o ferimento, continuando a alimentar-se com líquidos e comidas moles; para falar, amparava o queixo com as mãos, em forma de concha. Ainda assim o general mantinha o bom humor e divertiu-se com o fato de o carioca Taunay não compreender, no primeiro contato, sua fala, uma mistura de português e "espanhol agauchado". Aproveitou para brincar com o ar imberbe de Taunay, que tinha 26 anos de idade, e disse-lhe:

> O doutor deve ir já a Assunção. Chegou ao porto um buque [barco] carregado de patilhas [costeletas falsas] para quem não as tem. E veja que o Manoel Luis [seu sobrinho e amigo de Taunay] não o piale [engane].

Na primeira ordem do dia, datada de 7 de junho, Osorio estimulou os soldados a continuarem a luta, pois "os males da guerra, como esta que nós pelejamos, cimentam os benefícios da paz. Um último esforço, camaradas, e teremos concluído o nosso sacrifício de honra". Em 30 de junho, reuniram-se d'Eu, Osorio e o comandante da força argentina, general Emilio Mitre (irmão do ex-presidente), para decidirem os rumos da guerra. A opinião de Osorio foi decisiva para optar-se pela idéia apresentada por Mitre, a de se atacar López, que se encontrava na serra próxima, pela retaguarda, avançando a maior parte do Exército aliado pelas vilas de Valenzuela, Peribebuí e Caacupé. No início de julho, o Exército aliado contava com 33 507 homens, sendo 28 507 brasileiros, 4 mil argentinos e mil uruguaios, e para buscar López na cordilheira marcharam 21 090 homens, dos quais 19 190 brasileiros.

As condições de saúde de Osorio não melhoraram. Em 2 de julho foram-lhe extraídas, da ferida no rosto, duas esquírolas e, no dia seguinte, ele desmaiou, chegando a perder a pulsação — "estive morto por alguns minutos", escreveu —, antes de ser reanimado. Ainda assim, dois dias depois participou da tomada da trincheira de Sapucaí, instalada em uma picada, cercada de mato alto. Osorio queria atacá-la de frente, afirmando que seria facilmente tomada, enquanto o conde d'Eu contrapunha não haver motivo para perder inutilmente soldados. Taunay assistiu ao seguinte diálogo entre ambos:

> É um instante [...]. Vossa Alteza verá.
>
> Mas [...] é que se chama atacar o touro pelas aspas [chifres]! — replicou o conde.
>
> Qual touro [...], isto não passa de uma vaca velha — contestou Osorio.

Predominou a decisão do príncipe, abrindo-se picadas que atingiram as extremidades da trincheira, evitando o ataque frontal. Desse modo, os brasileiros tiveram apenas cinco feridos na tomada da trincheira, enquanto seus defensores se retiraram, passando por Valenzuela e seguindo para Peribebuí. Logo em seguida inchou uma perna de Osorio e também o rosto, em virtude de um abscesso, que foi aberto por seu médico.

Em 7 de julho os dois corpos do Exército aliado entraram em Valenzuela, que estava deserta e, no dia 10, atacaram a vila de Peribebuí. Sua defesa era constituída por 2,5 quilômetros de trincheiras, dezoito canhões e 1800 pessoas — soldados, velhos, mulheres, adolescentes —, enquanto os atacantes eram cerca de 21 mil. A desproporção de forças, superior a dez para um, não deixava dúvidas sobre o resultado da batalha e não haveria, portanto, necessidade de Osorio expor-se ao combate, nas condições de saúde em que se encontrava. Ainda assim, montando um cavalo branco, ele seguiu na vanguarda do 1º Corpo de Exército, com o qual foi o primeiro a entrar em Peribebuí. Os defensores da vila lutaram valentemente durante duas horas e, carecendo de armamento, jogaram todo tipo de projétil sobre os soldados aliados, como pedras, tijolos, pedaços de madeira, vidro etc. O general Manuel Menna Barreto foi atingido por tiro de fuzil e morreu minutos depois. Ao tomar conhecimento do fato, o conde d'Eu, enfurecido, ordenou a degola dos prisioneiros, a qual somente teve fim graças à interferência do general Mallet.

Nesse ataque, um canhão inimigo apontado a curta distância para Osorio negou fogo duas vezes. De charuto na boca, como era seu hábito, ele ordenou a um cabo que o acompanhava "mata aquele homem", apontando para o sargento paraguaio que tentava fazer o canhão disparar e que foi morto em seguida, com tiro de espingarda. Nessa ocasião, Osorio, apesar do cargo de general e dos problemas de saúde, ajudava pessoalmente a colocar pranchas de madeira sobre um fosso, de modo a permitir ao 1º Corpo avançar sobre o inimigo.

Após Peribebuí piorou a saúde de Osorio, a ponto de não poder permanecer sobre o cavalo. Solicitou, então, licença para retirar-se para o Brasil, mas o conde d'Eu permitiu apenas sua retirada para Assunção e, no trajeto até esta, foi extraído do rosto do general um pedaço grande de osso e novas esquírolas apontavam para dentro da boca. Osorio era um homem de sorte: armas apontadas contra si falhavam; balas inimigas poupavam-no, enquanto matavam seus cavalos e acompanhantes; e sobrevivia a um ferimento que tinha tudo para desencadear uma septicemia e matá-lo. Em 16 de setembro escreveu à esposa que estava melhorando e que não queria continuar no Paraguai, mas que o conde d'Eu lhe pedira, pessoalmente, que o acompanhasse e, acrescentou, "não tenho remédio senão continuar um pouco mais". Reassumiu o comando do 1º Corpo, o que mereceu uma carta indignada da esposa, censurando-o.

As atividades de Osorio no Paraguai foram criticadas por Paranhos, o qual se encontrava em Assunção, atuando para conter a influência argentina no país no pós-guerra e instalar um governo provisório paraguaio. Além dessa atuação diplomática, Paranhos participava das discussões militares e via em Osorio um militar valente, mas sem pensamento estratégico. Escreveu ao barão de Cotegipe, em agosto, que o conde d'Eu era muito influenciado pelo general gaúcho, cujas "lentas precauções e errôneas previsões" responsabilizou, injustamente, pela falta de maior ação brasileira na cordilheira. Comentou que em Osorio o "mérito real é somente a bravura e [suas] aspirações políticas muito influem em seu procedimento atual" e que, apesar de estimá-lo, constatava que "está perdido pelos aduladores e não é amigo de nossas instituições". Na realidade, as motivações políticas também influenciavam nessa crítica, vindas de um ministro de um governo conservador que via a guerra ser concluída por chefes militares liberais, além de o próprio conde d'Eu ser simpatizante do Partido Liberal. Certamente Osorio tinha muitos aduladores, mas não influenciaram na sua atuação na guerra e, quanto à insinuação de que era simpático à idéia republicana, passado pouco mais de um ano, Paranhos se deu conta de seu erro. Opinou, então, que esse general era "homem de ordem, reconhecido às provas de consideração que tem recebido do governo imperial e acessível às inspirações da prudência e do cavalheirismo".

A saúde de Osorio se agravou e o conde d'Eu não pôde dessa vez negar-lhe licença para retirar-se para o Rio Grande do Sul. Partiu do quartel-general do Exército, em Capivari, acompanhado pelo médico e alguns oficiais, chegando em 1º de dezembro a Assunção. De lá embarcou imediatamente para o Rio Grande do Sul, no transporte de guerra *Alice*, com escala em Montevidéu. Ao partir, não sabia, porém, que a esposa falecera em 4 de novembro, em Pelotas, vítima de um acidente vascular cerebral. Seu féretro foi acompanhado por mais de 2 mil pessoas e, na ocasião, navios a homenagearam; o comércio fechou e o povo trajou luto. Osorio tomou conhecimento da morte de sua Chiquinha ao chegar à capital uruguaia e foi nesse momento que escreveu a poesia "Como viverei sem ti?":

Desde esse fatal momento,
Que a tua vista perdi
Abismado na tristeza
Como viverei sem ti?

Cuidados consumidores,
Só no meu peito senti
Se só com o ver-te me alegro
Como viverei sem ti?

Quanta ausência custaria
Certamente não previ
Hoje por ti suspirando
Como viverei sem ti?

Como esposa amante e terna
Sempre teus passos segui!
Hoje a longa distância
Como viverei sem ti?

6. A dedicação à política

Em 15 de dezembro de 1869, Osorio desembarcou no porto de Rio Grande e, no mesmo dia, seguiu para Pelotas. O governo imperial enviou novamente o dr. Francisco Pertence para examiná-lo, o qual constatou haver melhoras na sua saúde, o que permitiu ao general contornar a pressão para ir se tratar no Rio de Janeiro. Para evitar essa ida, respondeu ao dr. Pertence:

> Não posso [...] eu careço estar aqui para cuidar de alguns interesses que tenho e que têm estado abandonados com a minha ausência na guerra. Tenho, até aqui, me entregado ao serviço da Pátria, agora que ela mais não precisa, devo cuidar dos filhos, e trabalhar para lhes deixar alguma coisa. Estou velho, preciso aproveitar a vida que me resta.

O presidente do Rio Grande do Sul, João Sertório, enviou a Osorio carta elogiosa e sugeriu que fizesse "um passeio pela Europa", argumentando que isso seria bom para recuperar sua saúde e para distraí-lo, depois da morte da esposa. Demonstrando transmitir mensagem do Império, afirmou estar seguro de que este forneceria os recursos financeiros necessários para a viagem e que, "por delicadeza", não os oferecia diretamente.

Fosse ou não sincero o oferecimento, o fato é que seria politicamente conveniente ao governo que o convite fosse aceito. Afinal, Osorio era, à exceção de Pedro II, o brasileiro mais popular e esse fato era desconfortável para o governo conservador. Este ainda não estava seguro de ser Osorio fiel à Monarquia, assim como tinha dúvidas sobre a lealdade das tropas que voltavam do Paraguai, com a guerra aproximando-se do fim. O velho general, porém, não se mostrou interessado em ir para a Europa, assim como não utilizou seu prestígio no Exército contra os conservadores na disputa política.

Em 3 de janeiro de 1870, Pedro II elevou Osorio a marquês do Herval. Era um importante reconhecimento por seus serviços, sendo que, nesse ano, 239 pessoas portavam o título de nobreza no Império do Brasil, das quais 36 o de visconde e apenas onze o de marquês. O brasão de marquês do Herval, mandado confeccionar por Osorio, contém o desenho do que, em heráldica, se chama "leão passante", na cor prata, tendo na garra direita uma espada, significando o chefe militar atirando-se ao combate.

Em março de 1870 Osorio foi para a estância de Arapeí, acompanhado da filha Manoela, e, nos primeiros dois meses no campo, não pôde montar a cavalo, devido ao inchaço da perna esquerda. A fazenda, escreveu ao filho Fernando, estava em mau estado, após permanecer "quase abandonada por dez anos". Com a ajuda de amigos comprou 2 mil cabeças de gado e mais terras, ampliando a estância, fazendo, para tanto, dívida de 44 contos de réis com amigos, com destaque para José Antônio Moreira. Esse português de nascimento chegou ao Brasil em 1817 e, instalado no Sul, tornou-se um muito rico estancieiro, recebendo o título de barão de Butuí em 1873.

Como resultado dos empréstimos tomados, escreveu Osorio para Fernando, "estamos pobres", prevendo melhora da situação em dois anos, se não houvesse contratempo. Em julho o general voltou a Pelotas, com a saúde ainda precária, sendo obrigado a extrair mais um dente, o sexto, e ainda sem poder mastigar. Escreveu a Fernando que, como conseqüência das dívidas, não poderia ir ao Rio de Janeiro para ser homenageado, pois "na Corte é preciso gastar-se dinheiro, principalmente na minha posição". Ao político liberal Francisco Ignacio Homem de Mello, escreveu que não podia ir à Corte devido à saúde, mas também porque "preciso trabalhar para sustentar a educação dos filhos e netos e não posso fazer despesas com passeios, por mais agradáveis que me sejam e aos amigos".

Osorio se mantinha cético quanto a obter outro reconhecimento que não honrarias, pelos muitos serviços prestados ao Império brasileiro. Esse sentimento decorria das agruras do passado, bem como do fato de o general não ter sido eleito senador em vagas abertas em Minas Gerais e no Rio Grande do Sul, embora não tivesse feito esforço para eleger-se. Contudo, equivocava-se, pois mesmo seus adversários políticos passaram a admirá-lo e, em setembro de 1870, foi-lhe concedida pensão no valor de seis contos de réis anuais, soma considerável que se adicionava aos vencimentos anuais, de quatro contos e oitocentos mil-réis, que Osorio recebia como general.

Paranhos escreveu a Osorio dizendo saber que ele arriscara a vida nas guerras sem pensar nesse tipo de recompensa. Mas, brincando com o título de marquês do Herval do general, acrescentou:

como os seus *hervais* não são abundantes, esse auxílio, conquanto diminuto, deve ser bem acolhido por V. Exa., porque prova ao menos homenagem ao seu grande merecimento. Se precisa ir à Europa e quer ir abra-se com franqueza, porque V. Exa. sabe que sou devoto de grandes servidores sem olhar para a sua cor política.

Não, o velho e rústico general não desejava ir à Europa, nem para tratar de sua saúde, nem para fazer turismo. Ademais, mesmo se o desejasse e apesar das circunstâncias excepcionais, aceitar uma missão qualquer na Europa, confiada por um Gabinete conservador, o enfraqueceria politicamente no Partido Liberal.

A Guerra do Paraguai terminou em 1º de março de 1870, com a morte de Francisco Solano López na batalha de Cerro Corá. No Exército imperial houve uma subscrição para mandar fazer uma espada de honra que seria oferecida a Osorio. O coronel Deodoro da Fonseca foi encarregado de mandar confeccioná-la, o que foi feito no Rio de Janeiro, na oficina de ourivesaria de Manoel Joaquim Valentim, famoso à época por seus trabalhos desse tipo e, quatro meses depois, estava pronta. A espada custou vinte contos de réis — quase cinco anos de soldo de um general —, era de ouro, cravejada com 109 brilhantes, continha relevos feitos por Facchinetti, Vitor Meirelles e Pedro Américo, com as inscrições "O Exército ao bravo Osorio", "Campanha do Paraguai" e "Passo da Pátria, Tuiuti, Humaitá e Avaí".

Faltando duas semanas para a cerimônia em que receberia a espada, Osorio ainda não tinha farda formal para usar na ocasião. Não a mandara confeccionar anteriormente por medida de economia, pois buscava conter ao máximo os gastos pessoais, para poder sustentar a família, uma vez que ainda não lhe fora concedida a pensão anual. De Pelotas ele seguiu para Rio Grande e, daí, foi para a capital gaúcha no navio

Guaíba, enviado para buscá-lo pela comissão encarregada dos festejos. Ao chegar a Porto Alegre, em 30 de julho, o *Guaíba* foi recebido por barcos embandeirados e por mais de 6 mil pessoas no cais, que ovacionavam o general. O cortejo com Osorio, precedido por duas bandas de música e um piquete de cavalaria, seguiu até a catedral, onde se realizou um te-déum, parando várias vezes no trajeto, para lhe serem recitadas poesias e receber flores. Nessa noite houve baile e a casa do cunhado, onde se hospedou, foi iluminada com luz elétrica, então uma raridade, com as pessoas se apinhando diante dela, enquanto duas bandas se alternavam tocando músicas.

Em 6 de agosto foi realizada a cerimônia da entrega da espada, no Campo do Bonfim, onde se construiu um galpão especialmente para a ocasião. Acompanhado por várias personalidades, Osorio saiu à tarde, a cavalo, do palacete do cunhado e dirigiu-se a esse local. Percorreu ruas cheias de gente, sob flores que lhe eram atiradas das janelas dos sobrados, e, no Campo do Bonfim, cerca de 8 mil pessoas o aguardavam. Foi recebido com salvas de artilharia, e o coronel Deodoro da Fonseca entregou-lhe a espada de honra, fazendo breve discurso. Na resposta, Osorio disse que a recebia "pelos serviços que prestei à Pátria, à aliança e à liberdade na América", e atribuiu suas vitórias no Paraguai ao patriotismo e à bravura do Exército que comandara. Em seguida houve a simulação da batalha de Tuiuti e nos dias posteriores ocorreram outras homenagens; em 9 de agosto o general retornou a Pelotas.

Examinando a espada de honra, Osorio disse à filha que a lâmina de aço não tinha fio e que ia mandar amolá-la, pois "um homem não sabe quando precisa das armas". Manoela argumentou que aquela era uma arma de festa, ao que respondeu o general que "deixemos disso; com estas coisas não se brinca".

Osorio não necessitaria usar novamente as espadas, pois o Império do Brasil não mais participou de guerras e a figura do general deu lugar para a do líder político liberal. Em 1869, como foi visto, o conde de Porto Alegre se aproximou de Osorio, buscando a reconciliação política entre parte dos liberais progressistas — alguns foram para o Partido Conservador — e históricos, a qual estava consolidada no início de 1870. Em 5 de janeiro desse ano, Osorio escreveu a Porto Alegre e apresentou um verdadeiro programa político para os liberais. Afirmou que deviam ser reformadas as leis que, aos poucos, tinham desvirtuado a Constituição, "fazendo-nos retrogradar para o despotismo [...] pela centralização que mata o espírito público". Defendeu uma maior "moralidade" dos políticos que, ao chegarem ao poder, mudavam de posição, deixando de lado os interesses e direitos do povo. Propôs a reforma das instituições, como a garantia de independência da Magistratura e o fim do uso da Guarda Nacional como instrumento dos que ocupavam o poder para nele permanecerem. A lei eleitoral, disse, funcionava para impedir o exercício da liberdade e a verdadeira representação da maioria, assim como o fisco, o Exército e a polícia eram usados politicamente. Criticou a falta de uma política que incentivasse a imigração e propôs que o trabalho escravo devia receber "o princípio da solução", que era o ventre livre, pelo qual seriam considerados livres os filhos de escravas. Também defendeu o ensino livre, a liberdade religiosa e reformas no funcionamento dos municípios. Lembrou que era oposição desde 1838, quando "comecei a pensar nos males do meu país", e finalizou:

> Desejo Sr. Conde que o Império do Brasil se regenere, porque se no meio de tanta desmoralização resvala a Monarquia da América, nós que desde a infância a temos ajudado a defender veremos o resto dos nossos dias nadando em sangue e a Pátria anarquizada pelos maus costumes.

A reconciliação entre as duas correntes liberais gaúchas deu nova vida ao Partido Liberal, estreitamente vinculado aos interesses dos proprietários de terras. Parte das bandeiras liberais foi, porém, arrebatada pelo Gabinete conservador presidido por José Maria da Silva Paranhos, já visconde do Rio Branco, que governou durante quatro anos, a partir de 7 de março de 1871. Foi o Gabinete de maior duração na história do Império e um dos mais dinâmicos, promovendo a modernização da infra-estrutura de comunicação do país e implementando um programa de reformas anteriormente defendido pelos liberais. Atendia-se, assim, à demanda crescente na sociedade por mudanças e esvaziava-se parte das reivindicações do Partido Liberal. Uma dessas iniciativas reformistas foi a Lei do Ventre Livre (1871), que superou o imobilismo conservador diante do crescente questionamento da escravidão, embora da forma como foi redigida somente a longuíssimo prazo poderia levar ao fim esse regime de trabalho. Outra reforma, de 1873, foi a da Guarda Nacional, que reduziu seu uso político ao proibir que fosse utilizada em serviços do governo e impondo que fosse convocada somente uma vez por ano, com prazo mínimo de dois meses antes ou depois da eleição, para evitar que seus comandantes coagissem subordinados e eleitores. Nova reforma, de 1874, pôs fim ao recrutamento militar forçado, substituído pelo sorteio universal de homens entre dezenove e 25 anos de idade, para servirem nas forças armadas por seis longos anos. Nesse caso, porém, as inúmeras exceções autorizadas pela lei resultaram que os soldados continuaram a ser aqueles de origem pobre e os politicamente desprotegidos.

Os liberais, capitaneados por Zacarias, fizeram dura oposição ao Gabinete de Rio Branco. No Senado os liberais se opuseram às reformas, sob o argumento de que elas pretendiam apenas contemporizar a solução dos problemas, quando, na realidade, estavam em harmonia com suas reivindicações anteriores. Para Joaquim Nabuco, "o pano das reformas era fornecido pelos liberais" e, nele, o alfaiate conservador, Rio Branco, talhava com "largueza", mas o Partido Liberal, "em vez de exultar, dizia-se roubado, pleiteava as suas patentes de invenção, suas marcas de fábrica".

No Rio Grande do Sul, entre 1869 e 1872, os conservadores dominaram a Assembléia Legislativa gaúcha, com os liberais sendo representados por somente um deputado, Carlos Thompson Flores. Ademais, o presidente, indicado pelo governo central, também era do Partido Conservador. Em dezembro de 1871, o conde de Porto Alegre escreveu a Osorio, chamando-o de "cidadão mais prestigioso do Brasil" e consultou-o sobre se os liberais deveriam participar das eleições que se aproximavam. A dúvida decorria sobre se era ou não viável enfrentar o domínio da política nacional e provincial pelos conservadores, superando as pressões que exerciam sobre a oposição liberal gaúcha. Osorio respondeu positivamente e, para discutir as formas de atuação, ele e outras lideranças liberais se reuniram na capital gaúcha. Nessa ocasião, em ambiente exaltado, Gaspar da Silveira Martins perguntou a Osorio se o Partido Liberal podia contar com ele e sua influência no meio militar para, se necessário, resistir pelas armas à ação dos conservadores. Ele respondeu da mesma forma que o fizera quando, em ato político anterior, Henrique d'Avila fizera apologia da revolução armada: usara sua espada nos campos de batalha para defender o Brasil, mas "nunca a desembainharei no meio da paz para derramar o sangue dos meus compatriotas".

Nas eleições provinciais de 1872 os conservadores gaúchos estavam divididos internamente. Havia a corrente dos "puros", que sempre pertencera ao Partido Conservador, e a de antigos liberais progressistas que nele ingressou pela recusa em se conciliar com os liberais históricos. O Partido Liberal, por sua vez, estava unido e, com o fim da Guerra do Paraguai, todas as suas lideranças encontravam-se na província. Como resultado, os liberais venceram a eleição para a Assembléia Legislativa, na qual recorreram aos mesmos recursos dos governistas: clientelismo, pressão sobre o eleitorado por parte de filiados que ocupavam cargos públicos e compra de eleitores.

Osorio era, a essa altura, mais do que um herói de guerra: tornara-se um mito. Essa condição facilitou a projeção de sua liderança política para além da região Sul gaúcha, contribuindo para a vitória dos liberais, e fortaleceu sua projeção social. Membro ativo da loja maçônica Honra e Humanidade, de Pelotas, em 1873 foi elevado do grau 18 para o 33, o maior da maçonaria, a qual tinha importante influência na vida social gaúcha e, como no resto do país, era anticlerical e defendia a sociedade laica. A condição financeira de Osorio não acompanhou, na mesma proporção, sua ascensão social, pois ainda em 1875 dedicava grande tempo a sua fazenda no Uruguai, queixando-se do "mau estado" dos seus negócios, que o obrigavam a permanecer em Arapeí.

Essa condição de estancieiro no Uruguai, bem como a de militar que travara todas as guerras do Império no Rio da Prata, dava a Osorio bons motivos para manter-se atento à tensão que havia nas relações entre a Argentina e o Brasil. Terminada a guerra contra Francisco Solano López, a diplomacia imperial, dirigida pelos conservadores, agiu para conter a influência dos argentinos sobre o Paraguai, por temer que este deixasse de ser país independente e fosse incorporado à Argentina. Assim, o Império assinou, em 1872, um tratado de paz em separado com o Paraguai, rompendo, na prática, a Tríplice Aliança, gerando tensões com a Argentina e, em alguns momentos, pareceu que haveria guerra entre os antigos aliados.

Osorio acreditava que sem o apoio do Uruguai a Argentina não se atreveria a um conflito com o Império. Pensava ser conveniente para o Brasil manter esses dois países afastados entre si "e contarmos com a guerra mais tarde ou mais cedo". Essa opinião coincidia com a política externa do Partido Conservador, que, desde o final da década de 1840, procurara isolar a Argentina, na realidade Buenos Aires, no Prata e considerava praticamente inevitável uma guerra dela com o Império.

No plano regional, a atuação de Osorio foi importante para manter a unidade liberal, ao apoiar Gaspar da Silveira Martins na polêmica deste com o barão de Mauá. Entre 1855 e 1866, Mauá fora deputado pelo Rio Grande do Sul, embora não voltasse para a província e quase não desse atenção às tarefas legislativas, dedicando-se aos múltiplos empreendimentos empresariais, que o tornaram o brasileiro mais rico dessa época e permitiram-lhe financiar os liberais gaúchos. Rio Branco, ao ascender ao poder, maçom como ele e seu amigo, estimulou-o a voltar à Câmara dos Deputados, o que ocorreu em 1872.

O deputado Mauá defendeu o reformismo do Gabinete, desencadeando contra si a ira de Silveira Martins. A origem disso foi um discurso de Mauá sobre uma manifestação desse seu colega, contrária ao governo, dela discordando e afirmando que Rio Branco executava reformas que, por anos, o Partido Liberal defendera. E lançou a pergunta: "Devo, para derrubar este Ministério, combater as reformas que ardentemente desejo? As pessoas, os nomes próprios, valem então muito mais que as idéias?".

No debate que se seguiu, Mauá afirmou que, se soubesse que os liberais gaúchos tentariam sufocar sua consciência, não teria se candidatado a deputado pelo partido. A afirmação foi explorada pelo esperto Silveira Martins, que lançou o desafio para que ambos consultassem seus eleitores para descobrir qual dos dois não cumpria com seu dever, e aquele que não obtivesse respaldo renunciaria ao cargo. Mauá aceitou o desafio, pois caso contrário se desmoralizaria, e enviou carta circular aos 206 eleitores do 2º distrito eleitoral gaúcho. Nela expôs sua posição favorável às reformas propostas pelo governo e à defesa da liberdade nos limites estabelecidos pela Constituição.

Mauá escreveu a Osorio, afirmando que sempre estaria em desacordo com Silveira Martins e que não retirava "uma linha" do que lhe havia dito nos debates. No início da polêmica, o general encontrava-se na fazenda de Arapeí e sua notícia chegou tarde demais para que pudesse promover uma tentativa de conciliação, pois os contendores já tinham rompido relações. Osorio escreveu ao conde de Porto Alegre dizendo que pensava que Rio Branco pressionara Mauá em busca de apoio, para desmoralizar o triunfo dos liberais gaúchos na eleição e retirar força da oposição. Acusou Mauá de ter encontrado "uma solução conveniente" para seus interesses privados, o apoio do governo, obtido à custa do Partido Liberal. Osorio também enviou correspondência aos eleitores do 2º distrito, em 14 de março de 1873, na qual lembrou que apoiara Mauá, mas que este "desertou para o Partido Conservador, levado por seus interesses particulares, por isso não podemos contar mais com ele". Solicitou apoio a Silveira Martins, classificado como "verdadeiro representante das idéias do Partido Liberal".

A maioria dos eleitores se pôs ao lado de Silveira Martins, levando Mauá a renunciar ao cargo de deputado. Independentemente da motivação de Mauá em apoiar as reformas, essa crise mostrou que, afinal, os liberais faziam oposição não por princípios programáticos os quais eram contrariados pelo governo, mas sim por oportunismo político, pois para voltar ao poder tinham que derrubar Rio Branco. Buscavam, propositadamente, elevar a tensão política para que o imperador, avesso a radicalizações, destituísse o Gabinete para apaziguar a situação. Pedro II era hábil e frustrou o maquiavelismo liberal, ao substituir, em 25 de junho de 1875, Rio Branco pelo duque de Caxias na presidência do Gabinete.

Em abril do ano seguinte, esse governo nomeou Tristão de Alencar Araripe para a presidência do Rio Grande do Sul. A nova administração foi dura com os liberais, que controlavam a Assembléia provincial, agravando a tensão política entre o Executivo e o Legislativo. Em junho de 1876, em carta ao filho Fernando, Osorio afirmou que o governo nacional era "reacionário" e punha em perigo as instituições. Temia que a postura do Gabinete de Caxias levasse a uma revolução, "que eu desejei sempre evitar porque as províncias do Brasil separadas de fato e bloqueadas pela força seriam vencidas; a Nação pobre e endividada é o meio de levar-nos ao despotismo".

Os vícios de que acusaram o governo conservador, os liberais gaúchos repetiram na sua atividade política. Assim, na instalação da 17ª Legislatura da Assembléia provincial, em 1877, a Comissão de Verificação de Poder, dominada pelos liberais, cassou o mandato de nove dos treze deputados conservadores eleitos. Outro acontecimento, na eleição dessa legislatura, foi o do assassinato do líder conservador Feliciano Ribeiro, em luta travada dentro da igreja de Uruguaiana, que resultou na prisão imediata do liberal Bento Martins de Menezes, barão de Ijuí. A investigação criminal acusou-o e a Gabriel Portugal, também liberal, de mandantes do crime. Osorio foi assistir ao julgamento acompanhado de seguidores armados, alguns dos quais pagos por ele, assim como, ao que parece, também arcou com gastos de advogados da defesa. Os boatos diziam que o general não permitiria a condenação dos acusados e os conservadores acusaram-no de ameaçar com uma revolução republicana, caso esse fosse o resultado do julgamento. Esse não era o caso; pelo contrário, adotaram postura de intimidação contra o tribunal, com respaldo dos generais liberais Hipólito Ribeiro e Vasco Alves. O jornal conservador *O Riograndense* noticiou que essa ação contou com o apoio da tropa do Exército na província, o que teria causado problemas de disciplina.

Para Osorio, Ijuí era inocente, sendo vítima de adversários políticos, correligionários do governo provincial, conservador. O general o tinha em alta conta não só por ser liberal, mas também porque Ijuí o ajudara a formar o 3º Corpo do Exército e, no Paraguai, tivera "um dos mais brilhantes papéis" e dizia-se desgostoso "vendo uma matilha de cães ruins mordendo [-o] desapiedadamente". Ademais, Osorio tinha a informação de que o juiz aceitara a acusação contra Ijuí para "se fazer de forte", mas que não iria condená-lo. E, de fato, no final, apesar dos depoimentos taxativos, os acusados foram inocentados.

Com a morte do senador gaúcho Antonio Rodrigues Fernandes Braga, também em 1876, Osorio foi eleito para a lista tríplice dos candidatos a essa vaga. No Império, o senador tinha grande prestígio, por ser o cargo o apogeu de uma carreira política, ao qual se chegava após longa trajetória. A princesa Isabel, regente do trono na ausência de Pedro II, que viajara para o exterior, escolheu Osorio para o cargo em 11 de janeiro de 1877. Ele desembarcou no Rio de Janeiro em 28 de abril desse ano e instalou-se na rua Riachuelo, em um grande casarão com vários quartos e uma varanda, que dava para um pátio interno, na qual costumava trabalhar. Viúvo, agora sem grandes preocupações financeiras, podia dar-se ao luxo de viver nesse grande imóvel, onde hoje está instalada a Academia Brasileira de Filosofia. Acompanhou-o a irmã Eufrásia, viúva sem filhos e grande leitora, a qual ele costumava consultar antes de tomar qualquer decisão, fosse sobre assunto privado ou público.

Ao desembarcar, Osorio foi recebido sob ovação popular. Era figura ascendente na política nacional e, aos olhos populares, o herói militar também era o símbolo da promessa liberal de modernização da sociedade. A influente *Revista Illustrada*, dirigida por Angelo Agostini, foi feliz em sintetizar o sentimento da época em charge sobre a chegada de Osorio ao Rio de Janeiro: o rosto do general substituía o sol que surgia de manhã, trazendo um radiante novo dia.

Artur Azevedo assistiu a esse desembarque e, escrevendo em 1908, assim o relatou:

> Assisti ao desembarque e à sua entrada triunfal na cidade. Um delírio! Foi a primeira vez que vi o povo desatrelar um carro [carruagem], para conduzir um homem a pulso. Fiquei muito espantado, por ser ainda um provinciano que se espantava de tudo; mas o próprio Osorio ficou mais espantado que eu. Espantado e contrariado: protestou, pediu, suplicou e, por fim, vociferou; de nada lhe valeu tudo isso: teve que ser puxado por homens!

A carruagem foi puxada pelas ruas Direita e do Ouvidor, com dificuldade, devido à multidão que as ocupava. No trajeto até o largo São Francisco de Paula, as sacadas das casas estavam efeitadas com colchas, as mulheres agitavam lenços e jogavam flores sobre o general. O cortejo parou em diferentes ocasiões, para se pronunciar discursos em sua homenagem. Era uma manifestação verdadeiramente popular, mas também instrumentalizada pela oposição liberal, detalhe esse visível em uma das paradas, na praça do Comércio, quando Osorio entregou cartas de alforria a escravos beneficiados por uma subscrição popular para comprar-lhes a liberdade.

Festas e homenagens persistiram por vários dias, uma delas um banquete oferecido pelo Clube da Reforma, o qual aglutinava liberais progressistas e liberais históricos que constituíram o novo Partido Liberal. Nessa ocasião, Osorio reafirmou sua repulsa ao uso da força na disputa política, idéia acalentada por alguns liberais e por membros do movimento republicano. Ao discursar, ele disse que fora à guerra para servir ao país, para defendê-lo e restaurar-lhe a dignidade ultrajada, e que era esse o sentimento norteador de seu comportamento como cidadão. Declarou:

> Seria um desgraçado aquele que, depois de haver combatido com as armas da guerra o inimigo externo, pusesse depois essas mesmas armas ao serviço do despotismo, de perseguições e violência contra seus compatriotas.

Acrescentou que a força dos governos não vinha das armas, nem do despotismo e da violência contra os povos, mas sim do império da justiça, do respeito ao direito de todos e do exercício da liberdade. "O tempo é das ciências, das letras, da civilização", disse Osorio.

Em 2 de maio Osorio prestou juramento no Senado. Foi recebido pela opinião pública como pólo oposto do Gabinete conservador presidido por duque de Caxias, o qual, por sua vez, era identificado com a manutenção do *status quo* que já não atendia às expectativas reformistas de atores sociais ascendentes. Não eram mais amigos e, na posse de Osorio, Caxias não lhe estendeu a mão, embora apenas três cadeiras os separassem. Na origem desse estremecimento estavam os mal-entendidos ocorridos em 1868, durante a Guerra do Paraguai. A relação entre ambos piorou em 1870, estimulados pelos políticos, chamados pejorativamente de "casacas" pelos militares que lutaram a guerra, levando ao surgimento de rivalidade entre os dois generais.

Uma troca de cartas entre Caxias e Osorio, em 1869, deixava antever que a relação entre ambos já não era tão boa como antes. Escrevendo em agosto, Caxias se queixou, com amargura e ironia, de alguns "abissínios", termo usado para aqueles que atacavam os decaídos do poder e bajulavam os que ascendiam. Disse perdoá-los e acrescentou que, quando jovem, não sabia explicar a razão de serem os velhos egoístas, mas que, ao se tornar um deles, via que era em decorrência das "ingratidões e decepções que sofrem, no decorrer de sua longa vida".

A resposta de Osorio, escrita três meses depois, era distante, não trazendo nenhuma expressão de solidariedade ou conforto a Caxias. Foi uma resposta diplomática, em que o general gaúcho descreveu o sacrifício que fazia em continuar na guerra e queixou-se de ter sido alvo de ataques políticos a mando do próprio governo imperial. Concluiu a carta declarando-se um mau discípulo de Caxias, "porque por menos V. Exa. atirou com o ministro Zacarias na lama". Osorio se apresentava, assim, como tendo mais motivos de queixas do que o duque, ao qual ainda responsabilizou pela queda do Gabinete liberal de Zacarias. O tom e as sutilezas dessa resposta mostram que, da parte de Osorio, a relação entre ambos estava fortemente abalada.

Caxias não se deu conta disso e, em junho de 1870, voltou a escrever de forma franca e aberta a esse antigo comandado. Queixou-se das "intrigas provenientes dos serviços que caí na asneira de querer prestar ao nosso país", em referência a críticas a seu comando no Paraguai. Disse ter a consciência de ter cumprido o seu dever e aconselhou Osorio a cuidar bem do gado que possuía, por ser com ele que iria garantir o futuro dos filhos. Os títulos e comendas "com que costumam remunerar os nossos serviços, sei, por experiência própria, que não servem senão para nos tirar dinheiro das algibeiras".

Era a última correspondência franca de Caxias a Osorio. Pouco depois, em 9 de setembro, houve debate no Senado entre o duque e o liberal Silveira da Motta, que o questionava sobre decisões que tomara como comandante-em-chefe no Paraguai. Caxias incomodou-se com carta lida por esse senador em que Osorio narrava sua atuação nos ataques a Humaitá e Itororó e que diferiam dos relatos oficiais. A carta não questionava o duque, o qual, ainda assim, se molestou porque demonstrava existirem ambigüidades e imprecisões nas ordens do dia do seu comando no Paraguai.

As lutas políticas entre conservadores e liberais não contribuíram para a reaproximação entre os dois generais. Uma semana após a posse de Osorio no Senado, em 9 de maio, produziu-se esclarecedor debate entre Caxias, que ali se encontrava na condição de presidente do Conselho de Ministros, para prestar contas do governo, e o senador Zacarias. Este acusou o duque de ser a origem de artigos na imprensa que acusavam Osorio de indisciplinado, por não se ter apresentado a Caxias, que também era ministro da Guerra. Este, recordou Zacarias, não estendera a mão ao novo senador gaúcho, que "andava com dificuldades por suas moléstias".

Irritado, Caxias respondeu sem rodeios, afirmando que cumprimentou, sim, Osorio, mas que estando magoado com ele não o procurou, pois "sou mais velho, sou mais graduado e sempre fui seu chefe". Era procedente essa queixa, não apenas por ser superior hierárquico, mas porque a visita seria um gesto de cortesia de Osorio por alguém que, afinal, fora seu chefe e, inclusive, o protegera. Havia um mal-entendido entre ambos que poderia ser superado com o uso de bom senso e cuidado com intrigas. Caxias exagerou na reação, por sentir-se atacado, e Osorio não se deu conta da situação, talvez por estar inebriado pelos elogios e bajulação dos que o cercavam e pelas atenções que teve do conde d'Eu e de Pedro II. Os dois generais foram vítimas das intrigas de políticos mas também de si mesmos, até porque também eram políticos, e, assim, terminou melancolicamente uma longa amizade. O que não impediu, porém, Osorio de ser promovido, em 27 de junho de

1877, a marechal de Exército, o posto mais alto da carreira, durante o governo de Caxias.

No curto espaço de tempo em que se dedicou à função de senador, Osorio não se mostrou tão carismático como quando era chefe militar. Foi orador apenas razoável e ocupou posição modesta no Senado, encarando a nova atividade mais como uma missão a cumprir do que um instrumento de projeção pessoal e concentrou-se no estudo de projetos de lei. Sua iniciativa mais importante foi propor a construção de ferrovia unindo Porto Alegre a São Borja, justificando-a nos aspectos estratégico e econômico. Ela proporcionava uma alternativa aos portos platinos para o comércio e para escoar a produção do Sudoeste gaúcho de modo mais rápido e barato. No aspecto estratégico, a ferrovia fortaleceria a defesa do Rio Grande do Sul, ao permitir o transporte de tropas de um extremo a outro da província em caso de emergência. O trajeto que propunha mantinha os trilhos distantes o suficiente da fronteira para evitar que sofresse um ataque externo, mas perto o suficiente para permitir reforçar com tropas qualquer ponto fronteiriço vítima dessa agressão.

No Rio de Janeiro, o senador Osorio manteve-se popular e desfrutou dos prazeres da vida. Locomovia-se pela cidade em um pequeno coche, conhecido de todos, e que recebia a continência dos militares ao ser avistado nas ruas. Foi o que ocorreu, em certa ocasião, diante do edifício do Ministério da Guerra, quando a guarda perfilou-se e, para surpresa de todos, na janela da carruagem apareceu uma mulher acenando espalhafatosamente. A partir de então, por ordem de Caxias, os militares passaram a fazer continências exclusivamente a superiores e a símbolos oficiais.

Em 19 de outubro de 1877, Osorio embarcou para Pernambuco, para visitar os filhos Francisco e Adolpho, que estudavam na Faculdade de Direito de Recife. O navio em que viajava fez escalas em Salvador e Maceió e o general foi recebido com festas, sendo que na capital baiana Rui Barbosa, orador oficial da cerimônia de homenagem, disse: "No grande soldado não aplaudimos senão o grande cidadão. Sua farda é cívica, sua farda não o discrimina do povo: confunde-o com ele". Chegou a Recife no dia 27 e uma multidão o recebeu em verdadeira apoteose, desfilando por ruas embandeiradas, passando sob arcos de flores e folhas, acompanhado por bandas de música. Permaneceu em Pernambuco até 15 de novembro, período em que recebeu diferentes homenagens e então regressou ao Rio de Janeiro, partindo em seguida para o Rio Grande do Sul.

7. Poder, frustração e morte

A Câmara eleita durante o governo do duque de Caxias encerrou sua segunda sessão legislativa em outubro de 1877 e deveria retomar as atividades em maio do ano seguinte. Contudo, Caxias estava velho, doente, e seu governo não tinha o dinamismo daquele de seu antecessor, visconde do Rio Branco. A doença levou-o a pedir demissão a Pedro II, sugerindo-lhe, se não pretendesse chamar os liberais ao poder, manter os demais ministros do seu Gabinete, elevando o barão de Cotegipe para a presidência do Conselho, cargo que este, na realidade, desempenhava informalmente quando o duque se ausentava por motivos de saúde. Os conservadores governavam havia dez anos e Pedro II, diante das demandas de reforma política, retomou o rodízio partidário no poder, nele colocando os liberais, os quais, afinal, eram os que primeiro propuseram mudanças na legislação eleitoral, para permitir maior representatividade aos candidatos eleitos. Na legislatura da Câmara de 1875, os líderes do Partido Liberal haviam se manifestado a favor do voto direto e de que a exigência de renda mínima para tornar-se eleitor fosse de 200$000 réis, em lugar dos 400$000 em vigor. A essa altura o Império possuía quase 10 milhões de habitantes e, em 1874, contava com 1114066 eleitores.

Para organizar o novo Gabinete o imperador chamou o senador Cansansão de Sinimbu, um proprietário de engenho em Alagoas com imagem de político honesto e sério. Não era o candidato natural para o posto, pois não se constituía em expressiva liderança liberal, mas sua obediência ao trono dava maior confiança em Pedro II de que poderia contar com ele incondicionalmente. O imperador queria ter certeza de que a discussão da reforma política se restringiria a mudanças no sistema eleitoral, preocupando-se com que ela adquirisse uma dinâmica que levasse a uma Assembléia Constituinte, a qual poderia provocar alterações institucionais. A fidelidade de Sinimbu à Monarquia era absoluta, como ficou demonstrado na sua trajetória pública e foi ratificado após a proclamação da República. No início desta, Sinimbu, que ocupara cargos públicos importantes — senador, conselheiro e presidente do Gabinete —, encontrava-se em situação precária, sem recursos financeiros. O governo provisório republicano ofereceu-lhe, então, uma pensão mensal de 500 mil-réis, que ele recusou porque "me prescreve a consciência" e "repilo-a" por ser um "ultraje [...] à minha pobreza honrada".

Sinimbu era bem preparado intelectualmente para o desafio de governar o país. Formado em direito, como muitos senadores, se diferenciava por rara experiência internacional, pois estudara na Europa, cursando medicina legal em Paris; doutorara-se em Iena, na Alemanha, e também viajara pela Bélgica, Suíça e Itália, pesquisando temas tão variados como o regime penitenciário e o processo agrário. Essa formação não escondia, porém, o fato de que Sinimbu chegava ao poder pela vontade pessoal do imperador, prática que, em 1868, causara protestos de arbitrariedade dos liberais, então suas vítimas. Dez anos depois, eles não se constrangiam em ser beneficiados pelo que haviam classificado como ato arbitrário do monarca.

Osorio estava no Rio Grande do Sul quando ocorreu essa mudança do Gabinete e foi surpreendido com o convite para ser ministro da Guerra. Segundo João Craveiro Costa, na biografia sobre o visconde de Sinimbu, "dizem" que a concordância de Pedro II com a nomeação de Osorio teria sido uma traição do imperador a Caxias. Conforme esse autor,

> Afirmam que o grande soldado [Caxias], enfermo, recebendo a visita do imperador, pedira-lhe a mercê de não lhe dar por substituto na pasta da Guerra o general Osorio. D. Pedro II teria selado a promessa com um beijo na testa do grande guerreiro, ao despedir-se.

Costa escreveu esse comentário na década de 1930, colocando o verbo no condicional, sem dar a fonte dessa informação. Contudo, em outros trechos do livro, ele cita o filho do visconde de Sinimbu, João, como a origem de informações confidenciais. Mesmo que esse relato não seja verdadeiro, ainda assim o autor o recolheu na memória oral e seu surgimento e a persistência no tempo refletem uma realidade, a da gravidade do rompimento de relações entre esses dois generais.

O Gabinete de Sinimbu era promissor para avançar nas reformas que os liberais defendiam havia anos, ao ser composto de lideranças nitidamente reformistas. Além de Sinimbu na pasta da Agricultura e Osorio na da Guerra, compunham o Ministério Gaspar da Silveira Martins na Fazenda; Leôncio de Carvalho no Império; barão de Vila Bela nos Negócios Estrangeiros; Andrade Pinto na Marinha; e Lafaiete Rodrigues Pereira na Justiça. A nomeação deste foi um golpe de mestre de Sinimbu no Partido Republicano, pois Lafaiete tinha assinado o

Manifesto Republicano de 1870 e sua nomeação pegava de surpresa o movimento antimonárquico. Tanto foi assim que o republicano paulista Manuel Ferraz de Campos Salles escreveu, no jornal *Gazeta de Campinas*, que os novos ministros tinham valor "tanto pelo talento e pelo patriotismo quanto significam pelo seu passado nas lutas políticas".

As expectativas iniciais quanto ao novo Gabinete sofreram seu primeiro golpe cinco meses após a posse, com o abalo da imagem de Sinimbu, quando da falência do Banco Nacional, do qual fora presidente até a véspera da posse como chefe de governo. A falência foi considerada fraudulenta, em julgamento de primeira instância, e o *Jornal do Commercio* publicou artigo afirmando que "o sr. Sinimbu, primeiro-ministro brasileiro, estaria aferrolhado em uma prisão se o não salvasse o foro de senador do Império".

Os conservadores constituíam a maioria dos deputados e, embora se comprometessem a apoiar a reforma eleitoral, ainda assim Sinimbu pediu e obteve que Pedro II dissolvesse a Câmara em 11 de abril de 1878. Nas eleições para deputados, o governo usou com intensidade os instrumentos de poder contra as candidaturas conservadoras e, como resultado, na nova legislatura instalada em 15 de dezembro de 1878, todos os deputados eleitos eram liberais. Essa unanimidade foi possível porque em 1875 fora abandonado o sistema de círculos que a impedia. Pelo Rio Grande do Sul elegeram-se deputados Fernando Luis Osorio e Luis Flores, respectivamente filho e sobrinho do general Osorio. Repetiam-se, nessas eleições, as práticas de sempre: abuso de poder, clientelismo e personalismo.

Os legisladores liberais logo se dividiram sobre a implantação da reforma política. Havia os que defendiam que a eleição direta, ponto central do programa reformista de 1875, poderia ser implementada por um ato ordinário, enquanto para outros era necessária uma reforma constitucional. Esta era vista com desconfiança por Pedro II, por temer que fosse usada para pôr fim à vitaliciedade dos senadores. Para evitar riscos, o governo apresentou o projeto de reforma para ser discutido na Câmara, mas que, para ser implementado, deveria ser ratificado pelo Senado.

Na discussão da reforma entre os ministros, antes de ser apresentada à Câmara, Silveira Martins defendeu que tivessem direito de voto os estrangeiros e os "acatólicos", como eram classificados os cidadãos que não pertenciam à Igreja Católica, religião oficial do Estado. Não conseguindo que o Gabinete adotasse essa posição, Silveira Martins se demitiu do Ministério em 5 de fevereiro de 1879. Foi acompanhado nessa atitude pelo ministro dos Negócios Estrangeiros, barão de Vila Bela, que estava descontente com a falta de apoio a suas pretensões políticas em Pernambuco por parte de Sinimbu. Anteriormente, em 24 de dezembro, o ministro da Marinha, Andrade Pinto, também se demitira do governo por não ser atendido em questões políticas na sua província, o Rio de Janeiro.

Osorio não acompanhou Silveira Martins no pedido de demissão, dando início ao afastamento entre ambos que, afinal, se tornaram inimigos, ocasionando um cisma no Partido Liberal gaúcho. Posteriormente, o deputado Fernando Luis Osorio, ao defender em plenário a memória do pai, acusou Silveira Martins de usar a questão do voto dos "acatólicos" como pretexto para sair do Ministério. Disse que o antigo ministro da Fazenda, por seu comportamento rude, criara "inúmeras animosidades" com os funcionários subalternos e órgãos de imprensa, desencadeando oposição na Câmara, e fracassara em organizar as finanças públicas. O próprio Silveira Martins teria confirmado essa interpretação a Assis Brasil em 1868.

Esses fatos foram reais, mas a motivação da saída foi mais complexa. A modernização do processo político, defendida por Silveira Martins, interessava aos liberais urbanos, com os quais ele tinha vínculos, mas não tanto aos proprietários rurais, com os quais Osorio, seu padrinho político, tinha ligações estreitas. Por outro lado, o ministro demissionário tinha contatos com minorias, como os colonos alemães evangélicos, os "acatólicos", e os imigrantes recentes italianos, que habitavam o Norte gaúcho, o qual compunha o 1º Distrito Eleitoral, e representavam potenciais eleitores para Silveira Martins. Osorio, por sua vez, que tinha mais base política no sul da província, agiu norteado pelo pragmatismo, ao considerar inapropriado incluir na reforma política o voto aos "acatólicos" e estrangeiros. O Império vivera havia pouco a Questão Religiosa, que desgastara o Gabinete conservador de Rio Branco, e, se o de Sinimbu apresentasse o projeto defendido por Silveira Martins, seria retomado o enfrentamento com a Igreja Católica, enfraquecendo o governo.

Uma semana após a retirada de Silveira Martins e Vila Bela do Gabinete, Sinimbu enviou o projeto de lei sobre a reforma eleitoral à Câmara. Nele não aparecia a concessão de direitos políticos aos "acatólicos"; constava a eleição direta em lugar daquela em dois graus e alterava o artigo 94 da Constituição, passando de 200$000 réis para 400$000 a renda mínima anual para constituir-se eleitor. Esse valor vigorava, na prática, desde a reforma de 1846, quando se estabeleceu que os 200$000 réis fossem considerados por sua relação com a prata em 1824, o que representava, em 1879, 400$000 réis. Contudo, pela proposta de Sinimbu, essa quantia era a mínima necessária e o valor exato seria estabelecido em outra lei, podendo ser aumentado. Esse projeto de lei também introduzia a exigência de o eleitor ser alfabetizado, o que não constava na Constituição. Nesse momento, pouco mais de 1 milhão de brasileiros eram alfabetizados e, excluindo desse número aqueles legalmente impedidos de votar, como as mulheres, os eleitores seriam apenas 400 mil homens, o que representava 4,75%

da população livre, que era de 8419672 pessoas. O projeto tornava o processo político ainda mais elitista, partindo da premissa segundo a qual, eliminando a camada inferior dos votantes, haveria uma melhora da qualidade dos eleitores, o que, por sua vez, repercutiria na eleição dos melhores candidatos.

Osorio não defendeu mérito no projeto de Sinimbu para justificar permanecer como ministro da Guerra; pelo contrário, recorreu ao argumento das conveniências políticas e da inviabilidade da proposta do antigo ministro da Fazenda. Expôs em carta ao visconde de Pelotas, aliado de Silveira Martins, que desde a organização do Gabinete Sinimbu estava convicto da necessidade de se fazer diferentes reformas no Brasil. Destas, após considerar a opinião do imperador, o Gabinete concluiu prioritária a do sistema eleitoral, pois a representação política passaria a refletir a maioria da opinião do país e, assim, se poderia definir como seriam as outras reformas. Porém, escreveu, quando se foi elaborar o projeto de reforma, "fomos surpreendidos" com a posição de Silveira Martins e Vila Bela, exigindo que fossem incluídos temas como a naturalização dos imigrantes e direitos políticos aos "acatólicos". Os dois terminaram sendo convencidos a abrir mão da primeira exigência, mas não da segunda. Osorio escreveu que, após refletir sobre os interesses nacionais do Partido Liberal e deste no Rio Grande do Sul, resolveu não acompanhá-los no pedido de demissão. Classificou de "justíssimo" equiparar os direitos políticos dos "acatólicos" aos dos demais cidadãos, mas argumentou que a medida sofreria forte oposição por parte do Senado e da Igreja Católica. Por serem os não-católicos diminuto número, "a medida teria um valor mais de teoria que de prática", não havendo, portanto, caráter urgente e indeclinável. Além de não ver motivo para demitir-se, argumentava que se o fizesse não só deixaria os gaúchos sem representante no Ministério como não teria contribuído para "adiantar a causa dos acatólicos".

De fato, sua província fora sub-representada na estrutura do poder central e desde 1840 apenas três gaúchos tinham sido ministros, enquanto no Senado uma das três cadeiras da província era ocupada por Caxias, um carioca. Por último, raciocinou que se pedisse demissão aprofundaria a crise do Gabinete, talvez levando à sua queda, antes de os liberais terem preenchido as vagas existentes no Senado, perdendo a oportunidade de nele se tornarem maioria. Pensava que o predomínio conservador nessa casa legislativa "é hoje o maior e mais sério obstáculo às reformas pelas quais está o Partido Liberal obrigado perante a opinião pública do país". Concluiu a carta a Pelotas, dizendo que, por esses motivos, ficava no governo, embora "me teria sido mais cômodo e proveitoso sair, pois, como sabe, este posto só traz sacrifícios, desgosto e perda da minha já tão alquebrada saúde".

Osorio era sincero, pois não fazia questão de ocupar cargo no Ministério, demonstrando-o publicamente e em correspondência privada. Afirmou no Senado, em 15 de abril de 1879, que "faço minha obrigação e quando deixar de ser ministro não levarei saudades". Quanto a suas finanças pessoais, no curto espaço em que foi ministro da Guerra acumulou dívidas no valor de mais de cinqüenta contos de réis, pagos após sua morte pelos filhos com a renda obtida com a fazenda do Uruguai. Osorio chegou a colocar dinheiro do bolso para atender ao serviço público, como, por exemplo, pagar passagens de soldados que, terminado o tempo de serviço no Rio de Janeiro, desejavam voltar para suas províncias de origem e para as quais não havia recursos no orçamento do Ministério.

Na crise do Gabinete, ficou demonstrado que a moldura para o liberalismo de Osorio era estabelecida por seus vínculos sociais e pela experiência de ter combatido, interna e externamente, pela ordem, pela consolidação do Estado monárquico. Diferente era o caso de Gaspar da Silveira Martins, cujo discurso, em diversas ocasiões, se aproximava do rompimento das instituições. Osorio foi muito claro, na sessão do Senado de 15 de abril de 1879, ao fazer seu ato de fé no *status quo*:

> [...] sou, de longa data, liberal monarquista, unionista do Império do Brasil. Não pense que vou para a República, nem para o despotismo; mas direi ao nobre Senador [barão de Cotegipe] que em matéria de serviço público eu não indago o que são os brasileiros na política, porém, sim, se cumprem o seu dever em bem da Pátria.

O projeto de reforma política de Sinimbu acirrou a divisão no Partido Liberal. No Rio Grande do Sul a maioria da Assembléia Provincial se alinhou com Silveira Martins, que, na Câmara, passou a fazer oposição ao governo. Desde então, as duas correntes liberais se enfrentaram na província e a de Osorio conseguiu, em julho de 1879, a nomeação para presidente do Rio Grande do Sul de Carlos Thompson Flores, juiz de direito de São Sebastião do Caí.

No plano nacional, os seguidores de Silveira Martins, em número de quinze deputados, votaram contra o projeto. Um deles, José Bonifácio, fez um discurso, na presença dos ministros e de Sinimbu, afirmando que, pela proposta governamental, uma parcela insignificante da população iria dominar a política do Império. Argumentou que, desse modo, a única alternativa para os excluídos do voto participarem da vida nacional seria o uso da força, o recurso à insurreição. A ata da sessão assim registrou sua exposição:

> Os sustentadores do projeto, depois de meio século de governo constitucional, repudiam os que nos mandaram a esta câmara (apoiados), aqueles que são os verdadeiros criadores da representação nacional (apoiados, muito bem). Por quê? Por-

> que não sabem ler, porque são analfabetos! Realmente a descoberta é de pasmar! Esta soberania de gramáticos é um erro de sintaxe política (apoiados e risos). Quem é o sujeito da oração? (hilaridade prolongada). Não é o povo? Quem é o verbo? Quem é o paciente? Ah! Descobriram uma nova regra: é não empregar o sujeito (hilaridade). Dividem o povo, fazem-se eleger por uma pequena minoria, e depois bradam com entusiasmo: eis aqui a representação nacional!

O deputado liberal Rui Barbosa, por sua vez, defendeu o projeto. Argumentou que, com menos de 400$000 réis de renda anual, uma pessoa seria indigente ou mendigo, não dispondo de independência financeira, sem a qual o exercício do voto deixava de ser manifestação de vontade própria. Discutia-se o valor requerido para se participar do processo político, mas não se propunha a exigência de renda. É bom lembrar, porém, que mesmo na Europa o voto universal masculino ainda era raro, com os princípios liberais vigorando para os setores sociais privilegiados e se universalizando como resultado da pressão popular.

O projeto de reforma eleitoral foi aprovado na Câmara por 72 votos e seguiu para o Senado. Neste a oposição conservadora aproveitou para expor a fragilidade do governo, acusando-o de não conseguir apoio nem mesmo do próprio partido, e criticou sua incoerência, questionando onde estavam as reformas prometidas, que tinham sido o motivo de os liberais serem levados ao poder pelo imperador. Exibiam as reformas feitas por Rio Branco e apontavam o avanço material do país — extensão de ferrovias e telégrafos, entre outros —, nos dez anos de governos conservadores, muito além do que estava fazendo Sinimbu. Em 12 de novembro o Senado vetou o projeto de reforma eleitoral, o que Osorio não chegou a ver, pois faleceu no mês anterior.

De volta à Câmara, Silveira Martins passou a atacar o general Osorio, que em nenhum momento se defendeu dos quase-insultos que passou a sofrer do grupo liderado por seu ex-protegido. O general manteve-se em silêncio e, questionado sobre o motivo de não responder, respondeu que tratara Silveira Martins como um filho e o ajudara na sua ascensão, ao enviar cartas a amigos, pedindo-lhes votos, sob o argumento de que era leal, patriota e autêntico liberal. Assim, perguntava Osorio, "como, sem faltar ao meu passado, à minha palavra, posso eu retratar-me?".

Apesar do silêncio e da declaração a Cotegipe de que não indagava a filiação partidária dos bons funcionários públicos, Osorio incorreu em práticas que ele condenava nos seus antecessores no Ministério. Quando Silveira Martins rompeu consigo, ordenou uma série de transferências de militares em virtude de suas vinculações políticas. Elas se justificariam no caso de oficiais em posição de comando sobre os quais houvesse dúvidas quanto à lealdade ao governo, argumento, porém, que não esclarecia as remoções de segundos-tenentes.

Após a Guerra do Paraguai, surgiu um grupo de militares que defendiam medidas modernizadoras para o Exército, quer no aspecto técnico, quer no administrativo. Dele faziam parte Osorio, o conde d'Eu — presidente da Comissão de Melhoramentos Militares — e outros oficiais, a maioria com formação técnica. Acreditavam ser necessária e factível a realização de melhoras administrativas e nas instalações de quartéis, bem como a compra de algum armamento para repor parcialmente o que se desgastara pelo uso nos anos de guerra. Desse modo o Exército teria alguma agilidade para responder a eventual agressão externa. Para facilitar a defesa do Rio Grande do Sul, uma das fronteiras mais sensíveis do Império, propuseram a construção de uma ferrovia ligando o Rio de Janeiro a Porto Alegre.

Essas medidas não foram implantadas nem por Caxias, quando chefe de governo, nem por Osorio, como ministro da Guerra. Ambos tiveram que conviver com restrição financeira, pois o pagamento da dívida pública subtraía importantes recursos do orçamento e, de outra parte, a baixa dos preços do café, iniciada em 1875 e que se estendeu até 1885, repercutiu negativamente nas finanças do Império. Por outro lado, as reformas militares pareciam menos urgentes devido à distenção nas relações do Brasil com a Argentina, após esta assinar, em 1876, o tratado de paz com o Paraguai, pelo qual a definição da fronteira entre as duas repúblicas ocorreu da forma desejada pela diplomacia imperial.

Desde o final do conflito do Paraguai, o orçamento do Ministério da Guerra mantivera-se praticamente inalterado. No exercício fiscal de 1871/1872 era de 12884 contos de réis, mas foram gastos 16161, graças a crédito suplementar, e no último ano fiscal do Gabinete Caxias, 1877/1878, o gasto aprovado pelo Parlamento foi de 14897 contos, mas se chegou a 15834 no final. Com Osorio à frente da pasta da Guerra, o orçamento aprovado para o exercício de 1878/1879 foram os mesmos 14897 contos, mas graças a medidas de contenção gastaram-se 14606. No ano fiscal de 1871/1872 a despesa geral do Império foi de 101 580 contos, para uma receita de 105135, mas no de 1878/1879, os gastos foram de 181468 contos, e a arrecadação se limitou a 116640. Contudo, enquanto os gastos gerais do governo imperial tiveram um incremento de 47,79% no período de 1871 a 1878, nos dois ministérios militares, Guerra e Marinha, eles permaneceram praticamente constantes, assim como o dos Negócios Estrangeiros, que foram priorizados pelo Parlamento na contenção dos gastos.

Ao assumir o Ministério da Guerra, Osorio defendera a manutenção do efetivo de 15 mil praças para o Exército, mas reduziu-o em 2 mil homens, diante das ponderações do ministro da Fazenda, Silveira Martins, sobre a necessidade de se fazer economia. Cobrado no Senado pela redução, o ministro da Guerra disse não haver recursos para manter o efetivo que o Exército tinha tido até então e que optara por reduzir a Infantaria por serem os soldados mais fáceis de treinar e em menor tempo. Desse modo, "poderemos restabelecer um Exército se tivermos a infelicidade de precisar dele para a guerra" e argumentou que o Parlamento autorizava, em caso de emergência, ampliar esse efetivo para 30 mil soldados, o que constituía uma garantia.

Durante a gestão de Osorio no Ministério da Guerra, foram reorganizados a intendência e os arsenais de guerra; economizou-se extinguindo-se repartições; e pôs-se fim à fabricação pelo Exército de artigos que se podiam obter no mercado a menor preço. Osorio estabeleceu o tiro civil e teve cuidado especial com a fronteira Sul, ao melhorar as condições de mobilidade da cavalaria; estabelecer pontos na região onde ela deveria estar pronta para atuar; propiciar quartel para o destacamento de Chuí; criar o comando de fronteira de Uruguaiana; tomar medidas de padronização de armamento; e criar uma colônia militar no Alto Uruguai.

Na concepção de Osorio, o Exército era instrumento não apenas de defesa externa, mas também de manutenção da ordem interna. Ao defender no Senado, em abril de 1879, a necessidade de o país ter a Arma de terra, argumentou:

> quem há de manter a ordem social? [...] Não sabeis que o vício vai infundindo ou já está impregnado em todas as classes e que só a força, auxiliando a lei, é que pode fornecer os meios de garantia?

Devido à falta de corpos de polícia bem organizados nas províncias, ele achava natural que os militares cumprissem suas funções, entre as quais estava a de perseguir e recuperar escravos fugitivos. Ao informar, na Assembléia Geral, que em São Paulo havia apenas 210 efetivos do Exército, comentou que seus ouvintes sabiam "o que ali têm feito os escravos contra seus senhores e as revoltas de que tem sido ameaçada a Província por essa colonização que nos vem da Europa", em referência a idéias contestatórias trazidas por imigrantes. Osorio tinha consciência de que a atividade policial comprometia a missão de defesa externa do Exército, mas para parar de fazê-la dizia ser necessário que os presidentes de províncias organizassem suas polícias. Não pensava que o Exército deveria se abster de cuidar da ordem pública, "porque a nação é quem paga o soldo e não é, seguramente, para estar só no quartel aprendendo o manejo [das armas]".

Osorio se envolveu pessoalmente na manutenção da ordem em uma ocasião, em 1879, em que os ministros foram vaiados ao entrar no edifício da Assembléia Geral e um dos manifestantes chegou a dar um tapa no chapéu de Sinimbu. O ministro da Guerra se encontrava em casa e, ao saber o que se passava, mandou tropas se dirigirem ao local e também foi para lá, sendo recebido com vivas pelos populares. Osorio entrou no edifício da Câmara e, de sua sacada, olhando para o horizonte, intimou a todos a restabelecerem a ordem e, em voz alta, deu ordem para a tropa preparar para fazer fogo. Ainda assim foi aclamado pelos manifestantes e teve fim o protesto; sua popularidade sobrevivia ao naufrágio político do Gabinete Sinimbu.

No final de setembro de 1879, Osorio foi acometido de uma pneumonia que o levou à morte no dia 4 do mês seguinte, aos 71 anos de idade. Teve consciência de que ela se aproximava, mas não perdeu o bom humor. A uma das visitas que lhe perguntou como ia, respondeu: "Águas abaixo... para a eternidade". Também não deixou de se preocupar com sua função, pois ao receber visita de Sinimbu recomendou-lhe "cuidado com as fronteiras do Império". Nos últimos momentos, antes de expirar, pediu ao filho Fernando que agradecesse "a esses médicos, aos homens de letras e da imprensa a maneira atenciosa por que me trataram. Morro e perdôo as ingratidões". Ao filho Francisco disse "os rapazes que escrevem devem trabalhar pela Pátria"; o outro filho, Adolpho, chegou duas horas após o falecimento. Suas últimas palavras foram "tranqüilo... independente... pátria... sacrifício... último infelizmente" e às dezoito horas e dez minutos exalou o derradeiro suspiro. Em seu testamento, feito em Pelotas em 5 de janeiro de 1877, Osorio deixou para a filha a terça parte de seus bens, que se restringiam à estância no Uruguai e objetos de uso pessoal. Explicou ser uma compensação por não lhe haver dado dote quando se casou, em 1873, com Cypriano da França Mascarenhas, devido às despesas que tinha com os estudos dos filhos homens. A estância foi herdada por todos os filhos, cabendo a Manoela uma parte maior, e venderam-na anos depois, por conta da dificuldade de gerenciá-la à distância.

Osorio teve a morte "ideal" da época. Temia-se a morte solitária, sem a presença do amplo círculo familiar e de amigos, e mais, inesperada, sem dar tempo para a pessoa fazer preparativos como redigir o testamento, despedir-se, pagar dívidas etc. Descreve João José Reis que, quando o fim se aproximava, o doente não se isolava, mas sim esperava-a em casa, "na cama em que dormira, presidindo a própria morte diante de pessoas que circulavam incessantemente em torno de seu leito". Foi a morte ideal mas não a típica, pois perto dele estava um sacerdote, visto como intermediário que facilitava a salvação da alma do agonizante. No entanto, a família e amigos de Osorio recusaram o oferecimento do frei Fidélis, capuchinho, para confessá-lo; desgostoso, o frade espargiu água benta. A recusa deveu-se à oposição entre a maçonaria, à qual pertencia o moribundo, e a Igreja Católica.

Com a morte de Osorio a Monarquia brasileira perdia a mais popular espada que a defendera. Pouco antes, em janeiro desse mesmo ano, morrera o general Polidoro da Fonseca Quintanilha Jordão, também liberal e com prestígio entre a tropa, e em maio de 1880 faleceria o duque de Caxias. Eram os maiores expoentes da geração de oficiais formada nas lutas pela consolidação do Estado monárquico e pela manutenção da integridade nacional, os quais eram leais à figura do imperador. Já a geração ascendente de oficiais da década de 1870 em diante, com expoentes como Benjamin Constant, Solon Ribeiro, Deodoro da Fonseca e Floriano Peixoto, não se identificava tanto com a ordem política vigente. Tenentes, capitães, majores e coronéis estavam descontentes com a falta de atenção oficial e recursos para o Exército e dirigiam sua lealdade à Nação, a qual transpusera o plano das representações simbólicas para tornar-se realidade nos campos de batalha do Paraguai, onde, pela primeira vez na história nacional, lutaram e morreram brasileiros de todos os pontos do país. Aqueles velhos e respeitados generais constituíam o dique moral que impedia que o descontentamento dessa oficialidade se transformasse em movimento de oposição política. Suas mortes abriram as comportas para as manifestações de repúdio à Monarquia, o qual foi instrumentalizado pelos republicanos, desembocando na conspiração que implantou a República em novembro de 1889.

No Rio Grande do Sul a morte do general Osorio permitiu a Gaspar da Silveira Martins controlar de vez o Partido Liberal. Chegou ao extremo de, ao não conseguir vencer nas urnas a candidatura a deputado provincial de Fernando Luis Osorio, obter sua cassação na abertura das atividades legislativas de 1883. Este obtivera 495 votos contra 326 de seu adversário, Carlos Ferreira Ramos, e nada havia a questionar na legalidade da vitória, mas ainda assim sua eleição foi anulada pela Comissão de Verificação de Poderes, composta de três deputados gasparistas. Fernando Luis teve apoio de seguidores do pai e dos deputados conservadores, mas os gasparistas ocuparam a Assembléia com soldados armados, expulsando do recinto os que se lhes opunham.

Na mesma noite da morte de Osorio, seu corpo foi embalsamado e, na manhã seguinte, depositado em um caixão de chumbo, que, por sua vez, foi colocado dentro de outro caixão, de raiz de nogueira. O corpo foi embalsamado para permitir seu traslado para o Rio Grande do Sul e, para acompanhá-lo, a Câmara dos Deputados, na sessão de 7 de outubro, constituiu uma comissão de parlamentares. Contudo, os restos mortais permaneceram no Rio de Janeiro. Por quê? Fernando Luis tratou do assunto em defesa da memória do pai, feita na sessão de 11 de junho de 1880, em resposta a ataques *post-mortem* de Silveira Martins ao general Osorio. Contestou a versão de que a família do general receava que seu corpo fosse mal recebido no Rio Grande do Sul e, daí, o teria deixado na Corte. Fernando lançou ao plenário a pergunta "por que não foi o cadáver?" para responder que a família cedeu a pedidos, de diferentes associações profissionais, para que ficasse na capital brasileira. Para o historiador Mario Osorio Magalhães, trineto do general, nessa decisão predominou o bom senso, evitando-se que o sepultamento se tornasse motivo de exploração política na metade sul da província gaúcha, onde a popularidade de Gaspar da Silveira Martins teria diminuído em virtude de seu enfrentamento com o falecido. Segundo esse raciocínio, a família adotou postura serena ao decidir enterrar Osorio na capital do Império e conseguiu, sem que fosse essa a intenção, ratificar sua enorme projeção nacional, demonstrada nas cerimônias fúnebres, privilégio que Silveira Martins não possuía.

Na manhã de 6 de outubro, o corpo de Osorio seguiu para a igreja da Irmandade da Santa Cruz dos Militares, onde houve ato religioso e foram prestadas honras militares. Em seguida foi levado para a capela do Arsenal de Guerra, em meio a homenagens oficiais e populares, ficando em capela-ardente até 16 de novembro. Nesse período, ao que tudo indica, decidiu-se não trasladar os restos mortais para o Rio Grande do Sul, optando-se por depositá-lo na capela do Asilo dos Inválidos da Pátria, na ilha do Bom Jesus, no Rio de Janeiro. No cortejo até esse local esteve presente Pedro II, que teria ajudado a carregar o caixão, quando, pelas regras cerimoniais, o imperador não participava de funerais. Contudo, devido à umidade desse edifício, que comprometia a preservação do corpo, a família requereu sua transferência para a igreja da Santa Cruz dos Militares, cujo provedor aceitou o pedido. A cerimônia se deu em 3 de dezembro de 1887, apesar da condição de maçom do falecido general. A transferência para essa igreja ocorreu com a presença popular e em meio a grandes homenagens, havendo missa de corpo presente, assistida pelo conde d'Eu e pela cúpula política e militar do Império. O corpo foi colocado em sarcófago mandado construir junto ao coro da igreja.

Novo traslado foi feito em 21 de julho de 1892. Antes o caixão foi posicionado no centro da igreja e aberto, verificando-se que o corpo de Osorio estava em bom estado de conservação. "Aí apinhava-se o povo, para vê-lo pela última vez", segundo o *Jornal do Brasil*. O novo destino dos restos mortais de Osorio foi a cripta construída na base do monumento que seria feito em sua memória no Rio de Janeiro. A idéia de erigi-lo foi apresentada ainda em 1879, pela Sociedade Rio-Grandense Beneficente, e logo a Câmara de Deputados autorizou a verba para tanto. Foi encomendada uma estátua de Osorio a Rodolfo Bernardelli ainda no Império, em 1887, e seu custo foi pago mediante subscrição popular com contribuição individual de quinhentos réis. Ela foi inaugurada em 12 de novembro de 1894, em meio a grande festa, com a presença de cerca de 40 mil pessoas. O monumento tem oito metros de altura e sua estátua foi confeccionada com bronze de canhões capturados na Guerra do Paraguai, enquanto a base é de granito vindo dos Alpes. Nesta há baixos-relevos representando o Passo da Pátria e a batalha de Tuiuti; uma coroa de carvalho e a inscrição “A Osorio — O Povo” e a data de seu nascimento. O general está a cavalo, de quepe e casaca militar, com a espada desembainhada, parecendo preparar-se para dar alguma ordem.

Os restos mortais de Osorio foram trasladados para esse monumento em 1892, em meio a grandes homenagens militares, na presença do presidente Floriano Peixoto e muitos populares. Nesse momento de enfrentamentos políticos entre os republicanos, contestação do novo regime por intelectuais e políticos monarquistas e frustrações com a nova realidade política, somente uma homenagem a Osorio podia ser consensual, não gerar polêmica e obter apoio de grupos e personalidades de diferentes tendências políticas. O herói monárquico se fazia herói republicano; evidentemente não mudara o morto, mas sim os vivos, que buscavam reinterpretar o passado de acordo com suas necessidades presentes.

Esse não foi, porém, o descanso final de Osorio, pois houve novo traslado em 19 de novembro de 1993. Nessa ocasião seu ataúde foi aberto, os ossos foram recolhidos em uma urna funerária e, em caixa apropriada, foram colocadas as condecorações, espada de serviço e outros fragmentos de material. Após a realização de cerimônias em homenagem à sua memória, a urna funerária seguiu para o Rio Grande do Sul, primeiramente para Pelotas e, em seguida, recebeu homenagens em outras localidades. Foi depositada em memorial no Parque Histórico Marechal Manoel Luis Osorio, criado em 1970 no município de Tramandaí, local onde o general nasceu e onde se encontra a réplica da casa de sua infância.

Cronologia

BRASIL	MUNDO
1808	
• 10 DE MAIO: Nasce na vila de Nossa Senhora da Conceição do Arroio, atual município de Tramandaí, Rio Grande do Sul. • Chegada da família real ao Brasil.	
	1814-15
	Congresso de Viena estabelece a nova ordem européia.
1821	1821
Muda-se para a povoação do Salto, na então Província Cisplatina, e marcha ao lado do pai para combater as tropas rebeldes de Montevidéu.	Morre Napoleão Bonaparte.
1822	
Independência do Brasil.	

BRASIL	MUNDO
1823	1823
1º DE MAIO: Alista-se como soldado na Legião de São Paulo, milícia paulista que se encontrava em Montevidéu, capital da então Província da Cisplatina.	• Morre o papa Pio VII, que é sucedido por Leão XII. • James Monroe, presidente dos EUA, declara o princípio da não intervenção européia nos assuntos americanos.
1824	1824
• Permanece em Montevidéu. • É declarado 1º Cadete e Alferes, ocasião esta em que deixa a Legião de São Paulo e ingressa no Exército profissional.	Início da emigração alemã para o Brasil.
1825	1825
10 DE DEZEMBRO: O Império do Brasil declara guerra às Províncias Unidas do Rio da Prata.	• Portugal e Inglaterra reconhecem a independência do Brasil. • Na Inglaterra, George Stephenson constrói a primeira locomotiva a vapor.
1825-1828	
Participa da Guerra da Cisplatina até o seu final, lutando, inclusive, nas batalhas de Sarandi (12.12.1825) e Passo do Rosário (20.2.1827), nas quais o Exército imperial foi derrotado.	
1826	1826
• Morre d. João VI. Pedro IV (d. Pedro I) o sucede, promulga uma constituição liberal e abdica o trono português para a filha, Maria II. • Brasil e Inglaterra assinam o Tratado de Abolição do Tráfico.	Morre Thomas Jefferson.
1827	
12 DE OUTUBRO: É promovido a tenente.	

BRASIL	MUNDO
1828	1828
27 DE AGOSTO: Fim da Guerra da Cisplatina. Osorio segue com o 5º Regimento de Cavalaria para o quartel da vila de Rio Pardo.	D. Miguel I é proclamado rei de Portugal pelas Cortes Gerais do Reino, desencadeando a Guerra Civil de Portugal.
1831	1831
D. Pedro I abdica o trono em favor de d. Pedro II e escolhe José Bonifácio como tutor do filho.	Charles Darwin parte no *H.M.S. Beagle* em expedição à América do Sul, Nova Zelândia e Austrália.
1832	1832
8 DE JANEIRO A 11 DE DEZEMBRO: Preso sob acusação de ter invadido território uruguaio, na perseguição a bandidos, e de ter matado todos, "sem perdoar as mulheres". Foi libertado sem que fosse formalizado processo contra si.	Inglaterra ocupa as Ilhas Malvinas.
1835	1835
• 20 DE SETEMBRO: Início da Revolução Farroupilha no Rio Grande do Sul. Osorio, então servindo em Bagé, adere ao movimento em outubro. • 15 DE NOVEMBRO: Casa-se, em Bagé, com Francisca Fagundes de Oliveira.	Juan Manuel de Rosas assume o governo da província de Buenos Aires e torna-se ditador da Confederação Argentina até 1852.
	1836
	O Texas declara-se independente do México.
1836-1845	
• Guerra civil no Rio Grande do Sul, na qual Osorio se mantém do lado "imperialista", obediente ao governo regencial. • 11.9.1836: Proclmada a República Rio-grandense, separando o Rio Grande do Sul do Império do Brasil.	

BRASIL	MUNDO
	1837
	A rainha Vitória é coroada na Inglaterra.
1838	
20 DE AGOSTO: É promovido a capitão.	
	1839
	• Louis Jacques Mandé Daguerre torna pública a invenção do daguerreótipo. • Tem início a Primeira Guerra do Ópio entre a China e a Inglaterra.
1840	1840
Filia-se ao Partido Liberal e ingressa na maçonaria (há autores que defendem data anterior).	Morte do ditador paraguaio José Gaspar Rodríguez de Francia, que governou o país desde 1814, isolando-o do mundo.
1841	1841
Coroação de d. Pedro II.	Inglaterra declara soberania sobre Hong Kong.
1842	1842
27 DE MAIO: É promovido a major.	Tratado de Nanquin termina a Guerra do Ópio, confirmando a cessão de Hong Kong à Grã-Bretanha.
1844	1844
• 23 DE JULHO: É promovido a tenente-coronel. • 12 DE OUTUBRO: É nomeado oficial da Imperial Ordem da Rosa.	Primeira transmissão telegráfica de longa distância, entre Washington e Baltimore.

BRASIL	MUNDO
1845	1845
• 28 DE FEVEREIRO: Assinada a paz de Poncho Verde, pondo fim à Farroupilha. • 11 DE NOVEMBRO: Pedro II e a imperatriz iniciam visita de cinco meses ao Rio Grande do Sul; no interior é escoltado pelo regimento comandado por Osorio.	Texas e Flórida se tornam estados americanos.
1846	1846
1º DE MARÇO: Osorio é eleito deputado provincial pelo Partido Liberal. Não comparece a nenhuma sessão, permanecendo em Bagé.	Pio IX assume o papado.
1847	
• ABRIL: É enviado em missão sigilosa às províncias argentinas de Corrientes e Entre Ríos. • SETEMBRO A JANEIRO DE 1848: É enviado ao Uruguai, em nova missão sigilosa.	
1848	1848
30 DE MAIO: Nascimento do filho Fernando.	O *manifesto comunista* de Marx e Engels é publicado.
1850	1850
Extinção do Tráfico Negreiro pela Lei de Eusébio de Queirós.	A Prússia e os pequenos Estados alemães vizinhos adotam uma Constituição federal.

BRASIL	MUNDO
1851	1851
• 5 DE JULHO: É enviado para negociar com os governadores de Entre Ríos e Corrientes os planos de ação militar contra Rosas, líder da Confederação Argentina. • 4 DE SETEMBRO: Participa do Exército que, sob o comando de Caxias, entra no Uruguai. • 29 DE SETEMBRO: Nascimento da filha Manoela.	Na França, golpe de Estado de Luís Napoleão, que escreve nova Constituição e torna-se cônsul.
1852	1852
• 3 DE FEVEREIRO: No comando do 2º Regimento de Cavalaria, participa, incorporado à divisão do general argentino Gregorio Araoz de la Madrid, da batalha de Caseros, em que Rosas é derrotado. • 3 DE MARÇO: É promovido a coronel. Retorno ao Rio Grande do Sul, ao comando militar da fronteira em Jaguarão.	Luís Napoleão declara-se imperador da França.
	1853-56
	Guerra da Criméia da Rússia contra o Império Turco-Otomano, apoiado pela França, Inglaterra e Sardenha.
1854	
• 11 DE FEVEREIRO: Nascimento do filho Francisco. Ainda nesta década nasceu o quarto e último filho, Adolpho, sem que se saiba a data exata. • MARÇO: Comanda a 2ª Brigada do Exército, que entra no Uruguai para apoiar o governo colorado. • Iluminação a gás do Rio de Janeiro.	

BRASIL	MUNDO
1855	1855
JANEIRO: É transferido da Divisão Auxiliadora em Montevidéu para o comando da fronteira em São Borja, onde permanece até março de 1858.	Invenção do telégrafo impresso.
1856	1856
2 DE DEZEMBRO: É promovido a brigadeiro graduado.	• Acordo internacional proibindo o corso no mar (pirataria oficiosa). • A Argentina reconhece a independência do Paraguai.
1857	
Sai O *guarani*, de José de Alencar.	
1858	
• 16 DE MARÇO: Parte de São Borja para assumir brevíssimo comando de Brigada do Exército de Observação, na região do rio Jacuí. • 28 DE MAIO: Assume o comando da fronteira em Jaguarão. • 20 DE NOVEMBRO: É nomeado para inspetor das Cavalarias no Norte do país, resultado de perseguição política.	
1859	1859
• MARÇO: Chega ao Rio de Janeiro, sua primeira viagem para outra parte do território brasileiro. • 15 DE JUNHO: É efetivado no posto de brigadeiro. • 18 DE JUNHO: É enviado de volta para Jaguarão.	• Charles Darwin publica *A origem das espécies*. • Começa a construção do Canal de Suez.
1860	
21 DE FEVEREIRO: Assume o comando do 2º Regimento de Cavalaria da fronteira de Bagé.	

BRASIL	MUNDO
1860-64	
Ajuda a reconstruir o Partido Liberal Histórico e se contrapõe aos liberais da Liga Progressista, a qual apóia o governo provincial.	
1861	1861
• 2 DE MARÇO: Ascensão do gabinete conservador do marquês de Caxias. Um dos primeiros atos do novo governo foi nomear Osorio para o comando da fronteira de Jaguarão. • ABRIL: Obtém licença para estar com a família e vai cuidar da estância no Uruguai. Inimigos políticos acusam Osorio de ter ido ao país vizinho para promover a anexação do Rio Grande do Sul a essa república.	• Abraham Lincoln é eleito presidente dos Estados Unidos. • Começa a Guerra de Secessão.
1862	1862
Esquadra inglesa aprisiona navios mercantes brasileiros.	• É criada a República Argentina e Bartolomé Mitre é eleito seu primeiro presidente. • 10 DE SETEMBRO: Morre no Paraguai o ditador Carlos Antonio López e seu filho, Francisco Solano López, o substitui na chefia do Estado.
	1863
	19 DE MARÇO: Vindos da Argentina, o general Venancio Flores e outros membros do Partido Colorado invadem o Uruguai e iniciam rebelião contra o presidente Bernardo Berro, do Partido Blanco.

BRASIL	MUNDO
1864	1864
• 21 DE ABRIL: É chamado ao Rio de Janeiro, em iniciativa de seus inimigos políticos, os liberais progressistas, para afastá-lo do Rio Grande do Sul. Neutralizada essa ação, Osorio recebe ordens para voltar ao Rio Grande do Sul. • 28 DE AGOSTO: Reassume o comando de Jaguarão. • 7 DE SETEMBRO: Tropas brasileiras recebem ordens do governo imperial de tomar as cidades uruguaias de Salto e Paissandu. • 4 DE DEZEMBRO: Exército comandado pelo marechal João Propício Menna Barreto, com duas divisões, sendo a 1ª sob o comando de Osorio, invade o Uruguai. • 27 DE DEZEMBRO: Invasão paraguaia da província de Mato Grosso.	• 30 DE AGOSTO: O presidente uruguaio Aguirre rompe relações diplomáticas com o Império do Brasil, como resultado da pressão deste para que o governo uruguaio atendesse a interesses brasileiros. • Fundação da Primeira Internacional dos Trabalhadores, por Karl Marx. • Criado o Comitê Internacional da Cruz Vermelha em Genebra, Suíça. • Mobilização militar no Paraguai, após seu governo ter alertado o presidente Mitre que apoio argentino ao general Flores, na Guerra Civil Uruguaia, teria efeito "desastroso" sobre os interesses paraguaios.
1865	1865
• 1º DE MARÇO: Osorio assume o comando-em-chefe do Exército imperial no Uruguai, embora fosse o general mais moderno. • 13 DE ABRIL: Francisco Solano López declara guerra à Argentina e invade Corrientes. • 28 DE ABRIL A 2 DE MAIO: Em Buenos Aires Osorio participa das negociações que constituem a Tríplice Aliança — Argentina, Brasil e Uruguai — contra o Paraguai. • 19 DE MAIO: É nomeado comandante efetivo do "Exército brasileiro em operações contra o governo do Paraguai". • 10 DE JUNHO: Tropas paraguaias invadem o Rio Grande do Sul.	• Fim da Guerra de Secessão nos Estados Unidos. • Libertação total dos escravos nos Estados Unidos. • O presidente americano Abraham Lincoln é assassinado.

BRASIL	MUNDO
1865 [cont.]	
• 8 DE JULHO: É promovido a marechal de campo. • 18 DE SETEMBRO: As forças invasoras do Rio Grande do Sul rendem-se em Uruguaiana. • 21 DE DEZEMBRO: Osório chega a Corrientes, próximo da fronteira paraguaia; comanda Exército de 37 mil homens. • Pedro II parte para o cenário da guerra.	
1866	1866
• 16 DE ABRIL: Osorio é o primeiro a pisar o solo inimigo, na invasão aliada do Paraguai. • 2 DE MAIO: Combate no esteiro Belaco. • 19 DE MAIO: Pedro II concede a Osorio o título de barão do Herval. • 24 DE MAIO: Batalha de Tuiuti. Maior combate jamais travado na América do Sul, no qual Osorio reverte a desvantagem aliada, comandando a vitória sobre os paraguaios. • 15 DE JULHO: Doente, transfere o comando do 1º Exército para o general Polidoro da Fonseca Quintanilha Jordão e embarca de volta para o Rio Grande do Sul. • 28 DE JULHO: Pedro II concede-lhe a Grã-Cruz da Ordem de Cristo. • 10 DE OUTUBRO: Caxias é nomeado comandante-em-chefe das forças brasileiras em operações no Paraguai. • 18 DE OUTUBRO: Osorio é nomeado comandante interino das Armas do Rio Grande do Sul. • 20 DE OUTUBRO: Osorio é encarregado de organizar o 3º Exército para seguir para o Paraguai.	• O sueco Alfred Nobel inventa a dinamite. • Início da Guerra Austro-Prussiana.

BRASIL	MUNDO
1867	1867
• 25 DE MARÇO: O 3º Exército, comandado por Osorio, marcha em direção ao Paraguai. • 1º DE JUNHO: É promovido a tenente-general. • 18 E 19 DE JULHO: O 3º Exército entra no Paraguai pelo Passo da Pátria.	• Karl Marx publica o primeiro volume de *O capital*. • Rússia vende o Alasca para os Estados Unidos.
1868	1868
• 11 DE ABRIL: É elevado a visconde do Herval. • 27 DE JUNHO: É nomeado por Pedro II para a Grã-Cruz da Ordem de São Bento de Aviz. • 16 DE JULHO: Osorio comanda ataque a Humaitá, que é rechaçado. • 6 DE DEZEMBRO: Batalha de Itororó. A tropa de Osorio alcança a retaguarda inimiga quando o combate já havia terminado. • 11 DE DEZEMBRO: Na batalha de Avaí é ferido por bala de fuzil, que fratura seu maxilar.	• 19 DE FEVEREIRO: Venancio Flores é assassinado na rua, em Montevidéu. • William Gladstone torna-se primeiro ministro da Inglaterra, depois da renúncia de Disraeli. • Revolução na Espanha; Isabela II é deposta e foge para a França. • Fim do mandato do presidente Mitre; assume o sucessor eleito, Domingo Faustino Sarmiento.
1869	1869
• 1º DE JANEIRO: Assunção é ocupada por forças brasileiras. • 22 DE JANEIRO: Osorio parte do Paraguai para o Rio Grande, para tratamento de saúde. • 22 DE MARÇO: O conde d'Eu assume o comando das forças brasileiras no Paraguai. • 6 DE JUNHO: Em precárias condições de saúde, Osorio volta à guerra e assume o comando do 1º Corpo de Exército, em Piraju. • 12 DE AGOSTO: Participa do ataque a Peribebuí.	• Terminada a construção da primeira linha férrea que cruza os EUA de costa a costa. • Inaugurado o Canal de Suez.

BRASIL	MUNDO
1869 [cont.]	
• 4 DE NOVEMBRO: Morte da esposa. • 23 DE NOVEMBRO: É dispensado, por motivo de saúde, do Exército no Paraguai.	
1870	1870
• 3 DE JANEIRO: É elevado a marquês do Herval. • 1º DE MARÇO: Morte de Francisco Solano López em Cerro Corá. • 23 DE SETEMBRO: Decreto da Assembléia Geral concedendo a Osorio pensão anual de seis contos de réis, além do soldo que recebia como general. • Carlos Gomes conclui sua ópera musical *O Guarani*. • Castro Alves publica *Espumas flutuantes*.	• John D. Rockefeller funda a Standard Oil. • Unificação italiana. • Início da Guerra Franco-Prussiana; o imperador Napoleão III capitula em Sedan. • Juramento da Constituição paraguaia, que é a primeira na história do país.
1871	1871
• 30 DE JULHO: Chega a Porto Alegre, onde recebe várias homenagens. • Lei do Ventre Livre. • Primeira regência da princesa Isabel.	• A Comuna de Paris toma o poder por dois meses. • A Inglaterra legaliza os sindicatos.
	1872
	Assinado o Tratado de Paz entre o Brasil e o Paraguai, à revelia da oposição da Argentina.
	1873
	Morre Napoleão III.

BRASIL	MUNDO
1874	1874
O filho Fernando Luis Osorio é eleito deputado provincial no Rio Grande do Sul, pelo Partido Liberal.	• 12 DE OUTUBRO: Nicolás Avellaneda assume a presidência da Argentina. • Disraeli torna-se primeiro ministro da Inglaterra. • Primeira exposição impressionista em Paris.
1876	1876
• Fernando Luis Osorio é eleito deputado geral. • Segunda regência da princesa Isabel.	• 3 DE FEVEREIRO: Assinado o Tratado de Paz entre a Argentina e o Paraguai. • Alexander Graham Bell inventa o telefone.
1877	1877
• 11 DE JANEIRO: Osorio é eleito senador e toma posse em 28 de abril. • 27 DE JUNHO: É promovido a marechal de exército graduado, posto máximo da hierarquia no Exército.	Primeiro carregamento de carne fresca argentina exportada para a Europa, graças à utilização do navio frigorífico.
1878	1878
5 DE JANEIRO: Formação do gabinete liberal do visconde de Sinimbu; Osorio é o ministro dos Negócios da Guerra.	Morre Vitório Emanuel II, rei da Itália.
1879	1879
• 4 DE OUTUBRO: Falece no Rio de Janeiro; corpo embalsamado exposto no Arsenal de Guerra. • 16 DE NOVEMBRO: O corpo é depositado no Asilo dos Inválidos da Pátria. • Inicia-se o ciclo da borracha na região amazônica.	Início da Guerra do Pacífico, que opôs o Chile à aliança boliviano-peruana.

BRASIL	MUNDO
1887	
3 DE DEZEMBRO: O corpo é transferido para o sarcófago da igreja da Cruz dos Militares.	
1892	
21 DE JULHO: O corpo é transladado para a cripta do monumento erigido em sua homenagem na praça Quinze de Novembro, no Rio de Janeiro.	
1993	
5 DE DEZEMBRO: Os restos mortais são transferidos para mausoléu no Parque Osorio, no Rio Grande do Sul.	

Fontes comentadas

A principal fonte impressa sobre a vida do general Osorio são os dois volumes de *História do general Osorio*, publicados, respectivamente, em 1894 e 1915. O primeiro volume, que abrange da infância até 1864, foi escrito por seu filho Fernando Luis Osorio, enquanto a continuação, até a morte do general, é de autoria dos netos Joaquim Luis Osorio e Fernando Luis Osorio (filho). Estes também escreveram, em 1914, *General Osorio; pela verdade histórica — rebatendo perfídias*, com farta documentação sobre o avô na Guerra do Paraguai. As informações dessas obras utilizei extensamente na elaboração deste livro. As outras poucas biografias existentes sobre o general Osorio são simplificações dessas escritas por seus descendentes, sendo as mais interessantes *Osorio, síntese de seu perfil histórico*, de J. B. Magalhães (Bibliex, 1978) e *Osorio*, de Francisco Rua Santos (idem, 1967), por acrescentarem algumas reflexões e informações.

Foram-me de grande utilidade os artigos de Mario Osorio Magalhães, historiador e trineto do general, bem como informações que me forneceu e a troca de idéias que mantivemos por correio eletrônico. Ele escreve uma coluna no *Diário Popular* (www.diariopopular.com.br), de Pelotas, e usei informações das seguintes: *Barões do charque* (10.12.2006); *Uma irmã de Osorio* (15.2.2004); *As origens de Osorio* (30.3.2003); *Osorio e Caxias* (11.3.2007); *Osorio e Pelotas* (25.3.2007); *Osorio e Silva Tavares* (18.3.2007); *São Paulo, 1867* (8.4.2007); e *Os tobianos de Osorio* (30.12.2001). Para descrever a personalidade do general me baseei, ainda, em *Reminiscência da campanha do Paraguai*, de Dionísio Cerqueira (Bibliex, 1980); *Reminiscências da Guerra do Paraguai*, do barão de Jaceguai (Serviço de Documentação da Marinha, 1982); *Carta dos campos de batalha do Paraguai*, de Richard Burton (Bibliex, 1997), e *Memórias*, do visconde de Taunay (Melhoramentos, 1948).

Auxiliaram-me na elaboração do contexto histórico em que Osorio viveu os livros *História do Brasil*, de Bóris Fausto (Edusp, 1995); *Trajetória política do Brasil, 1500-1964*, de Francisco Iglésias (Companhia das Letras, 1993); *Pedro II*, de José Murilo de Carvalho (Companhia das Letras, 2007); e *As barbas do imperador*, de Lilia Schwarcz (Companhia das Letras, 1998). *Nabuco de Araújo — Um estadista do Império*, de Joaquim Nabuco (Topbooks, 1997) e outros dois livros de José Murilo de Carvalho, *A construção da ordem* (Editora da UnB, 1981) e *Teatro de sombras: a política imperial* (Vértice, 1988), permitem conhecer como ocorria e qual era o sentido da luta política do Brasil Império. Para o processo histórico gaúcho as fontes foram o indispensável *A política rio-grandense no II Império (1868-1882)*, de Helga Piccolo (Editora da UFRGS, 1974); *A identidade inacabada — O regionalismo político no Rio Grande do Sul*, de Newton Carneiro (EDIPUCRS, 2000); e *A fronteira*, dois densos volumes de Tau Golin (L&PM, 2004). *Gente e coisas da fronteira sul*, de Sérgio da Costa Franco (Sulina, 2001), facilitou familiarizar-me com o ambiente gaúcho da época.

No primeiro capítulo a principal fonte é o instigante *A invenção do Exército brasileiro*, de Celso Castro (Jorge Zahar, 2002). Para a evolução do Exército imperial utilizo *A espada de Dâmocles*, de Wilma Peres Costa (Hucitec, Editora da Unicamp, 1996). Uma síntese militar do nosso biografado está em *General Osorio, pensamento militar*, de Claudio Moreira Bento (*Revista do Instituto Histórico e Geográfico Brasileiro*, v. 325, 1979). Da *História do Exército brasileiro* (Estado Maior do Exército, 1972), reproduzo mapas, assim como de *A batalha de Tuiuti*, de Adib Murad (Bibliex, 1957), e *Mallet*, de Joaquim V. P. Ferreira Alves (idem, 1979).

No segundo capítulo, a fonte principal é o minucioso *A batalha do Passo do Rosário* (Bibliex, 1951), de Tasso Fragoso, militar e lúcido historiador que, ao analisar esse evento, o faz também quanto à Guerra da Cisplatina. Utilizei ainda a dissertação de mestrado *Quando o serviço nos chama; os milicianos e os guardas nacionais gaúchos* (1825-1845), de José Iran Ribeiro (PUC-RS, 2001), a qual também me foi útil na análise da Revolução Farroupilha no terceiro capítulo. Na elaboração deste adotei a interpretação que julgo mais sólida documentalmente, a de que a Farroupilha foi um movimento republicano secessionista com vinculações externas, me baseando em *A Revolução Farroupilha*, de Sandra Pesavento (Brasiliense, 1990); *Raízes socioeconômicas da Guerra dos Farrapos*, de Spencer Leitman (Graal, 1979); e *A Revolução Farroupilha*, de Tasso Fragoso (Almanak Laemmert, 1938). Utilizei, ainda, *A maçonaria gaúcha no século XIX*, bela pesquisa de Eliane Lucia Colussi (UPF, 2003), que me foi útil nos capítulos seguintes.

No quarto capítulo, além dos já citados livros de contextualização, usei para a intervenção brasileira no Rio da Prata, em 1851-2, *História militar do Brasil*, de Genserico de Vasconsellos (Estado-Maior do Exército, 1921), e *Memórias do grande Exército aliado libertador do sul da América na guerra de 1851 a*

1852, de Ladislau dos Santos Titara (Bibliex, 1950). No quinto capítulo, utilizo a bela obra *Guerra do Paraguai; memória & imagens*, de Ricardo Salles (Biblioteca Nacional, 2003), e, principalmente, meu livro *Maldita guerra — Nova história da Guerra do Paraguai* (Companhia das Letras, 2002), o qual, por sua vez, recorre a dezenas de outros autores e a vasta documentação. Nos dois últimos capítulos a interpretação da luta política é baseada em *Silveira Martins* (Brasília: Câmara dos Deputados, 1979) e *Senador Manoel Luis Osorio; marquês do Herval* (Senado Federal, 1982); *O visconde de Sinimbu: sua vida e sua atuação na política nacional*, de João Craveiro Costa (Editora Nacional, 1937); e nos livros de Joaquim Nabuco e José Murilo de Carvalho. Usei, ainda, informações de *Mauá, empresário do Império*, de Jorge Caldeira (Companhia das Letras, 1995), no sexto capítulo, enquanto no último utilizei *O cotidiano da morte no Brasil*, de João José Reis, publicado em *História da vida privada no Brasil* (Companhia das Letras, 1997, v. 2).

Também pesquisei no arquivo do Instituto Histórico e Geográfico Brasileiro (coleções general Osorio; conde d'Eu; Gabriel Osorio Mascarenhas; e conselheiro Saraiva), cujas informações utilizei a partir do quarto capítulo. Outras fontes primárias utilizadas foram os relatórios do Ministério da Guerra e dos presidentes do Rio Grande do Sul, apresentados, respectivamente, à Assembléia Geral do Império (Câmara dos Deputados) e à Assembléia gaúcha, que estão disponíveis para consulta na Internet no endereço <http://www.crl.edu/content.asp?l1=5&l2=24&l3=45>. Na Internet há, ainda, informações e iconografia no endereço da Fundação Parque Nacional Marechal Manoel Luis Osorio (http://www.osorio.org.br.)

doratioto@gmail.com

Índice onomástico

Abaeté, visconde de, 118
Abreu, Francisco Pedro de *ver* Jacuí, barão de
Abreu, José de, 32, 35, 40, 41
Afonso Henrique, d., 85
Agostini, Angelo, 213
Aguirre, Atanásio, 131, 132, 135
Alencastro, major, 33
Alvear, Carlos de, 38, 39, 40, 41, 43
Alves, Miguel, 26
Alves, Paulo, 17
Alves, Vasco, 211
Amaral, José Maria do, 55, 107
Américo, Pedro, 187, 203
Andréa, Soares de, 73, 94
Anna, namorada de Osorio, 46, 48, 49, 50, 51
Araripe, Tristão de Alencar, 211
Araújo, Nabuco de, 124
Argolo, general, 175, 179, 184, 185
Artigas, José, 27
Assunção, José Joaquim de, 109, 112
Avila, Henrique d', 207
Azevedo, Artur, 213

Barbacena, marquês de, 37, 38, 39, 40, 41, 42
Barbosa, Rui, 218, 228
Barcelos, Israel Rodrigues, 102
Barreto, João Manoel Menna, 182, 197
Barreto, João Propício Menna, 89, 90, 132, 136
Barreto, José Luis Menna, 126, 132
Barreto, Sebastião, 40, 41, 48, 51, 53, 55, 57, 58
Barros, Sebastião do Rego, 68, 69, 118
Beaurepaire-Rohan, visconde, 132, 141

Bello, Luis Alves de Oliveira, 88, 101, 102, 103, 110, 111, 115, 119, 122, 123
Bernardelli, Rodolfo, 236
Bernardino, padrinho do general Osorio, 26
Berro, Bernardo, 129, 131
Bonifácio, José, 71, 227
Borges, Eufrásia, 212
Borges, Francisco, 59
Borges, José, 63, 65
Borges, Manoel Luis Silva (pai do general Osorio), 24, 26, 27, 28, 29, 59, 60, 62
Brabo, Francisco Xavier, 139
Braga, Antonio Rodrigues Fernandes, 54, 57, 212
Brant, Felisberto Caldeira *ver* Barbacena, marquês de
Brasil, Assis, 223
Brito, Antero José Ferreira de, 64, 65
Brito, Antonio Elisiário de Miranda e, 67, 68, 69, 70, 71
Brown, Guilherme, 36
Brown, Gustavo Henrique, 38, 39, 41, 42
Brusque, Francisco Carlos de Araújo, 120, 121, 126, 127
Burton, Richard F., 177, 179

Caballero, Bernardino, 184, 185, 186
Caldwell, general, 117
Calengo, coronel uruguaio, 89
Callado, general, 41, 42
Camamu, visconde de, 117, 141
Câmara, Francisco de Arruda, 92
Canabarro, David, 74, 76, 78, 96, 121, 138, 142, 144
Carruters, comerciante inglês, 106
Carvalho, Domingos Crescencio de, 60
Carvalho, José Murilo de, 80
Carvalho, Leôncio de, 221
Castro, Bibiano de, 136
Castro, Celso, 22
Caxias, duque de, 15-22, 73-80, 83-4, 88, 96-7, 99, 101, 108, 111, 113, 116, 118-20, 122, 124, 126-7, 140-2, 147, 161, 165-80, 182, 184-7, 189-93, 210-1, 214-7, 219, 221, 226, 229-30, 234
Cerqueira, Dionísio, 154
Chaves, Pedro, 66, 67, 68, 88, 89, 102, 103, 110
"Chico Pedro" *ver* Jacuí, barão de
Conesa, Emilio, 154
Constant, Benjamin, 234
Coronel, Dionisio, 105, 106
Coronel, Ventura, 106
Costa, Alvaro da, 27, 28
Costa, Antonio de Medeiros, 63
Costa, João Craveiro, 221
Cotegipe, barão de, 190, 191, 198, 219, 227, 229
Cunha, Félix Xavier da, 114, 120, 121, 124, 125
Cunha, João Lustosa da *ver* Paranaguá, marquês de
Cunha, Pereira da, 166, 169, 170

D'Eu, conde, 190, 191, 192, 195, 196, 197, 198, 199, 216, 229, 236

Estigarribia, coronel, 142, 144

Faccichinetti, 203
Fagundes, Antonio Antero, 93
Fausto, Bóris, 82
Feijó, Diogo Antônio, 52, 59, 67

Ferraz, Ângelo Moniz da Silva *ver* Uruguaiana, barão de
Fidélis, frei, 233
Flores, Carlos Thompson, 207, 227
Flores, Luis, 222
Flores, Venancio, 104, 106, 107, 119, 129, 132, 134, 135, 138, 144, 153, 159, 165
Fonseca, Deodoro da, 203, 204, 234
Fontoura, Antonio Vicente de, 77
Francia, José Gaspar Rodríguez de, 130, 187
Franco, Sérgio da Costa, 26
Furtado, Francisco José, 128

Galvão, Manoel Antonio, 87
Gelly y Obes, general, 179, 194
Giró, Juan Francisco, 104
Golin, Tau, 142
Gomes, José Candido, 114
Gomes, Leandro, 132
Gonçalves, Bento, 32, 33, 34, 35, 39, 40, 41, 42, 53, 54, 55, 57, 59, 60, 63, 64, 73, 85
Gonzaga, João Marcelino de Souza, 127
Greenfell, vice-almirante, 68

Homem, Torres Salles, 181

Ignácio, José, 165, 171, 172
Ijuí, barão de, 211, 212
Isabel, princesa, 190, 212

Jaceguai, barão de, 141, 159, 184, 215
Jacuí, barão de, 64, 90, 91, 92, 93, 94
João, d., 27
Jobim, José Martins da Cruz, 88
Jordão, Polidoro da Fonseca Quintanilha, 162, 163, 233

Lamas, Diego, 91, 93
Lanús, Anarchasis, 194
Las Heras, governador de Buenos Aires, 35
Lavalleja, Juan Antonio, 30, 32, 33, 35, 41, 45, 53, 104
Leão, Fernandes, 118, 120
Leão, Honório Hermeto Carneiro *ver* Paraná, marquês de
Lecor, Carlos Frederico, 27, 28, 32, 43, 45
Ledo, Gonçalves, 71
Leitman, Spencer, 78
Lima, Pedro de Araújo *ver* Olinda, marquês de
Lobato, João Evangelista de Negreiros Leão, 88
Lobo, Rodrigo, 36
López, Carlos Antonio, 130
López, Francisco Solano, 129-31, 138-9, 146, 148-9, 151, 153, 156, 159-60, 163, 165, 172-3, 175, 179, 182, 186-7, 189, 196, 203, 208
Luz, Guedes da, 65

Machado, coronel, 184
Madariaga, Joaquim, 87
Madrid, Gregorio Araoz de la, 99
Magalhães, J. B., 178, 186
Magalhães, Mario Osorio, 122, 235
Mallet, Emilio, 155, 156, 197
Maria da Glória, d., 44
Mariani, José, 53, 54

Martins, Gaspar da Silveira, 121-2, 124-5, 142, 207, 209-10, 221, 223-30, 234-5
Mascarenhas, Cypriano da França, 233
Mauá, barão de, 94, 95, 106, 107, 121, 125, 209, 210
Mazzarrêdo, Jorge de, 55, 57, 58
Meirelles, Vitor, 187, 203
Mello, Francisco Ignacio Marcondes Homem de, 169, 170, 202
Mello, Manoel Felisardo de Sousa e, 118
Menezes, Bento Martins de *ver* Ijuí, barão de
Menezes, Francisco de Assis Trajano de, 139
Miguel, d., 44
Mitre, Bartolomé, 129-30, 134, 138, 142, 144, 146-7, 153, 158-60, 164-5, 171-2, 175-6, 179, 194, 196
Moreira, José Antônio, 201
Motta, Artur Silveira da *ver* Jaceguai, barão de
Motta, Sebastião Dias da, 185
Muñoz, Basilio, 134
Muriṭiba, barão de, 108, 109, 110, 192

Nabuco, Joaquim, 207
Niederauer, coronel, 184
Nobrega, Tristão de Araújo, 113

Obes, Manuel Herrera y, 135
Olinda, marquês de, 114, 124, 126, 140
Oliveira, Cândido Batista de, 109
Oliveira, Ferreira de, 95
Oliveira, Francisca Fagundes de (esposa do general Osorio), 58, 69, 173, 191, 192, 199
Oliveira, Zeferino Fagundes de, 58
Oribe, Manuel, 30, 75, 76, 87, 88, 89, 90, 94, 95, 96, 97, 106
Orleans, Luís Felipe Fernando Gastão de *ver* D'Eu, conde
Osorio, Adolpho (filho do general Osorio), 9, 69, 164, 217, 233
Osorio, Ana Joaquina Luisa (mãe do general Osorio), 24, 58, 66, 69, 71
Osorio, Fernando Luís (filho do general Osorio), 9, 52, 69, 79, 84, 107, 143, 163, 173, 191, 201, 211, 222-3, 232, 234-5
Osorio, Francisco (filho do general Osorio), 69, 217, 233
Osorio, Manoel Jacinto (sobrinho do general Osorio), 189
Osorio, Manoel Luis (pai do general Osorio) *ver* Borges, Manoel Luis Silva
Osorio, Manoela (filha do general Osorio), 69, 174, 191, 192, 201, 204, 233
Osorio, Tomás Luis (avô do general Osorio), 24, 79

Paraná, marquês de, 98, 102, 103, 113, 119
Paranaguá, marquês de, 124, 166, 168
Paranhos, José Maria da Silva, 134, 135, 136, 189, 190, 194, 198, 202, 206
Paunero, Wenceslao, 190
Pedro I, d., 27, 29, 35, 37, 44, 45, 53, 71, 73

Pedro II, d., 18, 71, 73, 76, 84-5, 88, 103, 113-4, 118, 122-3, 127, 142, 146, 150-1, 163, 175, 180-1, 188, 190, 201, 210, 212, 216, 219-23, 236
Peixoto, Floriano, 21, 234, 237
Pereira, Gabriel, 106
Pereira, Lafaiete Rodrigues, 221
Pertence, Francisco, 188, 200
Pimentel, Espiridião Eloy de Barros, 124
Pinho, Augusto, 191
Pinto, Andrade, 221, 223
Pinto, Francisco Félix da Fonseca Pereira, 105, 107, 110, 111, 112, 114, 122
Pinto, Sebastião Barreto Pereira, 48
Pires, Feliciano Nunes, 66, 67
Ponsiñon, Francisco, 59
Porto Alegre, barão de, 95, 99, 102, 103, 115, 121, 122, 123, 124, 126, 146, 159

Ramos, Carlos Ferreira, 234
Reis, João José, 233
Ribeiro, Bento Manuel, 32, 33, 34, 35, 38, 40, 42, 57, 58, 59, 60, 62, 63, 65, 66, 73, 74
Ribeiro, Feliciano, 211
Ribeiro, Hipólito, 211
Ribeiro, José de Araújo, 59, 60, 64, 65
Ribeiro, Sebastião, 65
Ribeiro, Severino, 91, 92
Ribeiro, Solon, 234
Rio Branco, barão do, 33, 82, 206, 207, 209, 210, 219, 224, 228
Rivadávia, Bernardino, 35
Rivera, Fructuoso, 30, 32, 35, 38, 45, 59, 75, 76, 77, 104
Rocha, Francisco de Assis Pereira da, 123
Rodriguez, Martín, 38
Rosa, Francisco Octaviano de Almeida, 136, 138, 154, 162, 163
Rosas, Juan Manuel de, 75-6, 78, 86-90, 94-6, 98-9, 101-2, 105, 107, 194

Salles, Manuel Ferraz de Campos, 222
Saraiva, José Antonio, 124, 131, 134, 135
Seara, Antônio Correia, 95
Secco, Joaquim José da Cruz, 88
Sertório, João, 200
Severo, João Antonio, 89
Silva, Bento Gonçalves da *ver* Gonçalves, Bento
Silva, João Crisóstomo da, 65, 66, 70
Silva, Luis Alves de Lima e *ver* Caxias, duque de
Silva, Luiz Manoel de Lima e, 168, 169
Silveira, Amaro da, 125
Silveira, Francisco, 178
Sinimbu, Cansansão de, 103, 108, 119-20, 124, 142, 220-5, 227-8, 232
Sousa Netto, José de, 57
Sousa, Irineu Evangelista de *ver* Mauá, barão de
Souza Netto, Antonio de, 63, 65, 87, 88, 132, 138
Souza, Guilherme Xavier de, 189
Souza, Manoel Marques de *ver* Porto Alegre, barão de
Suárez, Joaquín, 98

Tamandaré, almirante, 131, 132, 136, 138, 146, 147, 149, 160, 161, 163, 164, 165, 171
Taunay, visconde de, 18, 195, 196
Tavares, João da Silva, 63, 68, 71
Tereza Cristina, imperatriz, 84
Titára, Ladisláu dos Santos, 93

Urquiza, Justo José, 87, 95, 96, 97, 98, 99, 101, 119, 129, 130, 131, 138, 139, 144
Uruguaiana, barão de, 114, 115, 116, 117, 118, 119, 120, 140, 147, 160, 166

Valentim, Manoel Joaquim, 203
Vasconcellos, Zacarias de Góes e, 124, 126, 128, 165, 166, 169, 180, 181, 206, 215, 216
Veiga, Evaristo da, 53
Victorino, general, 175
Vila Bela, barão de, 221, 223
Villalba, Tomás, 135
Virasoro, governador de Corrientes, 96

Esta obra foi composta
por warrakloureiro
em Electra e impressa
pela Gráfica Bartira
em ofsete sobre
papel pólen soft da
Suzano Papel e Celulose
para a Editora Schwarcz
em junho de 2008